ドゥルーズ　流動の哲学

［増補改訂］

宇野邦一

講談社学術文庫

この本にいたるまで——学術文庫版に寄せて

一九七六年、パリ市の辺境の森の中にある大学で、ジル・ドゥルーズの講義を聞き始めた。やがて刊行される『千のプラトー』の数章にあたっていたその内容は、私の漠たる哲学的知識にとって、まったく新奇で、驚くことばかりだった。それからの数年は、その声にじかに接しながらドゥルーズの思想を読み解いていく過程で、私の思考も言葉も根底から揺さぶられることになった。しばらく私の頭は狂騒状態にあったようだ。

一九八三年、日本に戻ったことは、最初のわかれを意味していた。ドゥルーズの強すぎた磁力から離れて、とにかく日本語で考えることを始めなければならなかった。当然ながらドゥルーズが生きているあいだに、私はドゥルーズ研究者であったことはないし、それを目指そうとも思わなかった。そういう力量があるとも思わなかった。しかし、まもなく刊行された『フーコー』には、また心底から触発され、これを翻訳することになった。やがてパリ時代から続けてきた『千のプラトー』の共訳作業を終えて、一九九四年にやっとこれも刊行することができた。

ところが、その翌年の一九九五年に、ドゥルーズの痛ましい訃報に接した。何とか追悼の文を書いたが、気持ちとしてはいまもまだ追悼が終わっていない（ただ、『D——死とイマージュ』と題した追悼の書を、次の年に刊行した)。私にとって彼は異例の死者であり続けている。それにしても彼が世を去ったことで、彼の思想と私の関係は変わらざるをえなかった。

ドゥルーズの指導を受けて書いたアルトー論を日本語で書き改める作業は積年の課題だったが、それを『アルトー　思考と身体』として、ようやく完成させた(一九九七年)。やがて決意してドゥルーズの本をできるだけ読み改め、『ドゥルーズ　流動の哲学』を書いた(二〇〇一年)。この本では、時系列にしたがって主な著作をすべて読み直す作業を自分に課して、愚直にそれを進めた。ドゥルーズに照らしてみずからの思想を述べるというような余裕はなかった。しかし実はそうするしかなかったのだ。

二〇一一年、大地震の衝撃がまだ生々しい時期に、私は部屋に閉じこもって、もう一冊『ドゥルーズ　群れと結晶』という本を、『ドゥルーズ　流動の哲学』ほどは難渋せずに書いた。この本では、ドゥルーズについて考え、書き、語ってきたことのうち、いちばん気がかりだったことを浮かび上がるままにとりあげて、私にとってのドゥルーズ思想の特異点を描き出すように書き込んでいった。多くの特異点がドゥルーズの政治論のほうに向きをそろえていくことになった。

そして二〇一九年、いま私はドゥルーズが亡くなった年齢にさしかかり、少しだけそれを越えつつある。もう一度『ドゥルーズ　流動の哲学』を復刊したいというありがたい要望があり、読み改めて随所に加筆し、少なからず考えを組み立て直すことになった。最初にこれを書いたときには、苦しみ右往左往しながら、険しい山を登っていく感触があった。もう一度この山に登ってみて、私の眺望を確かめつつ、曖昧と思えるところを再考した。ドゥルーズの思想の細部の組み立てについては、まだまだ見極めたい点はある。そう思って『流動の哲学』も、あくまでも未完の試みとして書き上げたのだった。しかし、いつまでも模索が続けられるわけではない。いまはドゥルーズについて書くべきことを書き終えなければ、と思う。量ではなく、質の問題、いや、まさに強度の問題である。それを見失ったら、もうドゥルーズのことを書けなくなるだろう。

　生を、肯定する、喜びの、哲学。この言葉がどんなに能天気な紋切型に聞こえようと、それにただシニカルに対するだけでは、とうていドゥルーズの哲学の中心には入っていけない。もちろん、どのような生を、どのように肯定するのか、どんな喜び、どんな哲学なのか、と問い続けることになる。実は「生」について思考することはやさしくない。

　「生の哲学」や「生命主義」は、しばしば生に浸透してくる「政治」に対して批判を欠いていた。そこで生の定義、生の条件を、生をめぐる政治とともに考え直すことを迫られる。決して正解が用意されているわけではない。実は哲学にとって、いまも最高に難しい課題で、哲学もしばしばこの難題に背を向けている。

　むしろいまも世界に蔓延しているのは、生（生命）よりも、権力や経済や情報、国家や治安、神や道徳をあがめる欲望であり観念であり、それが学や思想さえも侵食している。哲学を外部の生に向けて切開しようとしたドゥルーズたちの懸命な試みに逆行するように、むしろアカデミズムを保持しつつ、哲学のマーケットを確保するような試みが、一部でモードになっている。生を否定する権力の〈神聖同盟〉がいまも跋扈する世界では、生の肯定のために（何とそれは困難なことか）、この〈神聖同盟〉の勢力に対して激しい否定、怒り、笑いが向けられるのは自然なことだ。

フェリックス・ガタリとの最後の共著『哲学とは何か』（一九九一年）で、ドゥルーズは少し意外なほど激しく、同時代に対する怒りや恥の感情をあらわにしている。「私たちは自分が時代の外にいると感じてはいない。反対に、私たちはこの時代と恥ずべき妥協をし続けているのだ。この恥辱の感情は哲学の最も強力な動機のひとつである」（QPh, p. 103／一八六頁）。これほどの怒りや恥を、ドゥルーズは以前にはあらわにしたことがなかった。そういう「時代」の恐ろしい勢いは、いまもいっこうに衰えないどころか増長しているのではないか。しかし、だからこそ哲学を持続しなければならない。哲学を無意味にし、抹殺するすさまじい力が働いているからこそ、哲学による抵抗が必要なのだ（当然ながら、これは哲学だけにあてはまることではない）。ドゥルーズのあの怒り、恥辱を思い起こし、それに後押しされながら、もう一度私は『ドゥルーズ　流動の哲学』を練り直して、世に送り出すことにした。しばしば性急に進んでいた読解の密度を、少し濃くし、ゆるやかにするようにした。確かに哲学の必要は切迫していると思うが、ただ性急に進めばよいというものでもない。

この本では、できるだけ明快な読解を目指していたが、わかりやすく図式化した説明を読者に吹き込むことに成功しても、逆にドゥルーズを読むことの意味は失われる。数々の概念や理論的主張を要約的に伝えてみても、思考と言葉の〈生態〉そのものにしか思想の実体はない。いや、ドゥルーズだけの問題ではない。ある思想について一〇のことを理解して要領よく説明できるようになるよりも、二、三のことに強く触発され、それをきっかけに発想したり、活動したり、制作することのほうがいい（もちろん何もしないのもいい）。とにかく身体の「触発」について、それゆえの「喜び」、そして「十全」な認識について鮮明に語ったスピノザ－ドゥルーズ主義のエティカを思い出そう。

はじめにこの本を書いたとき、無謀なことに私は、ドゥルーズ哲学の全貌を何とか地図化するような作業に性急に挑もうとした。しかし結果としてはむしろ近視眼的にドゥルーズの思考の濃密な細部をとりだして、そのあいだを徘徊することを繰り返していたようだ。そのようにして触知した思考の振動を、その〈流動〉の中の構築を理解しようとした。それを書き改めるうちに〈流動〉は、もっとカオス的な〈乱流〉と感じられるようになってきた。ドゥルーズの構築が微細と巨大のあいだのスケールでさまざまなカオスに直面していることを、より実感するようになった。

〈行動〉、〈運動〉に関する彼の思索は、微妙に変化していった。特に『シネマ』で「運動イメージ」から「時間イメージ」へと思考の焦点を移していったときの転換は印象深い。〈流動〉という一語に、それらの転換のニュアンスを注入することは、この本を書き改めるうちに新たな課題として浮かび上がってきたことだった。

目次

ドゥルーズ　流動の哲学［増補改訂］

凡例

・ドゥルーズおよびドゥルーズ＝ガタリの著作については、以下の略号を用いて本文中で箇所の指示をおこなった。読者の便宜のため、邦訳の該当箇所を「／」のあとに示した。

Gilles Deleuze

ES: *Empirisme et subjectivité: essai sur la nature selon Hume*, PUF, 1953.（『経験論と主体性――ヒュームにおける人間的自然についての試論』木田元・財津理訳、河出書房新社、二〇〇〇年）

NPh: *Nietzsche et la philosophie*, PUF, 1962.（『ニーチェと哲学』江川隆男訳、河出書房新社（河出文庫）、二〇〇八年）

PCK: *La philosophie critique de Kant*, PUF, 1963.（『カントの批判哲学』國分功一郎訳、筑摩書房（ちくま学芸文庫）、二〇〇八年）

PS: *Proust et les signes*, PUF, 1964.（『プルーストとシーニュ〈新訳〉』宇野邦一訳、法政大学出版局（叢書・ウニベルシタス）、二〇二一年）

N: *Nietzsche*, PUF, 1965.（『ニーチェ』湯浅博雄訳、筑摩書房（ちくま学芸文庫）、一九九八年）

B: *Le bergsonisme*, PUF, 1966.（『ベルクソニズム』檜垣立哉・小林卓也訳、法政大学出版局

（叢書・ウニベルシタス）、二〇一七年）

PSM: *Présentation de Sacher-Masoch: le froid et le cruel*, Minuit, 1967.（『ザッヘル＝マゾッホ紹介——冷淡なものと残酷なもの』堀千晶訳、河出書房新社（河出文庫）、二〇一八年）

DR: *Différence et répétition*, PUF, 1968.（『差異と反復』（全二冊）、財津理訳、河出書房新社（河出文庫）、二〇〇七年）

SPE: *Spinoza et le problème de l'expression*, Minuit, 1968.（『スピノザと表現の問題』工藤喜作・小柴康子・小谷晴勇訳、法政大学出版局（叢書・ウニベルシタス）、一九九一年）

LS: *Logique du sens*, Minuit, 1969.（『意味の論理学』（全二冊）、小泉義之訳、河出書房新社（河出文庫）、二〇〇七年）

D: *Dialogues* [Gilles Deleuze et Claire Parnet], Flammarion, 1977; nouvelle édition, Flammarion (Champs), 1996.（ジル・ドゥルーズ＋クレール・パルネ『ディアローグ——ドゥルーズの思想』江川隆男・増田靖彦訳、河出書房新社（河出文庫）、二〇一一年）

SPP: *Spinoza: philosophie pratique*, Minuit, 1981.（『スピノザ——実践の哲学』鈴木雅大訳、平凡社（平凡社ライブラリー）、二〇〇二年）

IM: *Cinéma 1: l'image-mouvement*, Minuit, 1983.（『シネマ1　運動イメージ』財津理・齋藤範訳、法政大学出版局、二〇〇八年）

IT: *Cinéma 2: l'image-temps*, Minuit, 1985.（『シネマ2　時間イメージ』宇野邦一・石原陽一郎・江澤健一郎・大原理志・岡村民夫訳、法政大学出版局、二〇〇六年）

F: *Foucault*, Minuit, 1986.（『フーコー』宇野邦一訳、河出書房新社（河出文庫）、二〇〇七年）

PL: *Le pli: Leibniz et le baroque*, Minuit, 1988.（『襞——ライプニッツとバロック』宇野邦一訳、河出書房新社、一九九八年）

PV: *Périclès et Verdi: Le philosophie de François Châtelet*, Minuit, 1988.（「ペリクレスとヴェルディ——フランソワ・シャトレの哲学」丹生谷貴志訳、『ドゥルーズ・コレクションII　権力／芸術』宇野邦一監修、河出書房新社（河出文庫）、二〇一五年）

PP: *Pourparlers 1972-1990*, Minuit, 1990.（『記号と事件——一九七二—一九九〇年の対話』宮林寛訳、河出書房新社（河出文庫）、二〇〇七年）

CC: *Critique et clinique*, Minuit, 1993.（『批評と臨床』守中高明・谷昌親・鈴木雅大訳、河出書房新社（河出文庫）、二〇一〇年）

ID: *L'île déserte et autres textes: textes et entretiens 1953-1974*, édition préparée par David Lapoujade, Minuit, 2002.（『無人島　1953-1968』前田英樹監修、河出書房新社、二〇〇三年［＝㊤］＋『無人島　1969-1974』小泉義之監修、河出書房新社、二〇〇三年［＝㊦］）

DRF: *Deux régimes de fous: textes et entretiens 1975-1995*, édition préparée par David Lapoujade, Minuit, 2003.（『狂人の二つの体制　1975-1982』宇野邦一監修、河出書房新社、二〇〇四年［＝㊤］＋『狂人の二つの体制　1983-1995』宇野邦一監修、河出書房新社、二〇〇四年［＝㊦］）

LAT: *Lettres et autres textes*, édition préparée par David Lapoujade, Minuit, 2015.（『ドゥルーズ　書簡とその他のテクスト』宇野邦一・堀千晶訳、河出書房新社、二〇一六年）

Gilles Deleuze et Félix Guattari

AO: *L'anti-Œdipe*, Minuit, 1972.（『アンチ・オイディプス——資本主義と分裂症』（全二冊）、宇野邦一訳、河出書房新社（河出文庫）、二〇〇六年）

MP: *Mille plateaux*, Minuit, 1980.（『千のプラトー——資本主義と分裂症』（全三冊）、宇野邦一・小沢秋広・田中敏彦・豊崎光一・宮林寛・守中高明訳、河出書房新社（河出文庫）、二〇一〇年）

QPh: *Qu'est-ce que la philosophie?*, Minuit, 1991.（『哲学とは何か』財津理訳、河出書房新社（河出文庫）、二〇一二年）

・他の文献に関しては、巻末に掲げる「文献一覧」に示した略号で箇所の指示をおこなった。外国語文献のうち、邦訳があるものについては、該当箇所を「／」のあとに示した。

・訳文は、私訳によった場合もある。なお、引用文中の〔　〕は、引用者による補足・注記である。

ドゥルーズ　流動の哲学［増補改訂］

メルヴィルがこう述べています。「論証の都合上、ある人間が狂人だとされるのなら、私は賢明であるよりも狂人でありたいと思う……。私は水に潜る人たちが好きだ。水面下すれすれを泳ぐことならどんな魚にでもできるが、五マイル、あるいはそれ以上の深さに潜るとなると巨大な鯨でなければ駄目だ……思考に潜る者とは世界開闢以来の知恵で目を充血させて水面に戻ってきた人たちのことである」。過激な肉体の運動には危険がつきものだということは誰もが認めるでしょうが、思考もまた、息がつまるほど過激な運動であることに変わりはありません。思考が始まると、生と死が、そして理性と狂気がせめぎ合う線との対決が不可避となり、この線が思考する者を引きずっていくのです。(PP, p. 141 ／二〇九頁)

（ジル・ドゥルーズ「フーコーの肖像」、『記号と事件』）

プロローグ——異人としてのドゥルーズ

哲学にとって自由とは何か

マルクスの読み方を一新したことで知られるルイ・アルチュセール（一九一八—九〇年）は、死後に刊行された文章のひとつで、哲学について一見素朴に見える問いを発している（Althusser 1992 (1994), pp. 468-471）[1]。

スピノザは、ほとんど常人には異様に見える幾何学的な証明の形式を使って、わかりにくい、窮屈そうな理論を展開した。哲学においても異例の書き方である。そういう理論が、いったいなぜ結果として「精神の自由」に結びつくのか、とアルチュセールは自問するのである。そのような理論は、見かけは不自由でも、その効果においては自由をもたらしうる、と彼はみずからこの問いに答えている。

あまり現実的に見えない、極端に理念的な思考が、先行する理念と、それによって規定されている不自由な空間を揺さぶり、新たに自由な空気を吹き込むことがある。先行する理念の空間は、長期にわたる反復のせいで、すんなり受け入れられる自然のようになっている。見かけは自然のようでも、それも理念のそのまた理念の連鎖によって定着してきた空間である。だから一見不自由に見える徹底的に理念的な思考が、その空間を切開することが、自由のためにはぜひとも必要なのだ。精神に異常をきたして妻を殺すという悲惨な事件でも記憶されているアルチュセールだが、実はとても重要で根本的な問いを投げかけていると私は感じる。

これもやはり奇妙に見えかねないことだが、スピノザは、いわゆる〈自由意志〉の存在を徹底的に否定していた。もっと厳密にいえば、自由と意志の結びつきを認めていなかった。意志とは、観念が含む肯定したり否定したりする「様態」にすぎず、その「様態」はスピノザの体系では、あくまでも身体において起きる触発によって決定されている。だから意志に自由などないというのだ。もしも、そのように触発によって決定されていること自体を十全に認識するような思考ができるなら、そこに初めて自由の余地がある。スピノザは、精神の不自由を徹底的に思考して、そこから改めて自由の観念を導き出すようにしている。そのことによって哲学者たちの常識さえも覆《くつがえ》すように新たな自由の概念を作り出していた。まれに見る徹底したスピノザ主義者であったといってもいいドゥルーズは、まさにそのような文脈で、自由な人間を、そして「自由人のイメージ」を作り出すという哲学の射程を、見失ったことがないはずだ(2)。

私自身は哲学が好きなのかどうかわからない。哲学の抽象性や理論性が、ひからびて、うとましいものに思えることがたびたびある。躍動的な生きた言葉で語られる哲学は、そう多くはない。重たく硬い言葉に、この世界の現実を閉じ込めようとする知的傲慢も感じてきた(しかし、窮屈そうな言葉が「自由」をもたらす、と書いたばかりだ。窮屈な定理と証明を重ねている『エティカ』でさえ、特に「注解」の中でスピノザの思考は躍動している)。そのせいもあって、哲学と同じくらい、いつも文学に執着してきた。繰り返し読み込んできたアントナン・アルトーをはじめとする何人かの作家たちに、私は哲学と共通の、しかし哲学とは異なる思考を読み込んできた。「この混乱のどこかで、やはり思い違いしたまま、思考は必死にもがいている。思考もまた私を探すが、あいかわらず、そこに私はいない。思考のほうも静まることがない」(ベケット 二〇一九、一七頁)というような文章は、哲学そのものをさらに問うような思考を奔放に表現しているではないか。

それでも私は決して哲学を手放すことはできなかったし、確かにそれが「精神の自由」に(この言葉が今日いかに色あせて空しく見えようとも)深くかかわるという思いも変わらずあるのだ。

ときに哲学をうとましく思うが、やはり私はそれを必要とする。一〇代から哲学と親密に生きてきたが、いまとなっては私にとって、「哲学」はひとつの固有名、ジル・ドゥルーズ(一九二五—一九五年)という名と切り離せない。どうやら彼は哲学において例外的な「異人」であった。しかも哲学の生命と存在理由を現代にまで持続させることにおいて、確かにきわだった存在であった。彼の思考のモチーフ自体は力強く鮮明ともいえるが、鍛錬された厳密な推論には容易に入っていけない細部や飛躍もある。

いまも、むかしも、哲学は、みずからをとりまく社会の中で、奇妙に両義的な性質をもっていた。哲学に対する社会の要求や対応もまた曖昧であったし、あり続けている。その事情は、哲学を生み出した古代ギリシャのポリスでもすでに露見していた。ポリスはソクラテスを断罪し、毒杯を飲ませてしまったのである。ソクラテスの哲学は、ポリスを説得することができなかった。哲学にとっては忘れがたい出来事である。

哲学に対する要求は、日常の些細な問題に対する答えを求めているにすぎない慎ましい立場から、自分の生を支えてくれる強固な世界観や価値観を手に入れようとする原理的な立場まで、さまざまな質と強度をもつだろう。けれども、どんなに慎ましく見える問いも、実はさまざまな回路を通じて世界につながっている。ひとりが、いま、ここで直面しているにすぎない問いも、考え始めれば、ひとりをはるかに越えた複数に、過去と未来に、社会と世界にかかわっている。考え続け、問い続けることは、必然的に、個体の領域の限界に直面し、何らかの方向に向けて個体の枠組みを開いていくことである。そのようにしてさまざまな次元に連結を広げていく思考は、もちろんはじめから、そのような開かれた空間に生成され、そこに場所をもち、それに作用されていた。幸か不幸か、まったく無前提、無限定の、無垢な思考などありえない。しかも言葉を用いるなら、言葉はまず他者に与えられるものである以上、その言葉による思考も他者に与えられるものである。

哲学の代表的な書物には、各々の時代の強力な知性が、この限りなく複雑な世界と生について思考した成果が記されている。同時に、哲学の思考は日常を生きのびるための具体的な思考とはあまりにも隔たっていて、しばしば幻想や妄想、あるいは高度な知的遊戯にすぎないと思われてきた。当然ながら、哲学者だけがものを考えるわけではない。それぞれの個人がもっと〈役に立つこと〉、〈切実なこと〉を考えているし、それぞれの領域で、哲学者以上に、有効に厳密に思考している人々が、あまた存在している。

哲学の外の日常の思考は、ただ具体的、経験的、直感的なのではない。それが思考であるかぎり、それは具体的なものや個人的なものに、ひたすら密着しているわけでもない。それに日常の瑣末な事柄をめぐる思考でさえ、単にひとつのことを実現するためだけの思考ではない。必ずあるとき、私のいましているこの行為は、いったい何のためのもので、いったいどんなふうに、何を変えていこうとしているのか、何につまずいているのか、と一歩下がって問うような瞬間に遭遇する。それは必然的に、私が生まれ、死んでいくことの意味を問い、その意味を、自己を超え、他者たちのあいだで問うことにつながる。

哲学は長いあいだ、まるで知性や道徳や真理の理想的なモデルを与えるかのような思考を続けてきた。しかし哲学はまた、思考自体についての思考でもある。そのかぎりで哲学は、安定した強い思考から、不安定な弱い思考まで、人間がする思考の現実を、ありのままに、つぶさに見つめるような試みでもありうる。哲学はただ強力に、確実に思考するだけでなく、多くの思考が不確実で、実にもろく頼りないという現実それ自体についても、綿密に、本質的に思考しうるのだ。哲学は〈愚かさ〉を例外として排除するのではなく、〈愚かさ〉をまさに本質的な主題として思考することができるし、思考しなければならない。

そして理想的な知と知性のモデルを与えるという哲学が、ある状況では、それ自体ひとつの愚かさ、愚昧として機能するという事態もありうるのだ。実際哲学は、多くの愚行をなさないまでも、愚行をうながし、それと連帯してきた。あるいは、この世界のあらゆる愚行を前にして無力であった。場合によっては、ソクラテスのように毒杯を飲まされることもあった。ひとつの社会の愚かさや無知を過剰に暴いたからである。そのような社会にとっては、哲学者の言動こそ「愚行」に見えたかもしれない。のちにも触れることになるが、哲学は決してただ無力にとどまっていたわけではなかった。哲学が社会に働きかけるのは、しばしば政治を通じてであり、国家と社会を取り仕切る人間たち（政治家、支配者）の思考に、そしてときにはそれに抵抗する人々の思考に作用することによって、なのだ。人間の世界が、観念の連鎖によって形成される巨大な歴史と習慣の形成する回路からなるかぎり、思考（思想）は、どうしてもその連鎖の中で作用することになる。その作用を的確に理解することは決して容易ではない。

思考の姿勢を変えること

さて、ジル・ドゥルーズは、思想の規範や権威をめぐる哲学の伝統的姿勢を根本的に転換するという点において、現代のきわだった哲学者のひとりであった。彼は、過去の哲学のある傾向（系譜）にとても忠実でありながら、何かしら哲学の従来のあり方を変えてしまった哲学者だといえよう。

哲学はもちろん知性の仕事であり、なみはずれた鍛錬も集中も必要とするが、彼は哲学と知性との関係を、何かしらいままでとは違ったものにして、哲学と真理、体系、学問、権威、権力、制度、社会との関係も変えてしまったのだ。しかも、彼は根底から哲学を革新したわけではないし、そのようなことを一度たりとも主張したわけではなかった。まして声高に哲学の終焉を唱えたこともなかった。

彼が偏愛した過去の何人かの哲学者たちは、それぞれの時代に、哲学に可能なことを最大限なしとげ、その可能性の果てまで歩んだ。そして後代にも繰り返し読まれ、さらに更新されていくような力と潜在性を含む書物を残した。

ドゥルーズは、哲学史に内包されたこのような力と潜在性を現代において生きのびさせようとして、必然的に、ある新しい仕方で哲学を実践するしかなかったのだ。彼の哲学には、古さと新しさのいままでにない新しい結合が見られ、その哲学自体が、「古さ」と「新しさ」について、とてもユニークなアプローチになっている（新しさ、古さとは、もちろん時間にかかわる観念であり、これは彼の哲学における「時間論」、「反復論」にもかかわることだ）。

彼の書物が提出したいくつかの概念（とりわけ「リゾーム」、「ノマディスム」、「器官なき身体」、「欲望機械」、「生成変化」等々）は、すでに哲学を超えるさまざまな領域で引用され、応用され、かなりの数の読書人や知性の興味を惹いてきた。いまではインターネットで配信されている厖大な講義録を除くと、日本語にはすべての著作が翻訳されている。

彼の思想は現代の動きにとても敏感で、アカデミズムを逸脱する、かなりエキセントリックに響く概念が、とても本質的な何かをいいあてているという印象を少なからず与えてきた。哲学に新たな文体、語り口がもたらされ、フェリックス・ガタリとのデュエットは何か途方もない協奏になっていた。二一世紀に入ってからの哲学の文体はむしろアカデミックに戻った感じがする。

決して穏健な思想ではなく、フランス史に力強い破線を描いてきた政治的抵抗の跡を汲む、かなりアナーキーな、暴力的批判を含む思想であるという感触もあった。現代的センスにみちているといっても、決して世界情勢を次々と巧みに解釈してみせる小まわりのきく時局的思索ではなく、まして消費社会や情報社会を手放しで肯定するような思想でもなく、逆にそれらへの強い批判を含む思想であることも多くの人が直観したはずだ。ガタリとの共著になる分厚い二冊『アンチ・オイディプス』と『千のプラトー』が、他の本にもまして強いインパクトを与え、このようなドゥルーズの印象を決定的にした。「資本主義と分裂症」という副題をもつこの二つの本は、新しい「資本論」という印象を与えてもいたのだ。これについて語ろうとすれば、もちろんフェリックス・ガタリの存在を決して忘れることはできない。

しかし翻訳の作業が進み、スピノザ、ニーチェ、ベルクソン、カント、ヒュームなどの実に堅固で、しなやかな読解によって彼が描いてきた独特の哲学史の全貌もよく見えてきた。それにつれて、エキセントリックで難解な概念をあやつる魔術師めいた一面が、底の深い一貫した哲学の素養に支えられていたことも、多くの読者にははっきり見えてきたに違いない。『シネマ』の二冊から始まった晩年の仕事も、また別の次元の充実した展開を見せていた。そして一九九五年には、パリのアパルトマンからの飛び降り自殺のニュースが伝えられた。自殺についてのうがった解釈が、この哲学者のすでに流布していたイメージに重ねられた。自殺は、彼の「生」の思想とまったく矛盾すると考えた人たち、彼のラディカルな思想のまったく延長線上にあると思った人たち、深刻な症状ゆえの一種の尊厳死と受けとめた人たち、ただただ衝撃を受けて当惑した人たちなど、さまざまだった。自殺は彼の「ニヒリズム」の最終的表現であるなどという、厚顔無恥を極める解釈も現れた。

最初にこの本を書いていた時期に、私はイギリスの神学者ドン・キューピットの書いた『最後の哲学』（一九九五年）を読んだ。そのしなやかな開放的プラグマティズムは、ドゥルーズと響き合う一面をもっていると感じた。そのキューピットは、本文ではわずかにドゥルーズに言及するにとどめ、最後の「思想家プロフィール」でも、そっけなくこう書いているにすぎない。「ジル・ドゥルーズ――同一性ではなく差異性の、実体ではなく出来事の、固定的秩序ではなく「生成」の、フランスの哲学者。曖昧で興味をそそる存在ではあるが、まだよく理解されていない」（キューピット 二〇〇〇、二八七頁）。ちなみに、この本の原書がイギリスで刊行されたのは一九九五年――ドゥルーズの死んだ年である。

ささやかな一項にすぎないが、多くのことを考えさせる。「まだよく理解されていない」とは、いったいどのようなことを意味するのだろう。ドゥルーズはいつまでも理解されることのない「曖昧な」思想家だというのか。それとも、いまは理解されていないが、これからきっと理解され、広い影響を及ぼすに違いない未来の思想家だということなのか。それとも、つねに読む者を煙に巻いて、理解を拒む、意図的に「曖昧な」思想家なので、敬遠しておいたほうがいいとでもいうような皮肉を含んでいるのか。

イギリスの状況はよくわからないが、日本ではいまもドゥルーズの読者はとだえることがなく、理解されていないとは決していえまい。確かに、読まれることは必ずしも理解されることを意味しない。一方で、ドゥルーズをいわゆる「ポストモダン思想」の首領とみなし、「主体を解体してしまう無責任な思想」であるなどと決めつけてきた論者たちの、かなり頑《かたく》なな無理解ぶりもめずらしいことではなかった。あれからドゥルーズの読者たちは、どうやら世界中に広がり、この世紀に入ってから日本語の研究書の数も飛躍的に増えて、この思想の影響は衰えずに波及し続けているように思える。確かにドゥルーズ（そしてガタリ）の思想は、この時代の政治、経済、資本、情報、マイノリティ、芸術などの大転換の徴候を、きわめて敏感に、本質的、先駆的に読みとっていた。しかし、それは同時に、その転換の多くを批判し、それに抵抗する思想でもあった。したがって、いまドゥルーズを読む人々が、この世界でどう思考し、どうふるまっているか、そのこと自体もすでに潜在的に、批判的思考の対象になっていたかもしれないのだ。

そこで改めて問う。いったいドゥルーズを理解するとは、何を理解することなのか。私自身は、ドゥルーズの何を理解し、何を理解できずにきたのか。そして、ひとりの思想家を理解することが、ひとつの思想を理解すること、これはいったいどのようなプロセスなのか。ドゥルーズ自身は、ことあるごとに、「理解すること」は重要ではなく、むしろ「使用すること」のほうが大切だと述べていた。理解することは、どうしても一度考えられ、書かれたことを正確にたどり、みずからの思考の中に転写し、再現することをともなうだろう。

ところが、再現することも、転写することも、あるいは正確さということさえも、重要であるどころか、むしろ避けるべきことだとドゥルーズは考えている。むしろ、どんな断片でもいいから、それを手にとって、使ってみること、たたいたり、裏返したり、匂いを嗅いだりしてみて、いっしょに時間をすごし、別の脈絡に移動させ、それぞれに使いみちを見つけること。もちろん全体を相手にする必要はなく、必要に応じて断片を扱うだけでいい。そんなイメージを、ドゥルーズは思想を「理解する」のではなく、「使用する」こととして提唱しているのだ。ときに「工具」を用いるように、と比喩的に語ったこともあるが、哲学は決して「釘を打つ」という目的のために、「金槌を用いる」ようにして使えるものではない。哲学は決してそもそも世界の認識は、決して全体的な設計図にしたがっておこなわれるものではない。世界の認識は、隣接する部分から部分へと、触覚に頼るようにして、局地的に進むことでしか実現できない。哲学の諸概念は、そのためにこそ使用される。ドゥルーズの、全体を拒否するこのプラグマティズムは、いたるところで徹底されている姿勢なのだ。

すでにこのようなドゥルーズの概念を引用し、応用し、まさに使用している人々の数は少なくない。さまざまな使用法がありうるし、どんな使用法も禁じられてはいない。それにしても、やはりその使用法をめぐっては、議論がありうるし、現に議論が存在してきた。ドゥルーズとガタリの発案した概念が、ある種のキャッチフレーズや、紋切型になって使用され、思考を「軽やか」にするというよりも、むしろ「軽薄」にし、無内容にしてしまうことがありうる。そこからの反動で、同じ概念をとても使いものにならないニヒルで無責任なもの、実証性も体系的論理も欠くものと即断してしまう知識人も出てくる。また、こういう例は日本では、あまり見られないが、分裂症や、麻薬や、さまざまな狂気、倒錯や逸脱についてドゥルーズとガタリが語ったことが、破壊的、破滅的な行動をそそのかし擁護する口実になるかに見えて、実際に彼ら自身が読者に向けて細心の注意をうながさなければならないことさえあった（『千のプラトー』第六章「いかにして器官なき身体を獲得するか」は、そういう内容を含んでいる）。

私は、自分の人生のかなりの部分を、この思想家を読み、翻訳し、読解し、説明し、他の主題と結合したり、共振させたりすることに費やしてきたことになる。決して自分を哲学者と称したくはないが（そのように限定することの窮屈さもあるし、正統的な哲学の知識をもたないからだ）、誰よりもドゥルーズの書物と講義から哲学を受けとり、哲学の方法、主題、姿勢、センスに関しても、決定的な何かを学んできた。

それと同時に、彼の気質、思考のリズム、優しさ、繊細さ、そして荒々しさ、非妥協性に、変わらない共感を覚えてもきた。決して自分の言葉を鋭角的、権威的に、強く明晰に〈立ち上げる〉のではない。混沌のうちに思考の対象と合体し、ともに彷徨《さまよ》うかのようにして進み、しかもそこから未知のニュアンスをとりだしてくるスタイルは、彼独自のものだった。

作品と秘密の生

一九七六年から八三年まで、私はパリ第八大学ヴァンセンヌ校の学生として、ドゥルーズの講義に通いながら、彼の指導を受けてアントナン・アルトーについての博士論文を書くことになった。

この大学ではまずアルチュール・ランボーについての修士論文を書いたが、そのあとさらに博士論文を、学術の規範にしたがって、しかも外国語で書くという課題は、とうてい自分のなせる業ではないと感じていた。しかしアルトーとドゥルーズを同時に読み進めるうちに、自分の怠惰もシニシズムもいつのまにかどこかに片づけていた。この二人のそれぞれに震撼され、また二人が私の頭に響かせる奇妙なデュエットにかきたてられて、あまり学術的ではないひとつの〈論文〉を何とか書き上げた[3]。

ヴァンセンヌ校は、国の定める哲学教育のカリキュラムをまったく無視していて、私のように哲学科出身でない学生も問題なく受け入れてくれた。ドゥルーズは論文のアカデミックな形式や語学的な正確さなどにはおよそ無頓着だった。彼は、私がアルトーにどんな〈思考〉を発見し、それにどんな記述を与えたか、それだけに注意を向け、いくつかのパートを仕上げるごとに、それを読んで本質的な指摘だけをしてくれた。

私はドゥルーズの伝記作家になろうとは思わないし、この本も彼の人生の伝記であるよりは、あくまで思考の伝記となるはずである。ドゥルーズがマルセル・プルーストについてこう書いたことは忘れがたい。「それはまさに人生が作品にも理論にも何ももたらしていないというケースである。なぜなら、作品または理論は秘密の生に結ばれており、その絆は、あらゆる伝記との絆よりも、はるかに深いからだ」(PS, p. 166／一五三頁)。

リセに通った時代の一九四一年にドゥルーズと知り合い、それから一五年間親友であり続けたという作家ミシェル・トゥルニエ(一九二四—二〇一六年)は、二〇歳前後のドゥルーズの印象をこんなふうに語っている。

私たちが綿やゴムのボールを投げ合うのに似た会話をしているとき、彼はそれを鋳鉄《ちゅうてつ》か鋼鉄の球のように硬く重たくして、私たちに投げ返すのだった。凡庸に、幼稚に、いいかげんに物事を考えていると、たった一言でその現場をとりおさえる彼の才能に、私たちはたちまち恐れをなした。解釈と転換の能力。つまり、あらゆる教科書的な陳腐きわまりない哲学でも、彼にかかるとまったく変身して、新鮮で、まだ全然消化されていないもの、新しいものという雰囲気をまとい、われわれの脆弱さ、怠惰を面食らわせ、はねつけるのだった。

戦争、ナチによる占領、全般化していた統制がわれわれにのしかかっていた暗闇のまったただなかで、私たちはある種の哲学的観念で結ばれた小さなグループを形成していた。その観念は狭く、教条的でさえあって、機会があれば、私たちは護送車やギロチンにすがることさえやぶさかではなかった。私は軽はずみにも、ドゥルーズはこのグループの〈魂〉であった、などと書いてしまうところだった。しかし、こんなまずい言葉には、かつて青年であったわれわれの幽霊が罵声と投石を浴びせかけてくるところが、たちまち想像されたのだ。私たちの唯一の集団的表現は『空間』という雑誌となったが、それは一号だけで終わった。アラン・クレマンがそのリーダーだったが、この雑誌は、内的な生の概念に全面的に反逆しようとするもので、表紙には便器の写真があった。「ひとつの風景は、魂の一状態である」という文句がそれに添えてあった。ジル・ドゥルーズは、それでも全体の基調を作り出し、われわれの熱情を支えていた。あのどこまでも掘り進んでいく猛烈さ、あの体系の悪魔、精神の熱狂、あの絶対の錯乱を知らなかったものには、どうしても理解不可能な面が残るだろう。(Tournier 1977, pp. 151-152／一六二―一六三頁)

ある夏、私は彼をヴィル＝シュル＝メールに連れていった。彼はめったにスカーフをはずさず、靴も脱ごうとしないのだった。それでも一度だけ水浴びをしたことがあった。「ぼくは頭を水の外に垂直に出して泳ぐよ。ここは自分向きの場所じゃないってことを知らせるためにね」と彼はいうのだった。海水浴場の業者で、アンガラオという立派な名前のがっしりした男が、大きなバーベルを上げていた。ジルは大男を前に観察していた。アンガラオが彼に「やってみないか」というと、ジルは「ごめんなさい、好みのスポーツはピンポンなんです」という。アンガラオは「ピンポンは運動神経がいるね」と愛想よくいった。ジルは「そのとおり。しかし、そいつを上げるには運動神経だけじゃ、だめみたいだね」といい返した。(Tournier 1999, p. 342)

私自身がドゥルーズの人生について知るエピソードはわずかしかない。若いときはかなりダンディで、瀟洒なスーツで決め、白い手袋まではめて、ときにはコートを肩に羽織ったまま、しばしば声色を演出して講義や講演をした。かなりスノッブで社交好きでもあった。いつ頃からか知らないが、ヴァンセンヌの大学で講義をしているときは、もうすっかり服装は地味で、不精髭のことも多く、少しホームレスめいた雰囲気があった。手の爪は伸ばしっぱなしで、蔓《つる》を巻いたように螺旋になっていた。

のちに両肺を失うことになるほど肺を病んでいて、肺活量は通常の八分の一といわれたのにヘヴィー・スモーカーで、講義中も喫煙した。アルコールにもかなりのめり込んで、『意味の論理学』を書いているときなど、朝少し執筆したあとは一日中ウィスキーを飲んでいたという(この本の中の「陶器と火山」という章は、アルコール中毒の感動的な分析を含んでいる)。幸いなことに(と彼はいった)、肺のほうがアルコールに耐えきれず、中毒の果てまでいかずにすんだ。ミルク製品に対するアレルギーがあったようで、チーズなどは口にしなかった。

病身のせいもあり、ほとんど旅はしなかった。日本にもたびたび招かれたが、ついに来日は実現しなかった。やむをえない場合を除いて、インタビューや講演はしないことを原則とした。大学での講義だけは創造的な仕事と位置づけ、ノートを見ながら、決してそれを読み上げるのではなく、ゆったりとした口調で講義した。いつもユーモアにみちたつぶやきから始め、しだいに集中を深め、うまくいくと朗々と嗄《しわが》れ声を絞り出すクライマックスに達した。時宜を得ない不躾な質問で集中の波がとぎれると、ものすごくイライラすることがあった。

多くの講義が書物として結晶したが、講義自体は、ていねいに、飛躍なしに進み、年々独特のスタイルと思想を極めながらも、あくまで教育的であった。総じて書物の思考のほうは、教育的であるよりも、はるかに探究的で冒険的であった。講義の思索を踏み台にして、さらに遠くへ行こうとするように書物を書いた、と思う。

ドゥルーズのこうした伝記的エピソードは、些細なことではあっても、決してどうでもいいことではないし、無意味でもない。その意味を読もうとしてみれば、どれも彼の思想、方法、気質、姿勢を実によく物語っている。そして、とりわけひとつの思想に対応するひとつの身体を描き出している——「身体は何をなしうるのか」という問いは、ドゥルーズが終始考え続けた問いのひとつであった。

フリードリヒ・ニーチェは未完の主著『権力への意志』にこう書いている。「私は誰にも哲学を説きすすめようとは思わない。哲学者が変わり種であるということは必然であり、おそらくはまた望ましいことでもあるからである」（ニーチェ 一九九三b、四〇四頁）。ニーチェについての長い講義録を残したハイデガーも、このくだりを引用することから始めている。

いったいひとりの哲学者が「変わり種」であるということの哲学的意味は何だろうか。ドゥルーズが変わった哲学者だったとして、その変わっていたことは、どんな意味をもっていたのだろうか。彼の講義だけでなく、彼の思考の仕方そのものが、かなり変わっていたし、また著作の書き方は決定的に他の哲学者たちと異なっていて、しかもつねに変化していった。そのように変わっていたことのすべてが、思索の対象の選び方と切り離せず、その対象と結ぶ独特の関係性と切り離せなかった。

「曖昧で興味をそそる存在ではあるが、まだよく理解されていない」と書いたキューピットは、ドゥルーズ的な問題の一面を、イギリスのプラグマティズムの立場からよく共有していると思われた一神学者なのである。日本の思想界や思想的ジャーナリズムにおいて、ドゥルーズはある意味で、欧米に比べても不思議なほど人々の興味をそそり、早くから話題になり、たぶん理解され、また誤解もされてきたのである。そして一部の人々は、もうすっかりドゥルーズの思想を「消費して」しまった気持ちになっている。しかしドゥルーズは時代の要求に歩み寄り、時代の問いに答え、時代に消費されてしまい、最後には憔悴しきって自殺するような「思想家」とは、とうていいえない。

ドゥルーズを「流行思想」として読み、その概念をキャッチフレーズのようにして流用した人々も（そして、それに反発した人々も）、確かにドゥルーズのスタイルに何かをかぎつけていたのかもしれない。それもひとつの読み方だったのだ。

ドゥルーズには、独自の現代性と、それだけにとどまらず歴史を横断し、過去の思想の深みにたえず立ち戻っていく古典的な姿勢と、さらにそこから遠く未来に向けて放つ思考のベクトルがある。それらを読み解くには、それなりの根気がいるし、また読む自分自身を鍛えていかなくてはならない。確かにドゥルーズの死とともに、彼の本をただ「同時代の思想」として読むような時間性も終わったのだ。

決して迂回やシニシズムによることなく、いつも直截な思考を展開するという意味で、ドゥルーズは決してわかりにくい書き手ではない。少なからぬ人々が、二〇世紀後半の顕著な変化に応える思考とスタイルをかねそなえた独創的な哲学であることを敏感に察知して、「興味」をそそられたのだ。にもかかわらず、このわかりやすさと直接性は、「まだよく理解されていない何か」と共存していた。その何かは彼の書き方（文体またはエクリチュール）と深くかかわっていた。総じて彼の思想は半世紀という時間を経て、理解されるための地平を広げてきたにしても、やはり彼自身がいうところの「秘密の生」に結ばれていて、巧みに調律され、繊細に書かれていた。

ドゥルーズはあくまで自分の思索を哲学として展開したが、それがもはや哲学にはとうてい限定できない広がりと振幅をもっていることも、だんだん気づかれるようになったと思う。『アンチ・オイディプス』、『千のプラトー』から、二冊の映画論にいたる過程で、フェリックス・ガタリの協力も得ながら、ドゥルーズは過去の哲学の地層から、とてつもない深さや動きや広がりを横断する波動を、新しい光線のようにとりだしたのである。それが哲学としてわかりにくいだけなら、哲学史を猛烈に勉強することで何とか理解に達することもできるだろう。明敏な知性なら、その思想を要約する的確な図式を難なく与えることもできるだろう。

けれども、おそらくドゥルーズのわかりにくさは（そしてわかりやすさは）、その思想が哲学として展開されながらも、哲学とはあくまで異質なものに触れていることからくる。長いあいだ思考の理想的モデルを与えてきた哲学が、そのような傾向そのものによって哲学を他の認識のうえに君臨させ、かえってみずからを内部に閉ざしてきたとすれば、ドゥルーズは哲学を外部に開くために哲学するという逆説的な試みを最後まで続けたからである。だから、ドゥルーズが「理解されていない」という事態を、彼の思想にとって本質的な事態だと考えてもいい。それを簡潔で明晰な図式に要約し、あるいは平坦に展開することによって理解しようとしても、そのときすでに肝心なことは指からもれている。それでも簡潔さと明晰さは、好ましく、願わしいものでもある。それがあくまでドゥルーズを既成の知に還元することなく、ドゥルーズがつねに問題にした「知の外部」に向き合おうとする姿勢とともにあるならば。

これから書くことは、私自身がドゥルーズの中に何を読み、何を、どのように理解してきたかをひとつひとつ点検することになる。近年、かつてよりもまして世界中で、そして日本でも、ドゥルーズについての本は数多く書かれている。その中には、いくつもすぐれたものがあって、ドゥルーズという巨大な多様体のさまざまな側面を照らし出している。そのためドゥルーズの思想の方向、組み立て、基本的な問題は、はるかに広く共有されて見えやすい状況になっている。ドゥルーズが講義をし、本を書いていた時代の読者たちは、はるかに直感的に、切迫した自分の情況に照らして、彼とガタリの本を性急に読んでいたような気がする。私もそういう野蛮な読者のひとりだったと思う。しかし、あの時代に触発され、驚き、戸惑いながら何とか把握したことがいまでも私にとってのドゥルーズ哲学の骨格になっていて、この点はあまり動きようがないのだ。

この本で私は、ドゥルーズの思考の「身体」を形成する基本的な線、モチーフ、傾向を描き出すことに重点を置きながら、数々の問題系のあいだに横断線を引くことを試みた。しかし、いま改版するにあたっては、ドゥルーズが逝去したあとの、この世界の時間にその横断線を泳がせるようにして、そこに浮かび上がってくることも加筆していきたい。当然ながら、この哲学者の残したあらゆる記憶、イメージ、声と改めて対話することになる。

ノート：哲学の民主化と〈新実在論〉

先に触れたドン・キューピットの『最後の哲学』には、ドゥルーズの思想を大きな枠組みで評価するための指標が、いくつか見つかる。「神は、私たちを自由にするために死ぬのである」（キューピット二〇〇〇、二六八―二六九頁）、「神の国というのは、「彼方」をもたない世界のこと」（同書、二七六頁）、「「神」は一個の実在的存在などではなく、かえってただの自由でしかない」（同書、二六九頁）。キューピットは、そんなことを書く神学者なのだ。

ひとつはこの神学者が「非実在論」と呼ぶもので、真の実在とか、客観的実在といったものを原理的に退ける立場である。キリスト教神学者でありながら、キューピットは神を「真の実在」として認めないし、「真の外部世界」を透明な窓を通じて人間が認識しうるということも認めない。私たちの〈経験〉の外に、〈経験〉と無関係に実在するものなどない。しかし決して実在が無である（世界は存在しない！）というわけではない。むしろ私たちが自我や心のような枠組みにおいて、堅固な実体として囲い込もうとしても、実在（自然）ははるかに広大で流動的で、可塑性にみちているということである。人間は〈経験〉の中に内在するが、〈経験〉自体は広大な流動、生成の中にあって、その中に人間は、いわば「脱自的」に内在しうるというのである。

キューピットのいう「非実在論」は、ドゥルーズが一貫して、理性や主体や意識の外部について、それらにとっての「実在」の外部について思考してきたことと大いに関係がある。そして奇妙なことに、この国の一部の論者たちは、ドゥルーズが、このような外部を新たな「超越性」として立て、市民の生活や実感にとって切実な問いを切り捨ててしまうといって批判したのだった。だが、ドゥルーズはそのような切実な問いを、より大きく深い広がりと、微細な振動の中で問うことを同時に提唱したはずなのだ。彼にとっては、まず理性や主体のほうこそが「超越」だったのだ。そういう種類の批判は、いまではあまり目立たなくなり、むしろ一貫して知覚されない微小なものの振動に注意を向けるドゥルーズ゠ガタリの〈マイノリティ〉の思想こそが、彼らの哲学のほとんど核心と見えるまでに、共通の読解は進んできたと思う。しかし思想の次元をはるかに超えて、この世界の政治、経済、権力、技術、等々は、たえず逆向きの力（超越）を再形成しようとし、その力の中に思考も感覚も巻き込んで、マジョリティを維持し再建しようとしている。

キューピットは、客観的実在とともにあるとされる心や主体も、決定的に確立されたものとは決して考えない。そういう意味で、この「非実在論」は、ある徹底的なプラグマティズム、または経験論的な立場とともにある。誰よりもまずヒュームに代表されるアングロ゠サクソン的な経験論の系譜を、ドゥルーズもつねに重視していたのだ。

形而上学も、神学も、あるいは自然科学さえも、人間の言語と思考の外部に実在を設定し、しばしば現実と理念、ここと彼方、主体と客体を二分する世界観によって、人間的現実を局限し、世界と人間を分断してきた。そうではなく、私たちが認知し経験することは、すべて私たちの言語と観念の中で生起し、これによって制作され、影響され、たえず変化している。国家や経済のような公共性の次元で生きられている事態、また私たちが自然とみなしている事象さえ、私たちの観点、思考、言語の外にはありえない。その意味で、私たちは世界にたえずかかわっており、世界に責任を負っている。世界が私たちに相関的であるということは、もちろん私たちが世界に相関的であるということでもあり、私たちにとっても、世界にとっても、世界は制限されるのではなく開放されて、たえず複雑性や関係性を増幅させ、組み換えているのだ。

このような「非実在論」と「プラグマティズム」は、どちらも、人間の領域とその外部を永遠に固定した現実とみなして経験を超越しようとする思考に、手厳しい批判を向けているのだ。「非実在論」は、決して観念論ではなく、むしろ〈真〉として固定され分割された実在と人間をひとつの巨大な生成の中に置き直し、「プラグマティズム」は、そのようにして一度切り開かれた人間の地平で、日常の実践や経験を構成する運動や振動を通じて人間を捉え直す。その意味で「脱自」と「内在」は、たがいに補ってひとつの哲学を構成するはずなのだ。

「ドゥルーズは主体を否定しながら、人間の外部を何か超越的なものとして再建している」といった批判をした論者たちは、ドゥルーズの中にも共存していたこの二つの立場とその振幅を的確に読むことができなかった。あるいは、自分の思想の対象になる日常や経験を、あらかじめ制限された因習的な振幅の中に収めなければ、居心地が悪くてならなかったのだ。

もう一点、キューピットは、このような非実在論的プラグマティズムによって、哲学を「民主化する」ことを提唱している。それは哲学を俗流化することとも、知的スノビスムに媚びることとも違う。一見わかりやすい入門書を書くことでもない。知識人や知的官僚、そして僧侶たちの役割とは、しばしば真の現実を彼方にあるものとして描き、しかも一方では、「いま、ここ」の現実を、不動の変えがたいもの（リアリズム）として押しつけるような役割を果たしてきた。こんなふうに、現実の生を変化や運動から隔離し、観念化され固定化されたもうひとつの現実の表象に民衆を「服従」させることが、しばしば形而上学や宗教の役割でもあった。

しかし民衆の中には、そのような服従を決して受容しない動きもたえず存在してきた（たとえばミハイル・バフチンのいうような「カーニヴァル」的要素）。もう「ひとつの現実」によって現実の生を否定するのでなく、逆にそのような別の現実を笑い飛ばす、まったく自発的に現実の生の側にある民衆とその思考も存在してきたのだ。「民主主義」は単に平等主義ではなく、民衆の特異な力の表現にかかわっている。そうでないとしたら民主主義は、ただ数や決定方式の問題に形式化されてしまって、積極的な内容を失う。

哲学をわかりやすく説くことは、自由な思考を促進するどころか、往々にして、広く蔓延している知的「服従」の姿勢に媚びることにすぎなかった。「哲学の民主化」は、それとはかなり違う方向を示している。哲学の民主化とは、哲学の非民衆的要素、つまり、固定された実体や実在の観念に人間的現実を閉じ込め、また生の現実的経験から切り離すような傾向に対抗することにほかならない。そのような非民衆的思考を解体するような公共性と民衆の自立（民主主義）に向けて思考を広げ、鍛えていくことにほかならない。

このような意味で、「哲学の民主化」という、場合によってはまったく空虚なスローガンになりかねない言葉を、あえてドゥルーズ哲学の核心的モチーフとして位置づけ、この本の底を流れるテーマにしようと思う。「ポップ・フィロゾフィー」というドゥルーズ＝ガタリの言葉は、限りなく深く、広大な内容を暗示していたのである。

「世界は存在しない」とか、いや「世界は存在する」とか、新しい「福音」のように語る哲学が、今世紀に入ってから一部で話題になっている。形而上学はいつも「現実に成立していることの総体」という意味での「世界」を想定してきたが、そこから人間は排除されている。マルクス・ガブリエルは、そのような「世界」は存在しないと書いている。しかし、人間の経験に対してあくまでも相関的な世界だけがあるばかりではなく、人間に相関しない他の世界もやはり存在することを認めなければならないというのだ。ただし、そのような世界のすべてを包括する「世界」とは無意味で、そのような「世界は存在しない」。そのような「世界」を除けば、すべての世界が存在する。むしろ数多くの小宇宙（対象領域）が存在しているというべきで、そこには人間に相関するものも、しないものもある。ガブリエルは、そのようにして、むしろ新しい（？）実在論を述べようとする。その意味で、議論の方向は、キューピットが「非実在論」として述べたことと大きく異なっているわけではない。ガブリエルは「世界は存在しない」ことから、むしろ多世界論を強調するのに対して、キューピットは「彼方」ではなく、まったく「内在」となった、あくまで人間によって生きられるこの世界（「神の国」）を肯定することを強調しているのだ。

カンタン・メイヤスーの議論（『有限性の後で』）は、人間に相関的な現象だけが認識される、というカントの画期的提案を現代のドゥルーズにまでいたる「相関主義」として大胆に一括し、逆に新たな「実在論」を提唱する。「哲学の任務とは、もろもろの数学の射程を再び絶対化することで、これは相関主義とは反対に、コペルニクス的脱中心性に忠実にふるまうためである。実は破綻してしまった形而上学的タイプの必然性にもどるのではなく。デカルトの学説を強固に保持することが大切である」（メイヤスー二〇一六、一七五頁）。「相関主義」によって、真理の認識もまったく相関的とみなされるようになってしまった、というわけで、メイヤスーは哲学における伝統的な真理問題を新たに問い直している。しかし、ただカント以前の世界観に戻るというわけではなく、特に自然法則は偶然か必然かを問いながら、古典的な必然性と訣別する論理を、数学

(集合論)に依拠しながら構築しようとする。これらの議論は、新たな哲学の方向として「実在」の真偽をめぐる問題を復活させたかに見える。

キューピットも、そしてドゥルーズも、哲学における「実在」の真偽の問題とは訣別して、あくまでも現代の倫理学として――ドゥルーズはそのうえ政治学として――哲学を切り開こうとした。あくまでも、そのような倫理学‐政治学と連関するかたちで歴史と自然を貫通する生態学(エコロジー)のような方向に哲学を開放し展開していこうとしたのだ。そういう試みを「真理をめぐる判断」という問題に閉じ込め、「相関主義」に区分けしてしまう議論はあまりにも貧しい。ニーチェ以降の「相関主義」は、初めて理念の超越的次元ではなく、ようやく根本的に、この世界と生のほうに哲学の思考を転換させようとしたのだから、この転換はどこまでも追求されなければならない。この世界と生ではなく、宇宙や実在を問題にしようという提案は、むしろ哲学の視野を狭め、貧しくしているのではないか? それよりも、相関主義を肯定し、徹底し、増殖し、そのあいだの連結を増やすような方向を、私は思い描いている。

注

(1) この箇所を含む断片は、一九九四年に刊行された増補版で追加されたもので、邦訳書には収録されていない。この断片の邦訳は、ルイ・アルチュセール「唯物論のユニークな伝統1 スピノザ」田崎英明・

市田良彦訳、『批評空間』第Ⅱ期第五号、一九九五年四月。

（2）「「哲学が何の役に立つのか」と問い尋ねる者に対しては、こう答えるべきである。自由な人間のイメージを立ち上げること、おのれの権力を安定させるために神話と魂の混乱を必要とする一切の力を告発すること……」(LS, p. 322／㊦一七八頁)。

（3）のちにそれを日本語で書き改めたものが、『アルトー　思考と身体』（白水社、一九九七年）として刊行されることになった。

第一章　ある哲学の始まり——『差異と反復』以前

『経験論と主体性』（1953年）

ジル・ドゥルーズは、一九二五年一月一八日に、パリ一七区で生まれた。父はエンジニアであった。二人兄弟の弟で、兄はレジスタンス活動に加わって拘束され、強制収容所に向かう列車の中で死んだ。この兄の悲劇を除いて、戦争、占領、解放のもとで送った青春時代のエピソードはほとんど語られていない。みずからの生についてのこの寡黙さは、最後まで続くことになる。

リセ・カルノーを経て、一九四四年にソルボンヌ大学に入学して哲学を学び、四八年には教授資格試験に合格している。その後、アミアン、オルレアン、パリのリセで教え、一九五七年にソルボンヌ大学の助手となる。この頃から、あくの強い、個性的な講義で知られていた。その後は国立科学研究センターの研究員となったあと、一九六四年にリヨン大学の講師となっている。

一九五二年にヒュームの入門書を共著として出版しているが、教授資格試験のための論文であったヒューム論『経験論と主体性』(一九五三年)が、事実上の処女出版となる。

これから一〇年あまり目立った著作を発表していないが、そのあとに驚くべき多産な時期がやってくる。

一九六二年『ニーチェと哲学』、一九六三年『カントの批判哲学』、一九六四年『プルーストとシーニュ』、一九六五年『ニーチェ』、一九六六年『ベルクソニスム』。これらによって、すでにドゥルーズ哲学の強靱な骨格が作られる。

これから三節にわたって、あの記念碑的な博士論文『差異と反復』を発表する以前のドゥルーズの思考の歩みをたどってみよう。博士号のための副論文『スピノザと表現の問題』（一九六八年）、そして『スピノザ　実践の哲学』（一九七〇年。一九八一年に増補改訂版）も、初期の一連のモノグラフィー（ひとりの人物に関する研究）の系列にあるものとして、このパートに含めることにする。それは、ひとつの充実した修業時代であるが、二〇代のはじめにすでに彼は、かなり奇抜でもある独自の発想と、強力な推論の力を示しているのだから、ドゥルーズ哲学はもうとっくに始まっているといってよいのだ。

1　運動と時間の哲学――ベルクソンを手放さず、かつはるか遠くへ

運動とともに、時間の中で、思考を実践すること、これはドゥルーズが終始課題にしたことである。彼は、「動くこと」を妨げる思考に敏感な批判を向け、時間についての緻密な思考を持続し、洗練していった。単に運動と時間を思考の主題にしたのではなく、運動と時間に浸透する思考を実践し、また思考の中に運動と時間を注入しようとしたのである。このモチーフは、ドゥルーズの哲学の方法とスタイルをほとんど全面的に決定していた。

日常の具体的思考も、あるいは哲学が実践するような抽象的思考も、しばしば動く対象を、動かない点をつなぎ合わせることによって捉えようとする。政治的な権力もまた、しばしば動きを抑止することを課題とし原則とする。多くの思考と力が、運動を阻害する傾向をもつばかりか、それを目的にしている（「われわれは、動くということが何を意味するかさ

え、もはや理解できないのである」(N, p. 25／四六頁))。運動とともに生きられる時間という現実も、静止した空間のイメージ(点や線)に翻訳され、時間の中で生起している運動の現実は思考されなくなってしまう。デカルトの思索は、みごとなまでに時間を排除して、「私は考える、ゆえに私は存在する」と言明することができた。やがてこれを「時間」において再考しなければならないとして、デカルトを批判するのはカントなのだ。

哲学者たちの中にも、空間における真理を追求するタイプと、時間における真理を追求するタイプがあるとすれば、明らかにドゥルーズの傾向はあとのほうに属している。空間の哲学者は、あらゆる要素を空間の中に列挙し、併置しながら、対象を可視性の中に置き、可視性と空間性を一体にして、「明晰に」思考しようとするだろう。時間の哲学者は、時間がたえず離散させ、見えなくしてしまう対象に細心の注意を払い、いつも不可視性に直面しながら、可視性の限界に、別の明晰さを生み出そうとするだろう。たとえばドゥルーズに比べて、ミシェル・フーコー(一九二六―八四年)のほうは、はるかに認識の空間を厳密に問題化して、それぞれの時代の認識のいわば空間的構造(エピステーメー)を論じたのである。もちろん、どちらが正しいか、すぐれているか、それを性急にいうことはできない。

あらゆる対象を、決して固定しない変化のプロセス(生成)として捉え、またその一方で、対象を構成する差異を、単に静的な差異ではなく、差異化するプロセス(時間)において捉えるドゥルーズの方法。それは、彼の思考が、いつも時間と不可分なかたちで実践されることと切り離せない。彼にとって、運動・時間について思考し、運動・時間とともに思考することは、原理であり、方法であり、主題であり、またひとつの倫理、政治とさえも一体であった。のちに書かれる『運動イメージ』、『時間イメージ』という二冊の映画論『シネマ』は、映画の哲学の壮大な試みであると同時に、運動と時間の哲学の到達点を示す作品となるだろう。『シネマ』は、運動から時間へと問いの焦点を移していったが、それは「映画」を通じて、運動と時間を再考し、運動と時間の関係を考え直す作業ともなったのだ。

差異とは何か

ドゥルーズのこの一貫した立場は、まさに運動の哲学を作り出し、時間の概念をラディカルに革新したアンリ・ベルクソン（一八五九―一九四一年）の試みなくしては考えられない。「ベルクソンのように運動の形質として知覚と感情と行動を区別するというのは、とても斬新な分割法なのです。それがいまだに新しさを失っていないのは、ベルクソンの区分をきちんと自分のものにした人がひとりもいないからだと思うし、これこそ、ベルクソンの思想の中でも特に難しく、特に美しい部分だといえるのです」（「仲介者」PP, p. 166／二四五頁）。

この発言は、映画論を書き終えた一九八五年のものだが、ドゥルーズは早くからベルクソン哲学に親しみ、知られているかぎりで少なくとも三つのベルクソン論を書き、まさにその思想を自家薬籠中のものにしたうえで自分の哲学を作り出すのだ。

「差異」は、ドゥルーズにとっても、また現代の多くの哲学者にとっても核心的主題であり、それはソシュールの言語学から発展した構造主義が、「差異」の概念を新たな光のもとに浮かび上がらせたことに、かなり影響されていた。構造主義は、ある意味で思想を新たに空間化する試みであり、ベルクソンの「創造的進化」や、ヘーゲルの歴史弁証法の時間的展開に強い批判をもっていた。しかしドゥルーズは、ヘーゲルとは距離を置きつつも、ベルクソンからは、その後の展開に欠かせない認識を受けとっていたのだ。彼はすでに、ベルクソン哲学のうちに「差異」についてのめざましい思考を読みとっていて、それは構造主義の発見した「差異」より以上に深く、のちの思考の基本的モチーフになっていく。ドゥルーズにとって、差異について考えることは、そのまま即、時間について考え、時間の中の差異について、時間としての差異について考えることである。

「差異」について考える、といっても、それは誰にとっても少し唐突な命題なのだ。ふつう私たちは、何かと何かの差異について考えはしても、いきなり差異そのものについて考えたりはしないからである。「ベルクソンにおける差異の概念[1]」という表題をもつ一九五五年のベルクソン論は、まず「程度の差」（量的差異）と「本性の差」（質的差異）をめぐって、ベルクソン哲学の問いの姿勢そのものを考えようとしている。ベルクソンがドゥルーズに課したのは、「本性の差」そのものを的確にとりあげることであり、「程度の差」に幻惑されないで、「本性の差」を正確に識別することこそが、彼にとって正しく問いを提出することである。

記憶と持続の特性について考えぬくことは、ベルクソン哲学の最大の課題であり、新しさでもあった。ベルクソンにとって、知覚と記憶、あるいは物質と持続のあいだには、本性上の差異がある。ところが、物質と、物質の知覚とのあいだには、程度の差しかない。知覚は、物質がはてしなく交錯して作用し合う広がりから、自分に関心のある面だけを抽出し、他の面を排除する過程にほかならないからである。その意味で、知覚は物質の広がりの切りとられた一部にすぎない。だから哲学は、とりわけ知覚と記憶（持続）のあいだの本性上の差異は何かということを思考しなければならない。それはまた、時間（持続）の中で生きる人間にとって、知覚と記憶の本質的な差異は何か、と問うことである。

記憶を単に、過ぎ去り弱まった知覚と捉えるのではなく、知覚とは決定的に（本性的に）異なったものとして考察しなくてはならない。記憶とは単に過去の知覚の刻印や残像ではなく、無限数の過去の連鎖や相互浸透からなっている。しかも持続として生きられる時間にとって、過去は単に過ぎ去った現在ではなく、現在は決して過去と切断されてはいない。現在と過去は絶対に同時的であり、現在とは、浸透し合い連鎖し合う潜在的過去の集積の先端であるにすぎない。こんなふうに捉えられた記憶と持続は、物質と知覚の次元に対して、決定的な質的差異をもっている。

当然ながら、こんどは質的差異と量的差異のあいだの差異というものがまた問題になるだろう。量的差異と質的差異という区分そのものは二元論的だが、しかし結局ベルクソンはこの二つの差異を、差異の二つの度合いとして再び合流させる。つまり物質と記憶のあいだの質的な差は、記憶における「弛緩」と「緊張」のさまざまな度合い（強度）の差であるというのである。こうして、すべてが唯一の、同じものの無限のヴァリエーションであるというドゥルーズの著作を貫く一元論的観点（「存在の一義性」）が、ベルクソニスムにも見出されている。

この一元論は、事物の無限の多様性、限りなく微細なニュアンスの変化とともにある。決してそれは、事物の無限の差異を排除するのではなく、むしろ差異をできるかぎり受容するための一元論なのである。とりわけベルクソンの『物質と記憶』（一八九六年）で展開されたこのような思考は、ドゥルーズ哲学の一生のモチーフとなる。

構造主義言語学にとっても「差異」は最も基本的な概念のひとつであった。言語は意味の体系である以前に何よりもまず「差異」の体系であるといわれた。言語の単位をなす実体のようなものが存在する以前に、それらを成立させる形式的な差異の束が、音韻の差として存在しなければならず、その差異は、決してあらかじめ意味の差異などではなかった。意味や単語や文法は、その差異の効果、編成としてしか成立しようがない。『一般言語学講義』（一九一六年）のソシュールは、決してこのこと自体を執拗に問うてはいないが、そこにあの波のイメージとともに提出された「差異」の体系は、言語学の原理にかかわる以上に、私たちの思考をめぐるあらゆる因習が覆い隠している見えない次元を指示していたのだ。この次元は、実は時間と深いかかわりをもっている。

このように構造主義の側から提出された差異についての問いも、ドゥルーズはとても真剣に受けとっていて、「何を構造主義として認めるか」[2]というすぐれた論を書いてもいる。しかしそれ以上に、ベルクソンの思想の根幹に早くから差異の問題を読みとって、それを的確に読解するにとどまらず、差異の問題を独自に深め、構造主義的な地平で提出される差異の問いと動的に接続する準備をしていた。その成果は『差異と反復』の中に注入されることになる。

ドゥルーズは、ほかにも二つベルクソン論を書いている。『ベルクソニスム』[3]（一九六六年）は、いちばん本格的なテクストで、ベルクソンの思索の全貌を密度高く要約し、ドゥルーズ自身ののちの哲学的展開の重要な伏線を描いてもいる。

いちばん短い「ベルクソン、1859―1941」[4]は、豊かな内容を「寸鉄」の文に凝縮していて、ドゥルーズがどれだけベルクソンを自分の思考の血肉としていたか、短いだけよけいに力強く伝わってくる。ベルクソンの文脈に忠実な、慎ましい読解といってよいのに、まったく独創的な輪郭をもっている。こうした哲学史的要約の仕事にも、のちに書かれる大作の実験的な思考が、すでにめざましい強度で前奏されているのに立ち会うことができるのだ。

唯物論的な思想家

一九八〇年代はじめに映画論の講義を始めた頃、ドゥルーズは、「多くの人がベルクソンの哲学を一種の観念論として受けとっているが、実はベルクソンほど唯物論的な思想家はいない」と語ったことがある。それがとても印象的だった。唯物論とはいったい何なのか。ほんとうの唯物論といったものがあるのか。あるいは、さまざまな唯物論があるにすぎないのか。それがマルクスやその系譜上の思想についてではなく、ことさらベルクソンについて指摘されたのが驚きだった。とにかく一般性や普遍性を目指して、抽象的、理念的な体系を作り上げるのが哲学の課題だという観点とは、まったく反対の「唯物論的」傾向と方法を、ドゥルーズはベルクソンの中に見ていたのだ。

「ベルクソンにおける差異の概念」の冒頭でドゥルーズは、ベルクソンの哲学が思考する差異とは「事物と概念」の一致にほかならないという。「その対象についてその対象だけに適用される概念、それがただそのものだけにしかあてはまらないために、それがなおも一個の概念であると、かろうじて言いうるかえないかのような概念」(Bergson 1903 (1959), p. 1408／三一頁＝ID, pp. 44-45／六五頁)を作り上げようというのだ。類や種のように一般的な差異ではなく、事物そのものにほかならないニュアンスを思考すること。何よりもまず、ベルクソンのこのような姿勢こそが「唯物論的」なのだ。

『物質と記憶』のあとに書かれる『創造的進化』(一九〇七年)や『道徳と宗教の二源泉』(一九三二年)を、それ以前の精緻な「唯物論的」思索の延長線上に厳密に位置づけて読むことをせずに、大筋の主張を要約するだけですますなら、それはいかにも楽天的に見える「生の哲学」として、観念的にも神秘的にも理解されてしまいかねない。現に、ベルクソンの唯物論的な思索に注目するどころか、科学や理性を越えた生命の神秘的、統合的原理をそこに見るような読み方はいつも優勢であった。ベルクソンのこのような読み方は、しばしば、没政治的、非歴史的な観念論と合体した。そのため社会的抗争や葛藤に対してまったく鈍感な自然主義的思考に迎えられてきた。西田幾多郎や小林秀雄のベルクソン理解も、このような傾向と無縁ではなかった。

しかしベルクソンが運動自体について思考したことの意味は非常に大きい、とドゥルーズはつねに考えていた。それはほとんど政治的な意味さえ帯びていた。思考に運動を注入するのは大変難しいことであり、また思考を運動として、運動を起こす能力として実践することも実に難しく、たえず障害に遭っているからである。普遍性や一般性の観念は、しばしば思考の運動を抑止し、贋《にせ》の理念的運動に包括してしまうことになる。このような意味で、ベルクソニスムは終始ドゥルーズの思想にとって、欠かせない源泉であった。

ドゥルーズがベルクソンに読みとった「唯物論」は、必然的に「弁証法」を退け、弁証法を支える「否定」と「対立」の論理にも批判を向けることになった。ここで弁証法とは、とりわけG・W・F・ヘーゲル（一七七〇―一八三一年）の思想の原理を指している。ドゥルーズのいう「唯物論」にとって、「否定」とはどこまでも観念の働きにすぎず、「対立」とは事物の無限の差異（ニュアンス）を、たがいに否定し合う二つの項に還元することである。しかし事物や生命が生成し変化する過程それ自体には、ただ微細な変化や無限の差異と、それらを横断する秩序や構築があるだけで、否定も対立もありえない。「否定」と「対立」の論理は、事物の無限の差異を外部から観念的に分割して捉えているという点で、すでに事物そのものとしての差異、差異そのものとしての事物を、「内的差異」として捉えることに失敗している。どうしても、そこに超越的な善や絶対精神のような一般性が外側から挿入されて、差異を調停し、ひとつの終局や目的に歴史をしたがわせることになる。

ヘーゲルの弁証法は、運動や変化について思考するために巧妙に組み立てられた方法に違いないし、西欧近代の精神を確実に代表しているに違いないが、まだあまりにも観念と抽象に閉じこもっている。物質、生命、精神を貫通する差異化のプロセスを捉える方法としては、あまりに精神的、包括的、全体的で、神学の理想をひきずっている。生物から人間にいたる「創造的進化」における予見不可能なもの、不確定なもの、新しいものをとても重視するベルクソニスムから見ると、ヘーゲル主義はあまりに保守的で、歴史をそのまま理念の展開と進化とみなすヨーロッパ近代に固有の意識に拘束されている。

ベルクソニスムは、自然と人間をあくまでも連続した地平で考え、同時代の自然科学（とりわけ物理学）的認識の転換にも敏感に対応している。自然科学とは、どこまでも量的な差異に事象を還元しようとする認識である。ベルクソンのほうは、自然と人間を貫通する次元について、あくまで質的な差異をめぐって思考しようとするのだ。

そして自然と人間を貫通するものとは、何よりもまず生命であり、生命とはそれ自体すでに記憶であり、持続であり、記憶・持続として実現される「差異化」の過程である。ドゥルーズの思索には、ベルクソンから受けとった厳密な自然主義が深く浸透している。この自然主義は、事物の無限のニュアンス、変化、運動にあくまで忠実な「唯物論」とともにある。

生命は進化し、新しいものを生み出す。生命がおこなう選択は、予見不可能で不確定な性質をもっているが、「変化しようとする傾向」そのものは決して偶然的ではなく、生命それ自体がそのような傾向をはらむ「潜在性」として存在している。人間が新しい価値や意味を生み出すことも、このような生命の潜在性の延長線上にあるが、人間はまた多くの観念や否定や反動の傾向を生み出し、新しいものの出現に抵抗するような保守的存在でもある。ベルクソニスムの中心概念のひとつである「潜在性」を、ドゥルーズはとても重要視し、終始この概念を手放すことがない。ドゥルーズ哲学の全体が、潜在性の哲学といってもいいくらいだ。

ベルクソニスムにとって、「潜在的なもの」と「可能的なもの」の相違は、とても大きな意味をもっている。可能的なものは、それが現実化（「現働化」と訳されることも多い）されるといっても、むしろ現実化されたもののほうから後ろ向きに投射されたものにすぎない。可能的なものは事後的な投射であるがゆえに、逆に現実の全体を確定するものとして認識される。弁証法も、その意味では、弁証法的な統合という終局を、たえず後ろ向きに運動と差異に投射し、運動と差異をあらかじめ限定して認識するような思考方法だといえる。

しかし可能的なものが「現実化」されるのではなく、潜在的なものが「現働化」されるとき、そこにはある予見不可能な不連続があり、潜在的なものは何も予見することなく、ただ新しい差異化の線を作り出していくだけである。

これはまた、生命から精神にいたる反復（繰り返し）が、反復のそれぞれの瞬間をどんなふうに「新しいもの」として差異化していくか、という問いに対する解答だといえる。この差異化は、物質が持続となり、記憶となっていくプロセスそのものでもある。

生命とは開かれた全体である

ドゥルーズの二冊からなる映画論『シネマ1　運動イメージ』（一九八三年）と『シネマ2　時間イメージ』（一九八五年）では、このようなベルクソニスムの基本要素が何ひとつ看過されることなく、大きく複雑な展開を得ることになる。そこでドゥルーズは、映像を「結晶体」のように機能させ、その結晶体を振り分けるという課題を自分に課したというのだ（「想像界への疑義」PP, p. 95／一三九―一四〇頁）。「結晶体」とは、まさにベルクソンが考えぬいた、記憶における過去と現在の同時性（そして識別不可能性）のことであり、潜在性としての時間（持続）のことであり、刻々新たな差異を作り出していく肯定性のことでもある。

現在とは、次々と過去になってしまう点のようなものではない。私たちはしばしば、過去から現在にいたる時間を、そのような点を並べた直線のように思い浮かべる。ほんとうは、どんな現在も過去とともにあり、過去と同時にあって、現在は単に現在として生きられるのではない。現在とは、すでに、いつでも、現在と過去の複合体であり、結晶体であり、識別不可能性である。

あるいはまた、ベルクソンの「持続」の概念に、ドゥルーズは全体をどこまでも「開かれたもの」として捉える発想を見ている。

ひとつの全体、あるいは「複数の全体」を、集合と混同してはならない。集合は閉じており、閉じているものはすべて、人工的に閉じている。集合とは、いつも諸部分の集合なのである。しかし全体は閉じているのではなく開かれている。全体が部分をもつとしても、それはまったく特別な意味で部分をもつにすぎない。全体は、分割のそれぞれの段階で、本性を変えることなく分割されはしないからである。「現実の全体は、まさに分割不可能な連続性であろう」。全体は閉じた集合ではなく、反対に全体のせいで集合は決して絶対に閉じることがなく、決して完全に孤立することがなく、どこかで開いたままになっている。細い糸で、それ以外の宇宙に結ばれているかのように。(IM, p. 21／二〇頁)

生命とは、まさにこのような開かれた全体であり、単にミクロ・コスモスではなく、コスモスに向けて自己を開いていくものであり、時間(持続)もまた、このような開かれた全体として、決して等質な部分に分割されないまま自己を差異化していく潜在性である。時間と一体の差異、不確定性の中で創造する働きとしての潜在性、分割不可能な開かれた全体。ベルクソンのこのような論理のうえに立つ「自然主義」と「唯物論」を、ドゥルーズは最後まで手放さず、彼独自の仕方で、さまざまな方向に発展させるだろう。

要するに、ベルクソニスムを欠いたドゥルーズ哲学は考えられないが、やがてドゥルーズの思想そのものは、ベルクソニスムの新たな展開である以上に、複雑で激しい振幅をもつことになる。たとえばニーチェの継承者としてのドゥルーズは、はるかに闘争的で演劇的に、力の戯れをめぐる思索を敢行し、悪や倒錯や病にも分け入っていく。

あれほどベルクソニスムに精通しながらも、その中性的、肯定的、非闘争的な表情とはほとんど反対の身ぶりで思考することもできたし、またそうしなければならなかった。それでも、ドゥルーズがベルクソンに親しみ、精通し、その本質的な思考の姿勢を受け継いだ仕方は、その忠実さ、慎ましさ、根本性は、やはり驚くに値する。そしてベルクソンを手放さず、なおかつベルクソンから、はるか遠いところに行ってしまうその振幅の大きさには、もっと驚くのである。

ノート：空間の哲学者、時間の哲学者

ここに示した空間の哲学者と時間の哲学者という分類には、いろいろな疑問が返ってくるに違いない。たとえばドゥルーズはフーコーとともに、多くの主題を相照らすようにして思考し、死後のフーコーに一冊の書物を捧げるのだが、そのフーコーは、明らかに時間よりも空間について哲学する立場を早くから明瞭に示している（たとえば、一九六四年のテクスト「空間の言語」（清水徹訳、『フーコー・コレクション2　文学・侵

犯』筑摩書房（ちくま学芸文庫）、二〇〇六年）を参照）。『監獄の誕生』において、ヨーロッパ近代の権力機構を一望監視装置（パノプティコン）としてモデル化するフーコーの方法は、まさに空間的で可視的な次元に向けられていた。フーコーにとって、時間をめぐる認識は、時間の不可視性を乗り越えようとして、しばしば何らかの統一性や中心性を呼び寄せるという危険をはらんでいる。そのたびに時間の神話や、時間の思考としての弁証法と不可分な全体や主体も、回帰してくることになる。空間性と可視性によって思考することで、フーコーは時間の形而上学と断絶したところに、新しい歴史学を構想する。ドゥルーズは、そのように時間を排斥するのではなく、むしろベルクソンの時間の哲学にきわめて忠実に思考しながら、やはり時間の形而上学が含むあらゆる理念的な強制を突き破っていき、やがてフーコーの開いた地平に隣り合う地平に立つことになった。

2　経験論はドゥルーズに何をもたらしたか
――ヒューム、スピノザとの対話

この節では、ベルクソンのほかに、ドゥルーズ哲学にとって大きな柱といってよい二人の哲学者、ヒュームとスピノザの思想に、ドゥルーズが何を読みとったかを点検しておきたい。ヒュームが経験論の哲学者であることはよく知られているが、スピノザにもドゥルーズは「経験論的インスピレーション」を見出している。そしてドゥルーズは、行動や経験以前の実在に向かうベルクソンの哲学と決して背反しないかたちで、経験論を受け入れている。このこと自体、やはり驚きに値する。「経験論」を現代において再構築し、これに新たな生気を吹き込むことが、ドゥルーズ哲学の大きな課題のひとつであった。

誰もが頻繁に使っているありふれた接続詞「そして」、「と（et; and）」の機能に、ドゥルーズはことあるごとに注意をうながしている。AはB「である（être; be）」という動詞（繫辞）は、AのBへの所属や、AとBの同一性を表現する。しかし「Aと（そして）B」は、単に二つのものの総和だけではなく、AにもBにも属さない何かを出現させる。あるいはAとBの中間を示すことにもなる。そこにはAとBの外部に、または間隙にある未知の何かが現れるのである。

「そして」は、結合、隣接、連想、類似、因果性などのさまざまな「関係」を示すだろう。人間の精神とはまさに、もろもろの要素をこのように「関係づける」能力である。複数の項を結びつけ、そのあいだを移動することによって、われわれはそれらの項から、それらの項以上の新しい何かを発見していく。おそらく哲学ばかりでなく、人間の思考一般が、「である」をめぐって、たえず同一のものに復帰し、所属を確かめるようにして思考する傾向をもつ。しかしそれと同時に、思考は「そして」によって同一のものの「あいだ」や「外」に出ていき、移動し、連結し、何かを発見する。

けれども「そして」を原理として思考し、行動するのは決してやさしいことではない。「接続詞を解放し、関係一般について考察した人は、イギリスとアメリカの思想家以外にはほとんどいません」（「『6×2』をめぐる三つの問い（ゴダール）」PP, p. 64／九四頁）とドゥルーズは述べ、このような思考はヨーロッパの大陸の国々よりも、英米圏に根づいているという。et《エ》（そして）とest《エ》（である）を対照することは単なる洒落ではなく、その違いは思考法ばかりか、生き方の根幹にかかわる。ドゥルーズは、まさにこの点をめぐって、英米圏の思想に（また文学にも）変わらない執着を示すことになる。

私たちに知られているドゥルーズ自身の著書のうち、最初のものは『経験論と主体性』と題されたヒューム論（一九五三年）である。デイヴィッド・ヒューム（一七一一—七六年）は、『人間本性論』（一七三九—四〇年）、『イングランド史』（一七五四—六二年）などの著作を著し、とりわけジョン・ロック（一六三二—一七〇四年）の経験論を徹底させて懐疑論の立場に立った。因果法則や実体観念の客観性をどこまでも否定し、自我とは「知覚の束」にすぎないと主張して、伝統的形而上学に破壊的な批判を加えたといわれる。イマヌエル・カント（一七二四—一八〇四年）の批判哲学は、この破壊的発想に対抗し、経験によっては規定されない先験的真理とは何かを考えぬくところに生まれた。ヒュームこそ、まさにドゥルーズにとって「接続詞を解放し、関係一般について考察した」哲学者なのである。そして「関係」の思想としての経験論は、それほど目立たないようでも、のちのドゥルーズの思考にたえることのない脈流を描くのである。経験を重視する思想は、一見、穏健で保守的に見えるし、実際そのように作用してもきたが、むしろドゥルーズは、そこにスピノザやニーチエに隣接する「破壊的」な批判を読みとっていたのだ。

ヒュームが見ていたのは、一貫して「接続詞〈そして〉」が、動詞〈である〉の内面性にとってかわる世界、アルルカンの、雑駁さの世界、全体化することが不可能な断片の世界、外部の関係を通じて人々が交通し合う世界」(「ヒューム」ID, p. 228/㊦四五―四六頁)である、とドゥルーズはのちのもうひとつの短いヒューム論[5]にも書いている。アルルカンとは、雑多な色の布を縫い合わせた道化の衣装をイメージしているのだろう。こうして関係の思想は、あらかじめすべてを統合するような原理や中心を決してもたない断片の群れに向き合い、にもかかわらず、そのような断片を結びつけ、交通させようとする試みと一体である。

虚構としての理性と主体

経験論にとっては、理性も、悟性も、自己も、決してあらかじめ、絶対的に、明白に存在するわけではない。ドゥルーズは『人間本性論』を読解しながら、ヒュームにしたがって、理性、悟性、自己の存在をあらかじめ前提とする思考を批判している。「悟性とは社会的なものになっていく情念の運動にすぎない」、「精神の根底には錯乱がある」、「私のもつ観念の中に、恒常性や一様性はない」、「精神はもろもろの原理に触発されて初めて、主体となる」、「精神はあらかじめ存在する主体という性格をもってはいない」、「精神とは理性ではない」、「理性とは一種の感情である」(ES, pp. 2-14／七—二二頁)。

いったいどうして理性や主体に、これほど敵対しなければならないのか。決して無秩序や錯乱のほうが望ましいからではない。『人間本性論』第一編の結論でヒュームは、精神の混沌や無秩序をあるがままに見つめようとして「迷路に巻き込まれる」自分の立場を赤裸々に示している。理性も、悟性も、自己も、ある意味で、ある観点にとっては、確かに存在するといってよいが、徹底的な経験論にとって、それらはいつも複合的な過程の中にあり、それ自体ひとつの過程としてあるだけだ。決してそれらは、この社会や、人間の存在や行為を決定する永遠の権威をもつ実体などではない。

経験論は、理性や主体をどこまでも経験のプロセスに解体して見つめながら、理性や主体が何によって形成され、「触発され」ているか、現実に何をおこなっているか、どのような機能であるかを正確に見つめ、評価しようとした。理性や主体を無前提にあるものとみなして権威化し理想化するような思考が、現実には何をし、何をしていないか、どんな点で無力なのか、あるいはどんな強制や歪曲や隠蔽とともにあるのかを、明るみに出そうとした。

理性も悟性も、ある触発や運動の過程を経て初めて理性あるいは悟性たりうるのに、それらはしばしばこのような過程から目を背《そむ》け、触発や運動の現実的な過程からみずからを隔離し、それらを無効にするように働く。理性も悟性も、多くの隠蔽や排除や抑制の作用をともなっている。このような作用は決して無害ではなく、認識と現実のあいだを切断し、むしろ切断の状態を不動の現実として固定するという点で、十分に有害でもあるのだ。

「関係づける」ということは、今日太陽が昇ったという事実を、明日も太陽が昇るだろうという「信念」に結びつけるということでもある。その点で「信念」とはまさに「関係」によって思考することであり、認識とは事象のあいだを関係づけ、関係を信じることであるかぎり、「信念」の一様態だということができる。こうして認識の根底につねにあるのは、理性よりもむしろ信念であり、さまざまな度合いの信念がある。信念の正しさは外から、別の信念によって測られるしかなく、信念それ自体は、むしろ感情に、ときに幻想や錯乱にさえ似ているだろう。

けれども、物事を認識する人間の本性は、単に関係を発見し、関係によって思考することだけでなく、もうひとつの構成要素として情念をもち、情念に発する方向性をもっている。そこで問題は理性によって情念を退けることではなく、いかに情念とその傾向を巧みに導くかということになる。そのための作為や制度をいかに発明するかが問題になる。

自然状態の情念は本質的にエゴイスト的な傾向をもっているから、契約によってそれを抑えつけなければ社会は成立しないという、ホッブズに代表されるような性悪説的ヴィジョンを、ヒュームは共有しない。情念は決して自己本位なのではなく、単に自分や近親や仲間の範囲に、もともと偏っているにすぎない。家族や仲間に対して献身的にふるまうことは、ほとんど情念の本来的傾向といっていいのだが、ふつう情念はその外には広がろうとしない。社会の形成にとっては、その偏りを、何らかの作為や制度によって、開き、広げてやることが必要だということになる。現に社会は存在するのだから、情念の開放や拡張は、現におこなわれている、というしかない。

ここには理性や悟性をあらかじめ絶対的理想的モデルとして立て、それによって信念や情念を抑制し導いていくというかたちの合理主義とはかなり異なる、しなやかな考え方がある。情念を否定するのではなく、情念が本来もっている傾向を拡張していこうという、まったく肯定的なエティカ（倫理学）が構想されることになる。精神が情念をそのような「偏り」の外に向けて開き、広げるとき、そのような精神の働きは「想像力」と呼ばれる。このとき「想像力」は、情念を吹き込まれる管楽器ではなく、情念によって打たれる打楽器のようなものである。「想像力は情念を反映し、それを共振させ、情念が自分の偏りと現実性の自然な限界を越えるようにする。〔…〕もろもろの情念を反映しつつ、想像力はそれらを解放し、無限に引き延ばし、それらの本性の彼方に投射するのである」（「ヒューム」ID, p. 234／(下)五三―五四頁）。

このように反映や共振を通じて解放され拡大される情念に対して、先に述べたようなさまざまな関係のほうは、あるいは関係を構成する観念連合の能力（信念）のほうは、一般的な規則を提供して情念の拡張的傾向を支えるだろう。

ヒュームの経験論は「関係」と「情念」という二つの要素だけを精神の働きの根本要素とみなし、決して理性を前提とせず、理性の外側に、まったく肯定的な人間（精神）のイメージを作り出している。「感情〔émotion〕は、実はあらゆる表象に先立ってあり、それ自体で新しい観念を生成する」（B, p. 116／一二五頁）と、ベルクソンを注釈しながら書いてもいるドゥルーズは、ヒュームの経験論にも、やはり別のかたちで、精神にも、表象にも、理性にも先行する情念の哲学を見ている。ことさら情念を称えているのではなく、情念の現実的作用をどこまでも綿密に見つめようとしているのだ。

そしてドゥルーズは「関係」についての思考を、ヒューム自身が位置づけている以上に強化して、これに新しいアクセントを与えている。AとBの関係とは、AとBの中間でもあり、外部でもある。関係の哲学は、中間について、外部について思考する哲学である。哲学は、しばしば第一原理を追求し、そのうえに世界のすべてを包括する論理を展開していこうとするが、「事物が生き始めるのは、いつも中間においてである」(D, p. 69／九六頁)。いつも第一原理から始めようとする大陸の哲学とは異なって、イギリス経験論は決定的な始まりや終わりを退け、あくまでも中間で思考しようとする哲学なのである。さしあたり中間で、近傍で思考を始める姿勢とは、場当たり的とも、曖昧ともいえよう。しかし、これを深く繊細で、厳密な思想にまで洗練すること、そういう方向をヒュームに見出したドゥルーズの経験論は、ベルクソンの潜在性とは別の表情を帯びている。

それにしても、「そして」という接続詞についてドゥルーズが述べたことは、ほとんど哲学の生死にかかわる指摘なのだ。いかに偉大であっても、思考としては死んでいる、あるいは生をおとしめる哲学というものもある。生よりも真理を尊重して、言葉も思考も死なせてしまうことがある。「そして」が意味することが、ほんとうに生かされるなら、それは生自体が変化することである、とさえドゥルーズはいっている。

「哲学における新しいトーン、めざましい簡潔さ、堅固さが、推論の大いなる複雑さから浮かび上がってくる」（「ヒューム」ID, p. 236／(下)五六頁）とヒュームを称えるドゥルーズは、その哲学の決定的な明晰さは、観念の明晰さではなく、関係と操作の明晰さであるという。それはまた、あくまで中間を思考し、中間の操作を目標とするような明晰さでもある。そしてまたドゥルーズは、この哲学は「民衆的で科学的な哲学」である、ともいうのである。

哲学にとって「民衆的」であるとは、制度、権威、規範、道徳と一体になった知識、理性から離れて、日常の具体的経験にあくまで忠実に問いを立て、思考することだろう。それは必ずしも労働者階級を「代表する」思想や、多数、大衆、庶民のための哲学を意味しない。ドゥルーズは決して、メディアに広く流通しうるような言葉も、啓蒙的な哲学書も書きはしなかった。それでも「民衆は欠けている」という画家パウル・クレー（一八七九—一九四〇年）の言葉を繰り返し引用しながら、彼はあえて民衆と哲学のかかわりを問い続けた。民衆は存在し、存在しない。民衆はただ潜在的に存在するのであって、たえず潜在性として持続する。たえず潜在性を取り戻すことによって、「庶民」とも「大衆」とも区別される。映画論『シネマ2　時間イメージ』でも、ドゥルーズは、映画の未来を新しい「民衆」の出現と不可分なものとして描いているが、その民衆もやはり、潜在性としてあり、たえず自己の同一性の外に出ていくような集団である。

また、哲学にとって「科学的」という意味は、事物の運動と変化と差異について、つまりあらゆる潜在性について、あたうかぎり精密に、忠実に、むしろ唯物論として思考するということだろう。理性の傾向が、むしろ事物を固定し、一様性や同一性や体系性を原理としてすべてを理解しようとするなら、科学的であるためには、哲学は場合によっては反理性的でなければならないだろう。

ヒュームが理性と自己に向けた、ほとんど「破壊的」といわれるような懐疑論を、ドゥルーズはあくまで懐疑という否定的様相においてではなく、関係と情念の働きを正確に見つめて評価し、そのうえに知と倫理を築き上げる新しい試みとして肯定的に読もうとした。後年のドゥルーズの、とりわけガタリとの共著における大胆で実験的な姿勢に比べると、『経験論と主体性』という書物は、まだ一見慎ましい哲学史的概説にとどまっているように見える。しかし、ベルクソンを読むときに劣らず、ヒュームに対しても、その懐疑論を、思考の外部（関係、情念）から思考を構成していく方法として肯定的に読む姿勢は鮮明で、徹底している。

この読みは、思考の外部性と肯定性という主題を、くっきり浮かび上がらせている。ベルクソンを読むときも、差異と時間をめぐって、やはりドゥルーズは一貫して、理性の内部性と観念の否定性の外に出る思考を試みていたのだ。

スピノザの肖像

ヒュームをめぐって「精神はもろもろの原理に触発されて初めて、主体となる」と書いたドゥルーズは、まさにこの「触発される」ことについて考えぬくことになる。そして触発し、触発されるものとは、何よりもまず身体なのである。なぜドゥルーズは、スピノザの哲学にあれほど執着したのか――それはベルクソンや、のちに述べるニーチェへの傾倒に比べて、決してわかりやすくはない。『エティカ』の幾何学的方法は、彼らのしなやかな独創的スタイルとは、まったく逆向きで硬直しているように見える。

しかし、理性や意識や自己をあくまで経験的プロセスとして捉え直したヒュームの思考を、身体と触発をめぐるスピノザのきわめて冒険的な哲学を通じて、ドゥルーズは決定的に深化するのである。まさに彼は、「スピノザのインスピレーションは根本的に経験主義的である」(SPE, p. 134／一五〇頁）と書くのだ。

バールーフ・デ・スピノザ（一六三二―七七年）は、ポルトガルに祖先をもつオランダのユダヤ人であり、ルネ・デカルト（一五九六―一六五〇年）の影響をこうむりながらも、デカルトの合理主義を批判することを強いモチーフにした哲学者である。

スピノザにとって思惟と延長は、唯一の「実体」である神の二つの属性にほかならず、神以外のものはすべて、神という唯一の実体の「様態」にすぎない。このような汎神論的一元論は、神を世界に内在するものとみなす点では、ほとんど現代的な無神論に似ている一方、神がいたるところに遍在すると考える点では、極度に理念的で神秘的である、という二重性を帯びて見える。

しかし、ユダヤ人の共同体から破門され、あくまで精神の自由を貫いたスピノザの哲学の一貫したモチーフを、ドゥルーズはとても鮮明に説き明かしている。スピノザにとっては、デカルトの理性の哲学も、まだ十分に自由の哲学ではなかった。理性の決定的優位や、自我の統一性を前提とするデカルト哲学を批判するスピノザは、理性と自我が、さらに何から構成されているか、何によって動かされ、触発されるか、(正確にいえば) どのような触発に対応しているかを考えぬこうとした。レンズ磨き職人として生計を立てたスピノザは、まるでレンズを磨き、それを用いるようにして、理性や自我を構成し、触発し、あるいは阻害する要素に対する知覚を研ぎ澄ませていたのだ。

合理主義者たちにとって、「真理と自由は何よりも権利であり」、現実に直面した人間がこの権利を失い、しばしば誤謬に陥るのはなぜか、ということが問題になる。逆に経験主義者のほうは、人間はただ信念にしたがってものを考えるだけで、真理からも自由からも本来隔てられているのに、それでもあるとき真理を理解するようになり、束縛から自由になることがあるのはなぜか、というふうに考えるだろう。合理主義にとって身体は、不条理で、たえず矯正すべき対象だが、「経験主義的なインスピレーション」によって思考するスピノザにとっては、むしろその不条理な身体が何をなすかをリアルに見つめ、その活動的な力をいかに引き出すか、ということのほうがはるかに問題だった。

『エティカ』第三部「感情の起源と本性について」定理二の注解で、スピノザはこう書いている。「実際、身体は何をなしうるのか、今日まで身体の能力の限界を明確にした者はいなかった。すなわち、ただ物体的であると考えられるかぎりでの身体が自然の法則に従って何をなしうるか、また身体が精神によって限定されないときは何をなしえないかという点を、これまで経験は何も教えなかった」（スピノザ 二〇〇七、一八一頁）。まさにこの「身体は何をなしうるのか」という問いを引き継ぎながら、その後もドゥルーズ哲学は一貫して、さまざまな文脈で、繰り返し身体について問うのである。

『エティカ』の同じパートの定理一一は、このようなものである。「身体の活動力を増大させ、減少させ、あるいは促し、抑えるものの観念は、精神の思惟する力を増大させ、減少させ、あるいは促し、抑える」（同書、一九四頁）。また、同じ定理の注解では、「われわれはこのようにして、精神が大きな動揺をこうむり、あるときはより大きな、またあるときはより小さな完全性へ移行しうることを見てきた。ところでこのような精神の受動は、われわれに喜びの感情と悲しみの感情が何であるかを説明してくれる。すなわち、喜びとは、私は以下において、精神がより大きな完全性へ移行するような精神の受動と理解し、他方悲しみとは、精神がその過程でより小さな完全性へ移行するような精神の受動と理解する」（同書、一九四―一九五頁）と述べている。

　哲学は、あるいは道徳も宗教も、しばしば身体を抑制し、排除すべき対象とみなすけれども、いったい「身体は何をなしうるのか」をろくに考えないまま、そうしてきたにすぎない。身体（形而下）に繊細な正しい注意を向けることは、決して形而上学の課題ではなかったのだ。『情念論』を書いて、あれほど理知的に人体を生物学者や生理学者のように認識しようとしたデカルトも、それを精神からまったく切り離して考えることができたのだ。

神だけが唯一の「実体」であるといいながら、その「実体」の「属性」が無限に多く存在し、さらにその「属性」がさまざまな「様態」として、被造物として存在するというスピノザのいわゆる汎神論を、結局ドゥルーズはほとんど無神論、唯物論として位置づけている。この汎神論的世界では、あらゆる存在（様態）が、どこまでも流動的にめまぐるしく変化し、たがいに作用を及ぼし合い、触発し合っている。精神も身体も、その世界におけるひとつの「様態」であるかぎり、固定した主体や実体ではありえない。

このようにたえず振動する「様態」の世界に対面して、レンズ職人スピノザは、「生そのものを光学的に矯正するように」（SPP, p. 23／二九頁）哲学し、「喜び」を通じて、精神の完全性に移行することを基本的なモチーフとする倫理（エティカ）を考えたのである。そのためには、精神が、とりわけ意識が、身体や情念を規定し、一般に人間存在を決定しうるという〈錯覚〉を批判しなければならなかった。これは先に見たように、ヒューム哲学の重要な主題でもあった。

そもそも意識には、意識それ自身の原因があるはずなのだ。精神分析の認識がある程度まで広く定着しているいまでは、「無意識」がその原因としてすぐに浮かんでくる。意識それ自身が、ひとつの、あるいは複数の衝動にうながされている。意識はむしろ、衝動の中やあいだにうがたれる穴のようなものではないか。欲望・衝動に発するさまざまな努力（スピノザはそれを「コナトゥス」と呼んだ）が、対象に働きかけ、作用し作用される中で、さまざまな起伏や、変動や、制限に出会うところに、意識が発生する。ジークムント・フロイト

（一八五六―一九三九年）は、かなり無造作に、欲望・衝動の根底に神経の作用を、物理的エネルギーの蓄積や解放を想定することができた。これにしたがって身体に観点を移せば、要するに、意識は身体の状態から発生するともいえる。しかしフロイトの関心は身体に向かうのではなく、あくまで無意識に向かったのだ。彼にとっては、意識・精神を規定するのは身体ではなく、その無意識でなければならなかった。

しかしスピノザは、決して身体を、精神や意識よりも優位に置こうとしたわけではない。身体はすなわち精神でもあって、身体が精神を決定するわけではない。「身体のもつもろもろの力能についての認識を得ようとするのは、同時にそれと並行的に、意識を逃れているもろもろの精神の力能を発見するためであり、両力能を対比することができるようにするためなのだ」（SPP, p. 29／三五頁）とドゥルーズはいう。スピノザにとって、身体の力能と精神の力能は「並行的」である。精神がいくら明晰でも、それによって身体を支配することはできない。精神の状態は、身体の状態に対応している。精神が明晰なら、身体も明晰だろう。身体が混乱しているなら、精神も混乱しているだろう。精神が明晰であるためには、身体がそれに対応する活動的な状態を形成していなければならない。ここでは、自己があらかじめ実体としてあり、その意識がくまなく世界（そして身体）を照らすことができるということを第一原理にするデカルトの明晰さとは、かなり違う性質の明晰さが探究の目標になっている。意識の暗がりと身体の暗がりを共通に、同時に照らし出す光学が目されている。身体の力能の隠れた部分に光をあてることは、そのまま精神の未知の力能を発見することにつながるのだ。

それならドゥルーズは、こうしたことをふまえて、スピノザの中にどのような「身体論」を発見したのだろうか。

ひとつの体をスピノザはどのように規定するか。スピノザはこれを同時に二つの仕方で規定している。すなわち、一方ではひとつの体は、たとえそれがどんなに小さくとも、つねに無限数の微粒子をもって成り立っている。ひとつの体を、ひとつの体の個体性を規定しているのは、まず、こうした微粒子群のあいだの運動と静止、速さと遅さの複合関係なのである。他方また、ひとつの体は他の諸体を触発し、あるいはそれらによって触発される。ひとつの体をその個体性において規定しているのは、また、その体のもつこうした触発し、あるいは触発される力なのである。(SPP, p. 165/二三七頁)

ひとつの身体は(あるいは物体も)、決してその形態や機能によって決定されるのではない。音楽が、たえず変動する音の微粒子の速度と強度によって規定されるようなものだ。ひとつの身体は、固定した形態や器官や機能によって決定されるのではなく、形態も器官も機能も、無数の微粒子の運動と静止、速さと遅さによって、刻一刻規定されているだけである。こうした微粒子の広がりは、基本的に輪郭をもたず、他の微粒子の広がりと交錯している。そしてまた、たえまなく触発し触発される力とともにある。

他の身体によるそのような触発（affectio）によって、それぞれの身体に情動（affectus）が生じる。情動は、感情と呼ばれるときは、個体の内面に波打つ心情の動揺のように見えるが、本来は他の身体によって触発されることそのものにほかならず、その触発が自己による自己の触発に転じるのにすぎない。感情をもつ人間は、他者によって触発されると同時に、自己によって触発されるのである。

ドゥルーズは、そのような情動を、人間だけでなく、動物にも見ている。たとえば木の上で待ち伏せて、下を通る哺乳動物にへばりつくダニは、光に反応して木によじのぼる光学的情動、匂いによって動物の位置を特定するための嗅覚的情動、動物にへばりつき血の流れている部位を見つけるために熱を感知する情動、というふうに、少なくとも三つの情動をもっている。ダニよりも進化した生物とその集団においては、数えきれないほどの情動が、巨大なシンフォニーやオペラのように構成されているのである。

身体は、速度の異なる無数の微粒子の交錯がなす構成・関係からなり、また他の身体に触発される力としての多くの情動からなる。これを単に部分の形態や、部分的機能の集積として捉えるなら、あまりに多くの要素と運動と、それらの交錯が、無視されてしまうことになる。最も単純な情動からなる生物の身体も、単に器官の形態と機能の集積として捉えることはできない。器官よりもはるかに微細な粒子と、機能よりもはるかに不確定な運動がそこには含まれていて、それが身体を構成し、たえず再構成し、身体の変化や進化を準備しているからである。スピノザの身体は、どこまでも器官を貫通する微粒子と触発からなる身体（器官なき身体）なのだ。

スピノザの「エティカ」にひとつの目標があるとすれば、このような流動する微粒子によって構成される身体が、他のさまざまな身体の構成・関係と活発に「触発し合い」、より広く、より強いひとつの「平面」を新たに構築することである。あたかも徹底的な理性主義を貫こうとするかのように、幾何学的論証のかたちで書かれた『エティカ』という書物は、まさに理性の枠組みを越えてこのような「平面」を構築するために、周到に考えられた方法であった。

いまや問題なのは、もろもろの関係が直接に編成し合って、より「広がりのある」新しい関係を形成することができるかどうかを、あるいはもろもろの力が編成し合って、ひとつの力を、より「強度な」ひとつの力能を生み出すことができるかどうかを知ることである。もはや単に使用することや捕獲することが問題ではなく、社会性と共同体が問題なのである。（SPP, p. 169／二四三頁）

氷でできた神

「エティカ（倫理）」とは、「モラル（道徳）」ではなく、むしろ道徳と相容れない知である、とドゥルーズは強調している。道徳とは、神の命令によるにせよ、予言者の啓示によるにせよ、もろもろの制度、教会、聖典の指示によるにせよ、ある超越的な基準によって

「善」、「悪」のような理念や価値を決定する言表の集まりだろう。道徳の本質は、否定であり、超越であり、禁止であり、処罰や罪責や脅しを欠くことができない。

その意味で、スピノザの「エティカ」は一貫して反道徳的であり、肯定的である。ひとつの身体が他の身体によって触発されるとき、その触発がどんな変化をもたらすかということが、この「エティカ」にとっては重要な指標になる。

触発によって、身体の活動力を増大させ促進するものの観念は「喜び」であり、反対にそれを減少させ抑制するものの観念は「悲しみ」である。感情は、この二つの「身体の触発の観念」の、実に多様なヴァリエーションそのものである。触発によって、より広がりのある、より強い力が構成されて、完全性に近づくのは「よい」ことである。反対に、力が損なわれ、微粒子の構成が解体されて、より不完全になるのは「悪い」ことである。そして精神の側での「完全性」とは、触発の原因についてより十全な観念をもち、より自由になることである。スピノザの知性と自由は、あくまで身体における触発と微粒子とともにあるのだ。そして、社会性と共同体は（そして政治は）、この触発と微粒子を拘束するのではなく、解放し、強化するものでなくてはならず、またその結果、効果として成立するものでなくてはならない。

『エティカ』第一部には、唯一の実体である神は、属性（思惟、延長……）においてみずからを「表現」し、またそれぞれの属性はみずからを様態（被造物）において「表現」する、と書いてある。博士論文『差異と反復』（一九六八年）の副論文として提出した『スピノザと表現の問題』でドゥルーズは、この「表現」という語彙について、かなり執拗な注釈を試みている。「表現」とは、神による世界の「創造」のことでも、神からの世界の「流出」のことでもない。個物を超越する神（実体）が個物を生み出すわけではなく、神（実体）はただ個物（様態）に内在して「表現」されるにすぎない。スピノザは、スコラ哲学からルネサンス期の哲学にいたる思弁に深く通じたうえで、デカルトに影響をこうむりながらも、その哲学の核心部分を強く批判した。そのスピノザの体系に深く分け入り、純粋に抽象的な思弁に見える思索を綿密に読み解くところは、ドゥルーズの著作の中でも難解な部分だが、必ずしも他のスピノザ研究者が重視してこなかった「表現」という問題をとりあげたモチーフは明瞭で、力強い。

　幾何学的論証のかたちをとったその汎神論について、ベルクソンは「氷でできた神」といった。ヘーゲルは、スピノザの哲学を何か病的なものと考えていたふしがある。スピノザが肺結核で「消え去った」ことは、その体系にふさわしいとさえいうのだ。「この体系によれば、あらゆる特異性や個体性ははかなくもひとつの実体のうちに消え去るのです」（『哲学史講義』[6]）。否定性の運動を一切含まないスピノザの体系には、ヘーゲルの弁証法が作動する余地がない。しかし氷河のように無表情に見えるこの汎神論から、ドゥルーズは、たえまなく流動し触発し合う微粒子と力の世界をとりだすのである。スピノザの体系は無表情であるどころか、めくるめくような〈表現〉にみちていたのだ。

　人はしばしば、英知、愛、徳、偉大さ、完全性、超越性といった特徴を神のものとし、こうした特徴によって神を思い浮かべる。『エティカ』の汎神論は、このような特徴は何ら神の属性ではなく、単に神に人格的特徴を投影するアナロジーからくるにすぎないとして、まったく特徴のない神を、唯一の実体として定義することから始める。

実体、属性、様態をめぐる『エティカ』の配分も、「表現」の関係を原理としている。実体、属性、様態のあいだは、決して卓越性や完全性の段階ではなく、あくまでも内在的に結合されている。実体は属性に内在し、属性は様態に内在して、属性は実体を表現し、様態は属性を表現するのである。そして表現されるのは、力または能力（puissance）であり、それぞれの様態は、その力の部分として、触発を多く、あるいは少なく受けとるのである。人格的な特徴を根こそぎにされた神という実体は、あらゆる様態（個体）を、触発の関係を通じてひとつに結合する平面のようなものにすぎない。人間に少しも似たところのない神－実体とは、全自然のことでしかない。

そのような平面は、自然と人間を貫通するあらゆる差異の広がりとして、あらかじめ存在するともいえるし、たえず構成され、再構成される実在の平面であるともいえる。また、新たなエティカを通じて、新たに構築すべき平面であるともいえる。

この平面（プラン）は、決して神の心の中にある計画や設計図のようなものではなく、たがいに触発し合う微粒子と力を横断する「切断面」や、「交面」のようなものだ、とドゥルーズは説明している。ひとつのアイデアや、作品や、関係や、集団を生み出すとき、私たちは、自然の中にも、人間の中にも、また自然と人間のあいだにもある、このような横断的平面を発見し、それを再編成し、そのうえにまた何かを作り出しているのである。

もちろん、これとは異なり、あらかじめ神の中にある設計図や命令にしたがうようにして、服従し、反復し、組織することを原則とするような思考法、行動様式もある。超越的な中心を排するこのような横断的な平面（交面）は、「内在平面」と呼ばれるだろう。おそらくドゥルーズの最後のテクストであるエッセーが「内在——ひとつの生……」と題されていたことを思い出そう。ドゥルーズにとって、哲学の存在理由そのものが内在平面・内在性と切り離せないし、またこのような平面を発見し、構築することは、それぞれの哲学の最大の課題でもありうる。

触発し触発される微粒子の渦

もう一度、スピノザという人物に着目してみよう。彼は、若くしてユダヤ教会から追放され、あやうく狂信者に暗殺されかけ、カルヴァン派のキリスト教徒からも告訴されそうになった異端の哲学者であった。主著『エティカ』は死後（一六七七年）にしか日の目を見なかった。「彼はキリスト教も、自身がそこから出たユダヤ教をも拒否したユダヤ人であり、その訣別の原因は、他の誰でもない、彼自身に求めなければならない」（SPP, p. 14／一八頁）とドゥルーズは書いている。

スピノザは、確かに異端の思想を唱え、自由主義者や共和派に味方をもったが、『エティカ』に書き込まれた思想は、決して一定の宗派や政治的傾向との関連で、外側から説明することはとうていできない。スピノザへの憎しみや敵対は、おそらくスピノザの思考のうちの根本的な傾向に向けられていた。どんな宗派であれ、政治体制であれ、権力であれ、スピノザのエティカを通じて見つめられるなら、それらが生と身体にどのように対し、生と身体をめぐる「触発」をどのように迎えているか、とりわけこのことが問われる。

自由の問題とは、スピノザにとって身体の問題である。そして身体からの自由などありえない。喜びの情動とともに活動力を増大し、増大した思惟の力として十全な認識を生み出すような身体の状態だけが、自由を生み出す。スピノザの危険とは、決して単に時代に先んじて無神論的、共和制的、自由主義的だったことではなかった。その論証は幾何学的証明の形式をとり、極度に抽象的な冷たい思弁に見える。しかし、その形式性も、その抽象性も、実は人間の思考、道徳、社会に深く根づいた否定的傾向（とりわけ身体への否定）を解体するために、周到に練り上げられたものだったのだ。

「この慎ましい、無一物で、病にも蝕《むしば》まれていた生が、この華奢でひ弱な体が、この輝く黒い眼をした卵形の浅黒い顔が、どうしてこれほど大いなる生の活気にみち、生そのものの力を体現している印象を与えるのだろう」(SPP, pp. 20-21／二七頁）というドゥルーズの讃辞は、思想的共感というような範囲をはるかに越えている。これは一哲学の強度な生命に捧げられた讃歌であり、たえず触発し触発される微粒子の渦から抽出される切断面としての思考と概念に寄せられた讃歌なのだ。

二〇世紀の哲学者たちが主体や自我や理性を批判するはるか以前に、スピノザとヒュームを貫く「経験論的インスピレーション」の哲学は、多くの非難や批判に耐えながら、人間の思考のプロセスを、あくまで過程や、関係や、運動や、触発の中で捉えていた。しばしば近代性という言葉で一枚岩に覆われる歴史の中に、もっと微視的で唯物論的な倫理や政治の方向を描いていた。主体を批判するドゥルーズの思想は、二〇世紀のアヴァンギャルドや、精神分析や、存在論や、構造主義や、新たな段階に入った資本主義と密接な関連をもつことは確かだが、はるか以前の「経験論的インスピレーション」にも源流があった。この「インスピレーション」も、確かにドゥルーズの思考の根本的モチーフにかかわるのだ。

ノート：触発を原理とするプラグマティズム

「経験論的なインスピレーション」は、ドゥルーズが、あるいはドゥルーズ＝ガタリがしばしば示した「プラグマティズム」の傾向にもかかわっている。思想は真理を与えるのではなく、さまざまな使用に供するものでなくてはならない。言語は、意味を伝達するのではなく、ある力関係の中の具体的作用であり、むしろ命令し、行為をうながし、状況を変容させるものである。無意識を演劇的表象によって考えるのではなく、さまざまな欲望機械の相互作用の中で考えること。こうした立場は、決してひとつではなく、多様なプラグマティズムを提唱している。しかし決して、あらゆる問いを、単に「日常的な」生きられた事実に還元しようとしているのではない。それはあくまで、触発・喜びを原理とする力動と混沌の中のプラグマティズムであって、冷笑や悲しみや諦念に染まり、事象を図式や原理に切りつめようとする還元主義に陥った「リアリズム」ではない。

3　力と記号——ニーチェ、プルーストからの影響

ここでは、フリードリヒ・ニーチェ（一八四四—一九〇〇年）とマルセル・プルースト（一八七一—一九二二年）という、やはりドゥルーズの特異性とモチーフに深くかかわる哲学者と作家を、ドゥルーズが、どんなふうに読んだのかを見ておきたい。この二人の思想は、ドゥルーズ哲学に固有の詩的、美学的側面にも深く浸透している。そして、その詩的、美学的要素が、どんな苛烈な戦いや実験とともにあったかも見ることになるだろう。

ドゥルーズとニーチェの関係は、他のどの哲学者と比べても、ことのほか深く、親密だといってよい。それは例外的な共振現象である。ドゥルーズがニーチェの深い影響をこうむったということ、二人のあいだに何か根本的な共通点があるということ、それは確かにそうに違いないが、何か迂闊に言葉にできないような出来事が、二人のあいだには起きている。

もちろん、ニーチェを模倣することなど、誰にとっても論外なことに違いない。模倣することは容易でも、模倣することは、およそニーチェ的ではない。それにしてもニーチェが哲学に、あるいは思考に、あるいは哲学的な生き方に刻み込んだ、ある決定的な転換と断絶について、ドゥルーズはどこまでも考えざるをえなかった。その転換と断絶をもう一度、異なるかたちで反復することは、彼の哲学の一貫したモチーフになったのである。

スピノザについて、一冊の本格的で重厚な研究書と、濃密にまとめた小さな入門書を書いたように、ニーチェについてもドゥルーズは、やはり『ニーチェと哲学』（一九六二年）というニーチェ研究史を刷新することになった書物と、『ニーチェ』（一九六五年）とだけ題された、平明だが強烈な入門書を書いている。後者の次のようなくだりは、ドゥルーズにとってニーチェがどのような存在だったかを、端的に語っている。

ニーチェにおいては、一切がマスクである。彼の健康は、彼の才能にとって第一の仮面であり、彼の病苦は、その才能にとって、また同時にその健康にとって第二の仮面なのである。ニーチェは一個の〈自我〉の統一性を信じておらず、またそういう統一性を感受することもない。さまざまな〈自我〉のあいだにある諸関係、つまりおたがいに隠されており、ある異なった性質の諸力を、たとえば生の諸力、思考の諸力を表しているる多様な〈自我〉のあいだでの、〈力〉と価値評価の微妙な諸関係——このようなものがニーチェの抱いた概念であり、彼の生の様式なのである。（N, p. 10／一八頁）

病と健康、自我と「生の諸力」について、ドゥルーズがニーチェに読みとった独特の思考の姿勢は、ドゥルーズの哲学的身体に深くかかわっている。若くして古典文献学のめざましい業績をあげて大学教授となり、ヴァーグナーと親交を結び、『悲劇の誕生』（一八七二年）によってすでに学問的枠組みをはるかに越えて西欧の思想に根底的な批判を向け始めた。そのニーチェが、やがて心身を病み、教授職を去り、放浪しながら、『ツァラトゥストラはこう語った』（一八八五年）をはじめとする断章的、ときに物語的な作品によって、西欧の思想史、宗教史を根底から覆《くつがえ》すような批判的思索を展開したことは、よく知られているとおりだ。

晩年には、おそらく若いときに感染した梅毒による進行麻痺が進んで、心神喪失からやがて無反応状態となり、もちろん著作も中断を余儀なくされた。ニーチェほど劇的、悲劇的な人生を送りはしなかったにせよ、ドゥルーズもまた、若いときから肺を病み、晩年にはそれが悪化して、自殺による最期にいたった。彼は、ニーチェにおける病と思考とのかかわりに無関心なままに、その哲学を読むことはできなかったに違いない。

本人に似ない肖像画

これまで挙げた三人の哲学者（ベルクソン、ヒューム、スピノザ）を、ドゥルーズがどんなふうに読み込み、三つの思想にどのような息吹を吹き込んで現代に生きのびさせたか、そのことがすでに十分注目に値する。確かにドゥルーズは『差異と反復』という大著で初めて、概説や読解のかたちをとるのではなく自分の哲学を十全に披瀝するのだが、これらの哲学者をめぐる小さな教科書ふうの書物さえも、のちのいくつかの大著で滔々《とうとう》と展開され変奏される思考を、すでにはっきりとコンパクトに提出していたのである。『差異と反復』以前に、彼が自分の選んだ哲学者たちからいったい何を受けとっていたのかを確かめることによって、はじめ私は本書の序論あるいは序曲に代えようと思っていた。けれども、その確認作業を進めるにつれて、いつのまにか本題に入っている。結局、ドゥルーズの哲学史的読解の仕事は、どんなに教科書ふうに見えても、すでにドゥルーズ自身の強烈な思考のモチーフによって牽引されていたのだ。

ドゥルーズは、これらの仕事について、「哲学史の合理的伝統に抗うような書き手が好きだった」と端的に表明している（「口さがない批評家への手紙」PP, p. 14／一七頁）。ベルクソン、ヒューム、スピノザを読みつつ、それぞれ異なる時代に、かなり異なるテーマ、問い、概念を提出している三つの哲学の核心に、明らかに共振し、通底する思想を発掘していたのだ。一九五〇年代から七〇年代にわたる哲学者のモノグラフィーの仕事について、それは「おかまを掘るようなものだ」と、彼は少しスキャンダラスな説明をしたことがある（同、PP, p. 15／一七頁）。

ドゥルーズは、過去の敬愛する哲学者たちに背後から忍び寄り、いつのまにか彼らの与《あずか》り知らない子供を作ってしまう。言葉を変え、ユーモアをまじえて、これを「処女懐胎」とも形容している。いずれにしても、生みの親自身が気づかないうちに、「怪物じみた」子供を作ってやるような意表を突く読解が、彼の哲学史的探究であったというのだ。

実はドゥルーズの書いたモノグラフィーが、それほどまでに怪物的な哲学者像を生み出したとは思わない。しかし、地道に達成されたアカデミックな研究に比べれば、いつも独特のアクセントで読まれた哲学者のイメージは、見方によっては、ほとんど本人に似ていない肖像画のようなものになっている。現に、彼のヒューム論やスピノザ論が、原典の思想とまったくかけ離れていると難詰する教授たちには事欠かない。

ニーチェについても、ドゥルーズは同じ方法で（「おかまを掘るように」）アプローチしたといえるだろうか。「こうしたことすべてから私を引きずり出してくれたのは、ずっとあとになってから読んだニーチェだった」（同、PP, p. 15／一八頁）と書くドゥルーズは、どうやらニーチェとのかかわりを、一連の哲学史的な研究の中でも例外的なものと考えていたようだ。こんどはニーチェのほうが不意を突いて、彼の思考に侵入してきたというのだ。「背中から子供をこしらえること、そんなことをするのはまさにニーチェのほうなのだ。彼はわれわれに倒錯的な趣味を与える」（同、PP, p. 15／一八頁）。この「倒錯的」という言葉も、やはり聞き捨てならない。ニーチェもドゥルーズも、病をかかえながらも、一貫して、ある〈健康〉を、スピノザのいう「喜び」の思想を追求した哲学者ではなかっただろうか。その健康は、しかし、ある種の倒錯を必要とし、倒錯によってこそ実現され、強化されたのである。

ドゥルーズは『スピノザ　実践の哲学』に、こんなことを書いていた。

> 生を憎悪する人間、生を恥じている人間、死の礼讃をはびこらせる自己破壊的な人間がそこにはいて、圧制者、奴隷、聖職者、裁判官、軍人の神聖同盟をかたちづくり、たえずこの生を追いつめては、それをさいなみ、じわじわとなぶり殺しにかかり、法や掟、所有権、義務、強権をもって生を封じ込め、窒息させようとしている。まさしく世界におけるそうした徴候をこそ、そうした全自然や人間そのものに対する裏切りをこそ、スピノザは診断したのだった。(SPP, p. 21／二七頁)

これはまたニーチェが、彼の時代の「神聖同盟」について「診断」しようとしたことでもあった。こうしてニーチェは歴史のいたるところに、「生への憎悪」、「死の礼讃」の系譜をかぎつけたのだった。『エティカ』の謹厳な論証的スタイルからは、すぐには感知しがたいニーチェ的体質を、ドゥルーズはスピノザの思想の根底に読んでいた。また一方、洒脱で、詩的で、断片的に見えるニーチェの思索の根底に、ほとんどスピノザ的といっていい冷徹な、一貫した、力や生成や身体についての体系的理論を読みとってもいた。にもかかわらず、ニーチェだけが、ドゥルーズの背後から深いところに侵入してきて、新しい怪物をはらませるような思想家であったらしいのだ。

ドゥルーズのニーチェ論が『ニーチェの哲学』ではなく『ニーチェと哲学』と題されてい

ることは決して無意味ではない。「と」、「そして」が彼の思考にとってどんなに顕著な意味をもっているか、私たちはすでに思い知らされている。確かにニーチェは哲学の外から異人のようにやってきて、哲学に大胆な異議申し立てをしながら、新たに哲学を実践するのだ。反対に哲学がニーチェと出会ったことは、ひとつのめざましい出来事である以上に、災厄であり、革命でもあった。しかしニーチェのあとに、その出来事を的確に迎えることは、それが災厄でもあり、革命でもあったからこそ、なおさら難しいことだ。いまも世界はニーチェに対する誤解にみちみちている。ニーチェを誤解した本がもてはやされる。ニーチェが弾劾した（支配、愛国、道徳、権威、富、等々の）「神聖同盟」も、あいかわらずしぶとく、衰える気配がない。ニーチェの主張を模倣することは一見やさしいが、多くの危険や罠が待っている。ナチズムによる模倣（ヒトラー＝超人）というグロテスクなケースもあった。いま私たちがニーチェのように挑発的に語ろうとしても、あまり切実さがないし、効果的でもないだろう。そもそもニーチェは、とりわけ哲学し、孤独に書いたのであって、プロパガンダによって世界を変えようとしたわけではなかった。

けれどもニーチェがもたらした断絶などなかったかのようにうそぶいて哲学しようとすれば、現代の切実な問いとして哲学することを放棄することになる。その点でも、ドゥルーズがニーチェをどのように読み、ニーチェのもたらした断絶、衝撃、挑発を、どのように自分の哲学の中心にとりいれたかをたどってみることは興味深いのだ。

ドゥルーズはニーチェに何を発見したのか

ニーチェの試みとは、「哲学の中に意味と価値の概念を導入すること」であった、とドゥルーズは『ニーチェと哲学』の冒頭に書いている（NPh, p. 1／一九頁）。哲学はギリシャ以来それぞれに真理を追求し、批判哲学（カント）は真理の認識の条件を厳密に思索したに違いないが、ニーチェ以前に真理の意味と価値が真正面から問われたことはない。つまり「真理はいったい誰のために、何の役に立つのか」と問われたことがないということだ。あるいは、どんな人間が、いったい何を欲して、真理を追求しているのか、という外部の問いが、哲学の内部の喫緊の問いとして問われたことがないということだ。「何が真理か」ということよりも、「誰が真理を欲しているのか」、「なにゆえ真理を求めるのか」と問うことによって、ニーチェは哲学の原理的な、暗黙の前提を解体し、哲学が沈黙していることを白日の下にさらすようにしてしまった。

あるものの意味あるいは価値を知ることとは、そのものがどんな「力」によって占められ、うながされ、どんな「力」を表現しているかを知ることである。「同じひとつのもの、同じひとつの現象も、それがどんな力に帰するかによって意味を変える」（NPh, p. 4／二四頁）。そこでニーチェ哲学の全体が、「力」のさまざまな性質、差異、構成、変容、相互干渉をめぐる徹底的な解釈学という様相を帯びることになる。

「力」という言葉を聞けば、誰でもすぐに、支配欲やエゴイズムに、あるいは専制や暴力に、それを結びつけてしまいやすい。そのような「力の解釈」が、力の政治をおこなう口実になる。しかし少なくとも力は、自然の力、生命の力、肉体の力、技術の力、言葉の力、知の力、政治の力、貨幣の力というように、実に多岐にわたる。人間は、人間の外の力にたえず翻弄されながら、それを制御し、調整し、人間の内部にとりいれ、また個人や集団のさまざまな力のあいだでもやはり翻弄されながら、たえず快楽と苦痛、幸福と不幸として、他者から力を受けとり、また他者に向けて力をふるっているような存在である。

しかし力自体と力関係は、必ずしも力として意識されるのではない。むしろ、われわれは、権利と義務、善と悪、正義と不正、有能と無能のような〈規範〉の概念に力の現実を置き換えて「表象」している。そのようにして力という現実を遠ざけ、間接的にし、他のさまざまな観念に置き換えている。私たちの社会は、力を擬装し、隠蔽するが、擬装や隠蔽もまた力の現象であり、作用なのだ。要するに私たちは、力の現実を正確に見つめないまま、力に支配されるという現実を無批判に受け入れている。

ひとつの力が、ひとつの対象に及ぶ。このとき、その対象そのものが、すでにひとつ（以上）の力の現れなのだから、力は力にかかわっている。力は、いつでも複数、多数の力の場として考えられなければならない。これはドゥルーズがニーチェを読みながらたえず主張していることである。あらゆる現実や対象が一定量の力からなり、どんな力もすでに力関係の中にあり、力の差異、変化として表現される。

力の差異は、そのつど還元しがたいかに見える質的な差異として出現する。一方でニーチェは、力をある数的、量的な度合いとして一義的に捉えようとし、それこそが「科学的」態度であるという。しかし、決して量的な差異が、ただ量に還元されるとは考えていない。還元されない量的差異は、質と呼ばれるのである（NPh, pp. 48-49／九五―九七頁）。

つまり力の現実を、一方では量として、他方では質として把握することは両方とも必要であり、必然なのだ。これは、持続（記憶）と物質（知覚）のあいだの差異を、同じ持続の収縮と弛緩というふうに度合い（量）の差と位置づけ、しかもそれは本性的（質的）差異であると定義するベルクソンの二重的方法に少し似ている。

ドゥルーズは、いたるところに事物や運動の無限のニュアンス（質的差異）を発見するが、それらを最終的に量的な度合い（強度）の差異として、ひとつの平面に配列し連結する。ここに、ある一義的な連続性が描かれるのだ。決してそれは個々の無限のニュアンスを排除して全体を統合するような同一性の原理（平面）ではない。それは限りなく自己を差異化し、多数化し、なおかつ巨大な交響曲のような編成を失わないひとつの平面（内在平面）として構想されているだけだ。

まず「力」を、私たちが「エゴイズム」や「支配力」や「暴力」として表象している力の外で把握しなければならない。

人が〈力〉への意志を「支配欲」という意味に解釈しているかぎり、どうしても〈力〉への意志を既成の価値に依拠したものとしてしまう。なぜなら、これこれという事態において、あるいはこれこれの闘争において誰が最も強い者として「承認」されるべきなのかを決めるのに適しているのは、既成の諸価値だけだからである。そういうわけで、人は〈力〉への意志の真の性質を誤認してしまう。われわれがおこなうあらゆる価値評価の、可塑性に富む柔軟な原理であり、まだ承認されていない新しい価値の創造のための隠された原理である〈力〉への意志の本性を見誤るのである。(N, p. 24／四三―四四頁)

思考と理性・意識の対立

「支配欲」は、支配する主体を前提とし、エゴイズムは「エゴ」の存在を前提しなければならない。ところが「力への意志」は、ある過程や関係の中で、支配欲やエゴイズムさえ構成することになるにしても、まず支配や主体のような形態以前の可塑的な、変化の原理として捉えられている。力だけが意志の主体であり、またその意志の対象であり、そこにすでに意志をめぐって、力の複数性が存在している。意志は、少なくとも意志する力と、意志される力の二つを前提とするからである。「力の力との関係は「意志」と呼ばれる」(N, p. 24／四三頁)。

この「意志」は、決して「意識」を前提としない。意識は、力の意志における「反動」から生じるにすぎない。意識は、力の意志がみずからを拡張するための手段にすぎず、力の意志の小さな断片にすぎない。しばしば、それは意志の否定的様相にすぎない。ニーチェは、主著となるはずだった膨大な遺稿『権力への意志』で、意識にいつも託されてきた優越性や主導性に繰り返し批判を向けている。
能動的か、反動的か——力の質として最初にニーチェが問うのは、この差異である。そして意識は本質的に、反動的な力とともにある。能動的な力は、意識を必要とせず、意識よりもはるかに大きい広がりをもっている。反動的な力は、能動的な力を、その大きな広がりから分離し、制限するように働く。

そしてまた、力への意志についても、こんどはそれが肯定的か、否定的か、というふうにその質を問わなければならない。力への意志は、能動的な力がみずからを肯定するようにうながし、また反動的な力が他の力を否定するようにうながす。この意志は、力自体に内在しながら、力を越えていく。力への意志がなく、力そのものだけがあるところには、まだ意味も価値もない。力への意志は「諸力の差異的・発生的要素」であり、肯定する力、否定する力としてさまざまな性質の力を差異化しつつ構成していくのである。

ニーチェにとって、身体こそは、意識よりもはるかに多様な力が交錯する場に開かれている。ドゥルーズはここでも、われわれ（の意識）は身体が何をなしうるか十分に知らない、とスピノザが問うたように問うているのだ。意識は、反動的な力の屈折として成立するだけである。身体そのものは、さまざまな質の力が交錯し合うところに成立する。「力のあらゆる関係は、身体を構成する」からである（NPh, p. 45／八九—九〇頁）。身体に関しても、それを反動的な力を基準にして捉えるか、能動的な力を基準にして捉えるかによって、二通りの把握がありうる。スピノザは情動（あるいは身体の活動力）がより大きな完全性に向かう状態を「喜び」と呼び、小さな完全性に向かう状態を「悲しみ」と呼んだ。また精神の能動は「十全な観念」と、その受動は「非十全な観念」と結びつくという。「喜び」を通じて「十全な観念」にいたること、スピノザの倫理は、明白にこのことを、このことだけを目指している（厳密には、それを上まわる「第三の認識」についても語っているが、いまはそれについては触れない）。『エティカ』第三部「感情の起源と本性について」にスピノザが記したことは、ニーチェの考えた「反動的な力」の批判と驚くほど近い。それどころか、これほど鮮明に力、身体、情動における能動、受動、反動を批判的に観察して、新たな生の哲学を構想したのは、哲学史上、かつてこの二人だけだったかもしれないのだ。

　人間の意識の成り立ちそのものが反動的な力と深く結びついているので、この反動性と否定性は、あらゆる場面に及び、身体そのものにまで浸透している。だから、意識を変えようとするだけでは、そして意識から身体に関心の対象を移すだけでは不十分なのである（もちろん、これだけでも重要な転換だ）。身体として構成されるさまざまな力の能動性と反動性を微細に識別し、そこに介入していくことが必要なのだ。

　意識が根本的に反動的だとすれば、理性のほうは本質的に隷属的である。「理性は思考を隷属させるものの諸権利を集中し表現するゆえに、思考はみずからの諸権利を再び勝ちとり、理性に抗してみずからを立法者とする」（NPh, p. 107／一八九頁）。ここで、思考と理性は、はっきり対抗し合うものとして把握されている。思考は、意識よりも理性よりも上位に立たなければならない。理性は（そして意識も）、思考の能動性を制限し、思考を服従させるように機能するからである。

ニーチェにとって、神、人間、主体、道徳のようなカテゴリーは、すべて意識と理性を貫通する反動性によって制作されたものである。たとえ神を殺し、神の死を告げたとしても、この「反動性」が克服されなければ何も変わったことにはならないのだ。「神の死」の知らせは、決してニーチェの発見ではなく、むしろ「神なしにすますことができるようになると、自分こそが神にあてはまると主張する」（N, p. 31／五五頁）人間たちの登場を示していただけである。ニーチェが批判したような反動性、隷属性、否定性は、神が死んだあとも、自己あるいは主体として把握される人間の内面に、そのまま保存されている。「神聖同盟」は不滅であり、資本主義や情報社会の中でも跋扈し続けるかのようだ。

永遠回帰のエティカ

そしてニーチェの批判は「歴史」にも及ぶ。「歴史が何らか過剰になると生は崩壊し退化し、最後にはまたこの退化を通して歴史そのものも退化することになる」（ニーチェ 一九九三a、一三四頁）。こんなふうに歴史を攻撃するニーチェは、歴史的な意識や理性というかたちをとった思考の隷属性や反動性に対してもまた一貫して批判的であった。出来事の因果の連関を〈実証的に〉考察し読み解いていく歴史学にも、歴史の全体を理性の弁証法的展開とみなすヘーゲル哲学にも、やはりニーチェは生の崩壊や退化（反動性）の徴候を見たのだ。

けれども、歴史に対するそのような批判は、ニーチェ独特のやり方で、歴史に肯定性を注ぎ込もうとする一貫した試みとともにあった。歴史を批判しても、決してニーチェは没歴史的な思想家になることはない。ニーチェは、人間の反動性に根深く規定された歴史を治癒する、もうひとつの歴史を構想し続ける。彼は「歴史を追い越してしまう力の生成」（F, p. 91／一五八頁）を中心に置いて、その生成の歴史を書こうとする。歴史をめぐるニーチェのこのような姿勢は、ドゥルーズのその後の著作でも貫かれることになる。反歴史的考察は、決して歴史を放棄するわけではない。特に『千のプラトー』は、「道徳の地質学」（第三章）というように、新たに地質学的視野において歴史を繰り広げるという、かなり異質な世界史の試みなのだ。

反動的な力にみたされ、その否定性を極限まで経験した人間には「反動的な生それ自身を否定しようとする意志」が生まれ、それは「自分自身を能動的に破壊したいという欲望」に変わる。ニーチェは、とりわけ『ツァラトゥストラはこう語った』の中で、このような価値転換のドラマを描いている。そして、この価値転換は、ある円環状の時間（永遠回帰）によって完成されるというのである。

古代世界にはありふれていた「輪廻」の観念に近いこんな観念に、なぜニーチェが飛びついたのか、そういう疑問が湧いてくる。それでもドゥルーズは、この「反復」の概念をニーチェ哲学の核心に位置づけようとする。それはまた、ドゥルーズ自身の反復の思想に決定的な根拠を与える試みにもなっている。

永遠に回帰してくることを肯定しなければならない。力への意志の肯定性は、こうして初めて完成される。決して確率計算などすることなく骰子の一擲に賭ける賭博者のように、偶然を肯定しなければならない。この偶然は必然的な回帰とともにある。骰子の目は、偶然であっても必然的に繰り返される。骰子は投げられるときは偶然にしたがい、落ちるときは必然にしたがう。神の意図も歴史の進化も錯覚として退ける思考は、必然や運命の観念を拒むしかない。むしろ偶然を必然として、必然を偶然として受けとるのである。「永遠回帰」についてドゥルーズが与える次のような説明は、ニーチェの文脈にほぼ忠実でわかりやすい。

私が何を欲するにせよ（たとえば私の怠惰、貪欲、臆病、あるいは私の美徳でもよいし、悪徳でもよい）、私はそれが永遠に回帰することをもまた欲するような仕方で、それを欲するのでなければならない。「生半可な意志」たちの世界はふるい落とされるのである。たとえ臆病、怠惰であっても、それらがみずからの永遠の回帰を欲するとすれば、怠惰や臆病とは別のものになるだろう。それらは能動的になり、そして肯定の〈力〉となるだろう。（N, pp. 37-38／六七頁）

しかし「永遠回帰」が、真に力への意志の肯定性を完成するためには、それは単に同じものの反復であってはならない。そもそも反復は、同じものの反復ではなく、同じものは反復の効果として生じるのにすぎない。まず反復されるのは差異なのである。「もし一切が回帰する、同一へと回帰するというのが真実なら、小さく狭量な人間も回帰するだろうし、ニヒリズムや反動もまた回帰することになるからである」(N, p. 39／六九頁)。永遠回帰が価値転換を最終的に実現するには、この回帰は異なるものの反復、選り分ける反復、解き放つ反復でなければならない。

『差異と反復』の核心にもなるこの反復の概念は、ベルクソンの持続の概念なしには考えられない。現在とは、持続する時間の先端であると同時に、無数の過去の反復である。現在を過去との絶対的共存として捉えるなら、現在とはそのまま無数の過去の反復であって、しかもそれらの過去を何ひとつ同じ過去として反復することはない。過去は記憶の中にあって、たえず変容し、再編成され、解体し、再結合をとげて、現在に飛躍し、突出するからである。

永遠回帰は、あらゆる生成への肯定を完成し、生をたえず異なるものとして反復しようとするエティカを示す。そのモデルは、人間が日々、変化し、創造する反復として生きている時間という現実そのものの中にある。時間の現実そのものに忠実に生きようとする生き方の延長線上に、永遠回帰はあるのである。

このような回帰あるいは反復を生きる人間は、みずからの反動性を能動的に破壊する人間のあとにやってきて、「超人」と呼ばれることになる。しかし、この超人は、どんな英雄、天才、教祖、支配者とも異なる、慎ましい人間のイメージを提出しているのだ。彼(彼女)

は、反動的な力に基づく既成の権力や能力から離脱し、別の力にみたされた人間、それゆえに、最も目立たず、最も無力に見える人間かもしれないのである。おそらくドゥルーズが「これからやってくる民衆」と名指したものと超人は、とても近い存在なのだ。

こうして「超人」とは、われわれが力と、時間と、常識的に結んできた関係（それは多分に西欧近代の与えた価値や制度に影響されている）の外に出て、それらと新しい関係を結ぶ人間を指しているのだ。

徴候学あるいはプルースト

「現象とはひとつの外観あるいは出現でさえもなく、ひとつの記号、徴候であって、その意味は現働的な力の中に見出される。哲学の全体がひとつの徴候学あるいは症候学である」(NPh, p. 3／一三一—一四頁）とドゥルーズはニーチェについて書いている。記号や、しるしや、徴候を識別し、解釈し、評価することが哲学の課題だといいたいのである。真理を定義することでも、その条件を確定することでもなく、力のさまざまな質と量、さまざまな力の差異と編成を表現する「記号（signe）」を識別することが第一の課題となる。真理の力だけでなく、嘘の力さえもさまざまな記号を発するのである。一九六〇年代から七〇年代に、特にフランスでは構造主義的言語学を核とする記号学の試みが盛んにおこなわれたが、ドゥルーズはそれとはかなり異質な「記号論」の試みを、彼の哲学の中の重要課題として続けることになり、それが『シネマ』で大きく展開することになる。

ここで、これまでにとりあげた四人の哲学者の傍らに、もうひとり、ドゥルーズ哲学にとって不可欠な要素を提供したに違いないひとりの文学者を加えておきたいと思う。『プルーストと記号《シーニュ》』（一九六四年）という書物のタイトルは、マルセル・プルーストという作家がドゥルーズに何をもたらしたかを端的に物語っている。確かにプルーストの作品は、『失われた時を求めて』（一九一三―二七年）という題が示すように、人間の「記憶」について、どんな作家も哲学者もなしえなかった独創的な、犀利な探究の成果に違いない。しかしドゥルーズにとってプルーストは、ベルクソンの作り出した「記憶」の思想よりも、むしろニーチェに近い「記号」の認識（「徴候学」）を実現した作家なのである。

『失われた時を求めて』では、はじめにスワンが、そして次には話者が、ひとりの女の放ち続けるあらゆるしるし（記号）を解読し、嫉妬し苦悩することに長大な時間を費やすことになる。スワンも話者（マルセル）も、もっと成熟した賢明な人物と付き合ったほうが、ずっと豊かな時間をすごせたのではないか。しかし、その女がたとえ「月並みで愚か」であっても、彼女はたくさんのしるし（記号）を放つのである。オデット、アルベルチーヌだけではない。自分の中に女性を隠しもっているシャルリュス男爵。

ところが月並みで愚かな女性は、われわれが愛し始めるとたちまち、非常に奥深く賢い精神よりも、豊かなしるしにみちてくる。ひとりの女性が狭量で、あさはかであればあるほど、彼女は、明晰な判断を形成し、一貫した考えをもつことができない自分の無能さを、しるしによって償《つぐな》うのである。しるしはときとして彼女自身を裏切り、嘘を暴くのであるが。(PS, p. 31／三〇頁)

嫉妬とは、恋人の放つあらゆるしるし(記号)を解読し続けることである。「しるし」がはたして真実を告げているか、秘密を暴露しているか、何のしるしなのか、決して確実な情報が得られることはない。もしかすると、しるしの背後には、何も隠されていないかもしれない。しかし、しるしは秘密を知らせるどころか、秘密をますます増殖させる。「嫉妬とは、しるしに固有の錯乱である」(PS, p. 167／一八五頁)。恋される女は、恋する男には決して全貌を現さない世界をもっている。男はいつも少しだけ、その世界に踏み込むが、踏み込めば踏み込むほど、その世界から排斥されていると感じざるをえない。

そのような世界が増殖していく。いくつもの世界を行ったり来たりしては、そのたびに変身するひとりの女がいる。恋される女は、隣接するいくつもの断片的な世界を内包しているが、恋する男は、それらの断片的な世界をただ、わずかにかいま見ながら、横に滑っていくことしかできない。ドゥルーズは、このような事態を「嫉妬は愛の多様体における横断線である」(PS, p. 153／一六八頁)と表現する。

それらの断片的な世界のあるものは、同性愛のしるしにみちている。『失われた時を求めて』の人物たちは、しばしば同性愛的なしるしを放つのである。同性愛は、ただ女性と男性のそれぞれの側に二分されるのではない。実は、それぞれの存在が両性具有的であり、さまざまに役割を交替させうる。異性愛だとしても、女性の男性的部分が、男性の女性的部分と結合するというような事態も生み出す。女性の女性的部分が女性の男性的部分と結合し、男性の男性的部分が男性の女性的部分と結合しうるし、さらに女性の女性的部分が男性の女性的部分と、女性の男性的部分が男性の男性的部分と結合しうる。プルーストにとって同性愛とは、いわば多性愛であり、異性愛さえその例外ではない。『失われた時を求めて』の話者は、嫉妬の中に現れるさまざまなしるしを解読しながら、やがて同性愛をめぐって行き交うさまざまなしるしの解読に進み、さまざまに異種交配する多性の群れに直面する。それぞれの人物が秘密をかかえた断片の集積である。このようにしてプルーストの小説は、限りなく断片を増殖させ、その断片のあいだに、古典的な思考が思ってもみなかった奇妙な秩序を生み出すことになる。

断片に断片を挿入することによって、プルーストは、われわれがそれらすべてを考えられるように方法を見つけるのだが、これらの断片を派生させるような統一性にも、あるいはこれらの断片からそれ自体派生するような統一性にも依存せずにそうするのである。(PS, p. 149／一六四頁)

古典的な全体‐部分の観念によって構成される統一性とはまったく異なるこの統一性を、ドゥルーズは「横断性」、「横断線」、「横断的次元」などと呼ぶ。『失われた時を求めて』で反復される秩序・無秩序の反復と展開は、ほとんど抽象的な図式として、こんなふうに提出される。

最初には、一見はっきりと限定され、統一すること、全体化することができそうなひとつの集合を構成する第一の星雲がある。ひとつあるいはいくつかの系列が、この第一の集合から出現する。そして、これらの系列がまた新しい星雲の中に迷い込む。こんどは、この星雲は、中心をなくし、あるいは中心をはずれ、数々の渦巻く閉じた容器や、ふぞろいの動く断片で構成されている。こうした容器や断片は、横断的な逃走線を描くのである。（PS, p. 211／二三六頁）

はじめは（アンドレ・ジッド（一八六九―一九五一年）のような同時代の鋭敏な作家にさえ）ただ些細で無意味な細部を限りなく積み重ねていくだけという印象を与えたこともあったプルーストの大作は、プルースト自身がいうように「大きな法則」を探究する哲学的試みであった。人は彼の作品を顕微鏡的と形容したがるが、彼自身は「望遠鏡」を用いて、ほとんど天体の法則的循環に似たものを、社交界や、恋愛や、同性愛の中に発見する。そこに渦巻くしるしの星雲を解読し、またその解読をひとつの新しい芸術として達成しようとする。『失われた時を求めて』という作品自体の中に、この作品に似た新しい芸術を作り出す音楽家、画家、作家の肖像が実験的に描かれている。プルーストの作品はまさしくひとつの哲学的試みであったが、やはりそれが哲学ではなく芸術作品として達成され、さまざまなしるしの解読とともに実践されたのは、ドゥルーズにとって、さらに重要なことであった。「失われた時」の探求からは確かにベルクソンとも深い関連のある「記憶」の哲学が浮かび上がってくるが、記号を観察し、採集し、解読していく過程の物語は、確かにベルクソン哲学にはない別の次元を開く。プルーストの文学は記号を放ち受けとる人間たちのひとつひとつの特異な様態を描写し、それを通じて秘密や嘘の力を把握するのである。確かにドゥルーズは、ときに哲学と文学のあいだで思考することを必要とした。

ある奇妙な身体

ドゥルーズは、これまでに述べた何人かの哲学者を読み込み、独自の読解を試みることによって、関係の中で触発される思考（ヒューム）、運動と時間の中にある生（ベルクソン）、たえず流動し、触発し触発される身体とともにある思考（スピノザ）、力のさまざまな質と量によって構成される世界（ニーチェ）についてのヴィジョンを研ぎ澄ましてきた。プルーストは、まさにこのようなドゥルーズのヴィジョンを、男女の肉体と感情と思考に、世界の中の会話と表現に直面させる。

レストランの広間には、まさしく惑星のようにテーブルがあり、そのまわりでボーイたちが革命を起こしつつある。娘たちの集団は、見かけは不規則な運動をしていて、そこ

から法則を引き出すには、辛抱強い観察、「情熱的天文学」が必要である。(PS, pp. 172-173／一九二頁)

時間、情動、身体、力について、ある徹底された思考を、少なくとも四人の哲学者から受けとってきたドゥルーズは、その思考をさらに徹底するためには、彼らとはまた別の形式、スタイル、書き方、リズムで思考し、別の哲学的身体を作り出さなくてはならなかった。これらの哲学者の思索は、しばしばはてしない混沌や星雲の中に人を投げ込む。もう古典的な理性、主体、秩序、体系、全体、中心を頼りにすることはできない。

プルーストの作品は、哲学ではなく芸術であるからこそ、その混沌や星雲そのものを主題にして、しかもそこに目に見える秩序と形式を具体的に構築しえている。無数の断片の断片や、法外な内容を収めた容器が渦巻いている世界にあって、それらを横断し貫通する線を引くような思考が実現されてもいる。理性や知性の外にはみ出る思考が、身体を思考し、身体そのものに属する思考と浸透し合っている。

『失われた時を求めて』の話者と、アルベルチーヌに嫉妬し、シャルリュスを追跡する主人公は同一人物なのか、それはどこまでプルースト自身なのか、と問うことはほとんど無意味だ、とドゥルーズはいう。それはまだ、この作品、この探究を、ひとつの主体に帰着させることにしかならない。そうではなく、まさに主体の輪郭、限界、形式、統一をどこまでも分解したところに現れる銀河のような生のヴィジョンこそ、プルーストが探究し、構築したものではないか。『プルーストとシーニュ』の最後の頁でドゥルーズは、『失われた時を求めて』の語り手は、ある奇妙な身体をもっているという。

実際、この語り手は器官をもたない。あるいは、彼の必要とする、彼が願望したかもしれないような器官を決してもたないのである。彼は、アルベルチーヌに最初に口づけする場面で、そのことに気づく。唇全部を必要とし、鼻にふたをし、眼を閉じることを迫るこの行為をやりとげようにも、人間は完全な器官をもっていない、と彼はそのとき嘆くのである。ほんとうは、語り手は器官をもたないひとつの巨大な身体なのである。それにしても、器官なき身体とはいったい何だろう。蜘蛛もまた何も見ず、何も知覚せず、何も思い出さない。ただ巣の片隅で、蜘蛛は自分の身体に強度の波として伝わってくるかすかな振動を受けとり、肝心な場所に飛びかかっていく。眼もなく、鼻もなく、口もなく、蜘蛛は、ただしるしに反応し、かすかなしるしにみたされるだけだ。それが彼の身体を波のように横断し、餌に飛びかからせるのだ。『失われた時』は、カテドラルのようにではなく、衣のようにでもなく、蜘蛛の巣のように作られている。(PS, p. 218／二四三―二四四頁)

ドゥルーズが最も親密に読み解いてきた過去の哲学者、そして文学者たちが、共振し交響し合うところに、ひとつの身体のイメージが浮かび上がってくる。ここに描かれているのは、彼の哲学的探究にとってひとつのモデルとすべき身体であり、そのような哲学の語りと語り手が構築すべき身体でもある。ドゥルーズの哲学は、確かに新しい哲学的ナレーションとともに創造されたのである。その哲学と諸概念を私は追跡し、要約し解説することを試みているが、要約や解説では決して伝えられないドゥルーズの声と、語り口と、（思想的）身体に注意を向けてもらいたい。それこそ唯一無二のものであるが、それを個性的文体や身体的表現などと形容すれば、また誤解を引き起こしてしまう。そこにあるのは個性ではなく、特異な身体なのだが、その身体は「器官なき」、「無機的な」身体なのだ。まだ十分な説明になっていないが、このことは何度でも指摘し、もっと的確に考察することを目指したい。

ノート：ドゥルーズの性愛の図式

ドゥルーズは、一九六七年にレオポルト・フォン・ザッヘル゠マゾッホ（一八三六—九五年）の『毛皮を着たヴィーナス』（一八七〇年）への長い序文というかたちで、マゾヒズム論を書いている。(7) この本でドゥルーズは、マゾヒストと母の「契約」について語っている。その契約によって、父を閉め出した異種の生殖が（幻想として）おこなわれ、「性的愛なし」の「新しい人間」が生み出されると書いている（PSM, p. 9／一四頁）。ここにはドゥルーズの思索を貫く、ある「愛の図式」が示されているようだ。すでに一九六一年に雑誌に発表されたマゾッホ論（「ザッヘル＝マゾッホからマゾヒズムへ」）で、彼はフロイトの精神分析における「〈父〉のインフレーション」を批判して、「フロイトの解釈はしばしば無意識のいちばん個体化された、いちばん表面的な層にしか届かないかのようだ。この解釈は〈母〉のイメージが〈父〉の影響を何も受けることなく支配する深層には踏み込まないのだ」と書いている。すでにドゥルーズは、フロイトのオイディプスをめぐる図式に対する強い批判をもっており、後年の『アンチ・オイディプス』を準備していたかのようだ。

『ニーチェ』では、ニーチェ自身が引用したギリシャ神話のアリアドネのエピソードを、当のニーチェの愛に適用している。アテナイの王子テセウスがミノタウロスを退治して迷宮を脱出するのを助けるアリアドネは、それからテセウスに捨てられ、ディオニュソスと結婚する。ニーチェの夢想の中でヴァーグナーはテセウスであり、その妻コジマはアリアドネ、ニーチェ自身はディオニュソスである。またルー・アンドレアス＝ザロメが再びアリアドネとして出現し、アンドレアス＝ザロメの恋人パウル・レーはテセウス、ニーチェはあいかわらずディオニュソスである。「心してお聴き、アリアドネよ！　……おまえは小さな耳をしている、私と同じような耳をもっている。〔…〕私はおまえの迷宮なのだ……」。テセウスは、あらゆることに耐える英雄であり、まさに父性によって定義される。ここでも、そのような父性の支配を排除したアリアドネとディオニュソスの愛が主題になっているのだ。「異種交配」を原理とするプルーストの同性愛的、多性愛的世界でも、やはり父性の支配と、性差をあくまで固持する愛は、閉め出されている。性は「性差」として固定され、区分され、領土化され、力関係に浸透している。そのような性は、むしろ愛を排除するのではないか。だからこそ、ドゥルーズはときに「性なき愛」についてさえ考えるのだ。

おそらく「器官なき身体」もまた、「性なき愛」、「父を閉め出した生殖」とともに、ドゥルーズに固有の愛の図式に深くかかわり、ドゥルーズの哲学的情動（アフェクト）に浸透している。

二〇一五年に刊行された『ドゥルーズ　書簡とその他のテクスト』には、「初期テクスト」として、ドゥルーズが二〇歳そこそこで書いたいくつかのテクストが収録されている。その中の「女性の叙述」、「発言と輪郭」、「ディドロ『修道女』のための序文」で若いドゥルーズは、「女性にはまだ哲学的規定がない」と書いて、女性の哲学を試みている。ハイデガーの「存在者」は性をもたないかのようだが、オスであることを前提としている。サルトルはそれを批判して、確かに性をもつ実存を問題にするようになるが、それも女性を愛し、性交する男性の性を焦点としているだけで、「あたかも愛するものだけが性をもち、愛するものが愛されるものに反対の性を授けるかのようである」（「女性の叙述」LAT. p. 253／三三三頁）。ドゥルーズは、化粧や、そばかすや、ほくろについても考察しながら、かなりうがった女性論を展開している。女性において「すべては現前性である」とか、女性とは「大いなる内的生活である」といった議論をしながら、「問題は、もはや本質としての女性ではなく、この女性であり、たとえば愛される女性なのだ」と書いている（「発言と輪郭」LAT, p. 278／三五二―三五三頁）。内在性と超越性という対立は、性と無意識の中にも深く浸透していて、むしろそこに由来するといってもいいくらいなのだ。ドゥルーズは過剰なほどに、女性的なものを「内在」のほうに引きつけて考察している。

女性とはかくかくしかじかのものである、という定義をしているのは、現代のジェンダー論からは批判を浴びそうなところだ。しかし二〇歳のドゥルーズは、まず女性の哲学を試みながら、さっそく本質主義を解体し、女性的なものを女性からも分離して、父性や去勢をめぐる超越の思考を（特に精神分析を）脱構築する思考を示している。ディドロの『修道女』の読解も、そのような方向で女性の「自由」を繊細に考察する文章なのだ。ドゥルーズは、これらの文章を改めて公にしようとはしなかったが、これらの女性論からマゾッホ論、そしてプルーストの〈多性論〉にわたる思索には、独自の性愛の理論が繰り広げられていて、後年の大著における無意識論や身体論の布石にもなっていたのだ。

注

（1）日本語訳は、かつて『差異について』（増補新版、平井啓之訳、青土社、一九九二年）の表題で刊行されたが、のちに「ベルクソンにおける差異の概念」（前田英樹訳、『無人島 1953-1968』前田英樹監修、河出書房新社、二〇〇三年）として再刊された（これは『ドゥルーズ・コレクションⅠ　哲学』宇野邦一監修、河出書房新社（河出文庫）、二〇一五年にも収録されている）。

（2）日本語訳は、かつて「構造主義はなぜそう呼ばれるのか」（中村雄二郎訳、フランソワ・シャトレ編『西洋哲学の知Ⅷ　二十世紀の哲学』中村雄二郎監訳、白水社、一九九八年）の表題で刊行されたが、のちに「何を構造主義として認めるか」（小泉義之訳、『無人島 1969-1974』小泉義之監修、河出書房新社、二〇〇三年）として再刊された（これは『ドゥルーズ・コレクションⅠ　哲学』宇野邦一監修、河出書房新社（河出文庫）、二〇一五年にも収録されている）。

（3）日本語訳は、かつて『ベルクソンの哲学』（宇波彰訳、法政大学出版局（叢書・ウニベルシタス）、一九七四年）の表題で刊行されたが、のちに『ベルクソニズム』（檜垣立哉・小林卓也訳、法政大学出版局（叢書・ウニベルシタス）、二〇一七年）として再刊された。

（4）日本語訳は、かつて「ベルクソン：一八五九―一九四一」（『差異について』増補新版、平井啓之訳、青土社、一九九二年所収）の表題で刊行されたが、のちに「ベルクソン、１８５９―１９４１」（前田英樹訳、『無人島 1953-1968』前田英樹監修、河出書房新社、二〇〇三年）として再刊された（これは『ドゥルーズ・コレクションⅠ　哲学』宇野邦一監修、河出書房新社（河出文庫）、二〇一五年にも収録されている）。

（5）日本語訳は、かつて「ヒューム」（中村雄二郎訳、フランソワ・シャトレ編『西洋哲学の知Ⅳ　啓蒙時代の哲学』野沢協監訳、白水社、一九九八年）として刊行されたが、のちに「ヒューム」（小泉義之訳、『無人島 1969-1974』小泉義之監修、河出書房新社、二〇〇三年）として再刊された（これは『ドゥルーズ・コレクションⅠ　哲学』宇野邦一監修、河出書房新社（河出文庫）、二〇一五年にも収録されている）。

（6）ハート一九九六、一四六、一五二頁を参照。

（7）日本語訳は、かつて『マゾッホとサド』（蓮實重彦訳、晶文社、一九九八年）の表題で刊行されたが、のちに『ザッヘル＝マゾッホ紹介——冷淡なものと残酷なもの』（堀千晶訳、河出書房新社（河出文庫）、二〇一八年）として再刊された。

（8）日本語訳は、「ザッヘル＝マゾッホからマゾヒズムへ」、『基礎づけるとは何か』國分功一郎・長門裕介・西川耕平編訳、筑摩書房（ちくま学芸文庫）、二〇一八年。

第二章　世紀はドゥルーズ的なものへ——『差異と反復』の誕生

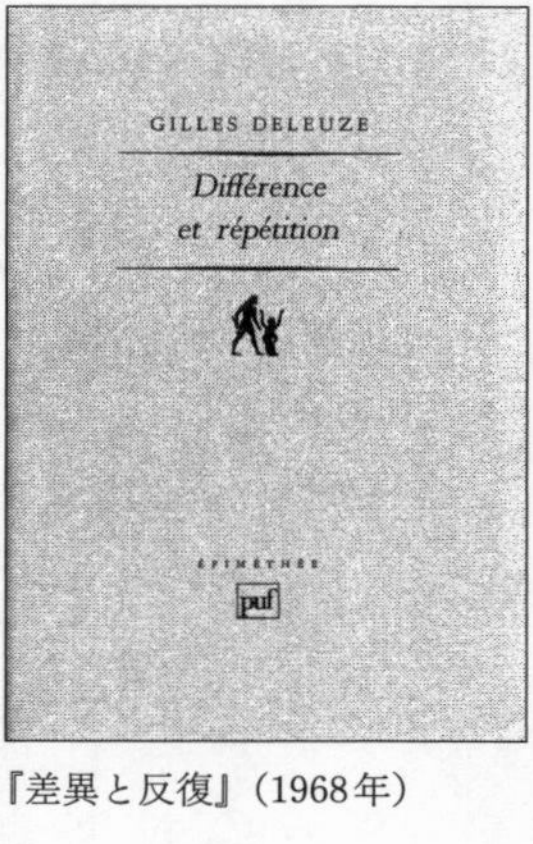

『差異と反復』（1968年）

『差異と反復』という題の博士論文を提出し刊行した一九六八年には、ドゥルーズはリヨン大学で教えていた。この年、フランスの政治には激震が走り、のちにも世界中でさまざまな反響を引き起こすことになる。この頃ドゥルーズは、学生たちとともにした政治活動の疲労もあってか、死にいたるまで長く彼をさいなむ肺の病に冒されている。一九六八年五月の「出来事」に対する彼の強い思いは生涯変わらなかった。「出来事は新たな存在を作り出し、新たな主観性(身体、時間、性、環境、文化、労働、等々といったものとの新たな関係)を産出するのである」(「六八年五月〔革命〕は起こらなかった」DRF, p. 216／㊦五一頁)。『差異と反復』は哲学的概念の基礎を精密に批判し、再構築する「形而上学的」試みに違いないが、その射程は遠大で、社会と政治の次元にまでつながっていた。

翌一九六九年には、『差異と反復』の「分身」といっていい書物『意味の論理学』を刊行する。ドゥルーズは、この本を毎日ウィスキーを痛飲しながら、ほぼアルコール中毒状態で書いたと語っていた。「肺の病があるせいで、中毒の果てまで飲み続けることは阻止されたが……」。一九六〇年代はじめから彼と友情を結んだミシェル・フーコーは、一九七〇年に『差異と反復』を『意味の論理学』とともに書評しながら、「いつの日か、世紀はドゥルーズ的なものとなるだろう」と法外な讃辞を寄せる。

1 差異そして反復

前章では、ドゥルーズが独自に再創造しようとした哲学の、いわば系譜学的な読解を試みてきた。第二次世界大戦直後の大学で哲学を学んだドゥルーズは、哲学史の奇妙な圧力を受けていた、と述懐している。ドゥルーズの教師は、デカルトの専門家フェルディナン・アルキエ（一九〇六—八五年）、ヘーゲル研究の泰斗ジャン・イポリット（一九〇七—六八年）といった人たちだったが、ドゥルーズは彼らを十分に尊敬する一方で、息苦しさも感じていたようなのだ。「哲学史というものは、いつも哲学における、また思考における権力の代理人であった」(D, p. 19／二九頁)。

哲学史の教育は、強固な思考のモデルを作り出して、人がそれぞれ独自に思考することをむしろ妨げるような効果をもってきた。プラトン、デカルト、カント、ヘーゲルを読まずに、いったいどうして、ものを考えられようか……思考する前に、まず重厚で厳密な体系を学ばなければならない……そのような抑圧的雰囲気の中で、同時代の思想に唯一自由な風を吹き込んでいたのは、ジャン＝ポール・サルトル（一九〇五—八〇年）であった。ドゥルーズの書物に、サルトルの思想からじかに影響を受けた跡はあまり目立たないが、サルトルこそが唯一その時代の閉塞的圧力からの出口だったことを何度か強調している。

そしてドゥルーズは、前章で見たような哲学者たちを選びとり、彼らの思考の軌跡を独創的に読み替える作業によって、哲学史の重々しい壁に穴をうがってきたのだ。私の読解そのものが、のちのドゥルーズの本のインパクトから出発し、その源泉にさかのぼるようにして、一見アカデミックなドゥルーズの哲学史的著作に分け入ってきた。哲学史の権威や重圧を退けて、過去の哲学に別の生命と自由を見出すこと――これはドゥルーズが、戦後の状況の中で引き受けざるをえない切実な課題であった。『差異と反復』は、最終的にこの課題に十分に答えて、あまりある本となった。

確かに、この書物はジル・ドゥルーズの最初の主著といってよい。それまでのドゥルーズの思索のすべてを投入した博士論文であり、『スピノザと表現の問題』は、このとき同時に提出された副論文であった。ドゥルーズは、それまであいついで哲学者のモノグラフィーを書きながら、だんだん深めてきたいくつかの根源的なモチーフを『差異と反復』に十全に注ぎ込み、再構成し、再配分し、交響させ、まさに彼独自の哲学として提出している。

彼は、西洋哲学の伝統的な設問を綿密に腑分けし、しかもそこに一貫するいくつかの前提や傾向（同一性、主体、表象、理性、二元論、超越性……）を根底から批判して、現代の思想的要請に応えようとしている。フーコーはただ大げさな讃辞を述べたわけではなく、「われわれはおそらく初めて、全面的に主体と客体から解放された思考の理論を獲得している」(Foucault 1970 (1994), p. 86／三二〇頁）と、この本がなぜ画期的なのかを正確に定義した。

一九六八年、学生から労働者まで広く伝播していった異議申し立ての行動に、フランスの政治体制は根底から揺さぶられる。この出来事は、政治の次元だけでなく、思想、芸術、そして民衆の意識にまで、幅広く衝撃を与えた。あるいは、そのように広い範囲にわたってすでに進行していたもろもろの変化が、一気に集中してこのような「出来事」として表現された。これによって決して革命が起きたわけではなかったし、新しい政治体制も生まれはしなかったが、その衝撃と余波は深く根本的で、その後も長いあいだ、政治だけでなく、多くの人々の思考を揺さぶり続ける。

『差異と反復』も、『意味の論理学』も、決してあからさまに新しい政治思想を提出する書物ではなく、むしろその後のドゥルーズとガタリの共著こそ、はっきりそのような提案を含む書物として書かれる。しかし二つの本はどちらも、二〇世紀の思考を襲ったある根本的な転換を見つめ、またその転換を可視的にし、さらに推し進めようとする試みであった。ドゥルーズは、そのように構築した「思考の理論」の延長線上に、やがて新しい社会性と政治学にまで開かれる思想を作り出すのだ。

残念ながら、『差異と反復』を読み込むには、相当の根気がいる。読み込んだとしても、すんなり理解できるとは限らない。ひとつの主題についての思考である以上に、まさに「思考の理論」として、思考とは何かを問うている。そのため哲学史の深みに降りるだけでなく、科学史、論理学、精神分析、そして現代の美学、芸術に関しても、かなりうがった、錯綜した鋭利な思索が展開されている。

この本で展開される思考は、ドゥルーズの本の中でもいちばん抽象度が高く、精密で、しかも多岐にわたっている。哲学をかなり本格的に学んだ人々さえ、おそらく読みあぐねるほど、哲学史の迷路に分け入っており、しかも哲学史の正統とまったく断絶しようとする怪物的な思考が展開される。個別の分野について造詣が深いだけでは、この本の中心に入っていくことはできない。要するに、高度な専門的知識をどんなに寄せ集めても、それだけでは、この本の核心に近づけないだろう。哲学の内部に深く分け入るのは、結局それを外部に向けて切り開くためである。精密な議論は、あくまでもその大胆なモチーフのためにある。

それなら、あまり予備的な知識はなくても、ドゥルーズの思考のモチーフを確かめながら、その基本的な運動を見失わないようにして概念的構築を読み込んでいくほかない。哲学の内部から外部に、外部から内部に、たえず描かれる屈曲した線をたどり、その線上の思考が表す深さと振動が感触できるなら、確かにもうこの本の核心に、いささかは触れているのだ。

差異のめくるめく広がり

『差異と（そして）反復』、またしても「と（そして）」である。差異と反復は、明らかに対立概念ではない。隣接し、共鳴し、結び合い、重なり合うのである。反復とは定義上「同じこと」を繰り返すことではないか。差異とは、同じことの反対、否定ではないか。それなのに差異が反復と結びつくのは、いったいなぜなのか。

しかし、反復とは差異を反復することであり、差異とは反復される差異である――これがまぎれもなくドゥルーズの主張なのである。いかにも逆説的に見えるが、こんなふうに定義される差異と反復によって、彼は「同じもの」を退け、あるいは「同じ」を前提とする思考や規定や判断に徹底的な批判を向け、それらによって隠蔽された差異の、めくるめくような広がりを切り開こうとする。「同じ」がなければ、「一般性」などありえないだろう。「一般性」がなければ、事物の「表象」も「カテゴリー」もありえないだろう。自然科学であれ、哲学であれ、倫理学であれ、一般性が成り立たなければ、こうした学の認識そのものが成り立たないのではないか。反復とは、異なるものの反復であるというドゥルーズの逆説は、ほとんどプラトンの対話におけるソフィストたちの詭弁にも似て、荒唐無稽に見えても無理はない。

のっけから序文で、哲学の書物をいかに書くべきかについて語るドゥルーズの言葉は十分に挑発的である。

哲学の書物を、長いあいだ続いてきたような書き方で書くことは、やがてもうほとんど不可能になるだろう。「ああ、古めかしいスタイル……」。哲学の新しい表現手段の探究はニーチェによって始められたが、今日それは、演劇や映画のような他の芸術の革新とも連携して続行されなければならない。この点で、いますぐ哲学史をいかに使用するかを問題にしていいだろう。われわれにとって哲学史は、絵画においてコラージュが果たしたのに似た役割を演じなければならない。(DR, p. 4／(上)一八頁)

マルセル・デュシャンのような画家がダ・ヴィンチのモナリザに髭をつけて作品にしたように、髭をはやしたヘーゲルや、逆に髭をそったマルクスのイメージを、哲学的なコラージュとして実践してみよう、とドゥルーズは提案するのだ。コラージュは決して、単なる戯れではない。たとえばピカソのコラージュは、絵画の表面、主題、遠近法、色彩、描線、文字、等々をめぐる厳密な思索であり、実験であった。もちろん「戯れ」でもあったが、そこから何か重要なことが始まった。

そして『悲劇の誕生』（一八七二年）以来、いつも演劇に執着し、哲学に本質的な意味で演劇的なものを注入して、思考の演劇といっていいような哲学を実践したニーチェの傾向を、ドゥルーズは単にレトリックでも、メタファーでもなく、思考の本性にかかわるものとして受け継ごうとする。反復それ自体が、彼にとっては演劇なのである。

反復の演劇は、表象の演劇と対立する。運動が概念に対立し、また運動を概念に結びつける表象と対立するように。反復の演劇において、人はもろもろの純粋な力を感じ、空間の中で媒介なしに精神に作用し、精神をじかに自然と歴史に結合する力動的な道筋を感じ、言語の手前で語る言葉、組織された身体の手前に形成される身ぶり、顔以前の仮面、人物以前の幽霊や亡霊を感じる。こうしたものはすべて、「恐るべき力能」としての反復の装置である。（DR, p. 19／(上)四四頁）

「恐るべき力能」の演劇と聞けば、アントナン・アルトー（一八九六―一九四八年）の残酷演劇を思い浮かべずにはいられない。反復とは、何か手に負えない恐ろしい力を示していて、「同じもの」を表象するあらゆる形態の外にあるというのである。同じものの表象は、反復に対して、ある種の制限や排除の効果が働くとき、つまり反復が飼い慣らされるとき、初めて出現する。どんな反復も、厳密には同じことの反復ではない。天体の運行に見られるような反復でさえ、観測を微視的にすれば、厳密に同じ事態の反復ではなく、差異を含んでいる。「同じ」がなければ、反復という言葉そのものが成り立たないが、二つの事象が差異を含んでいるということは、つまり二つの事象が総体として異なることなのだから、厳密には事象は何ひとつ反復されないといってもいい。

差異の知覚を限りなく微細にし、その知覚を通じて、同じものをただ仮象（仮面）として見つめるなら、反復とは異なるものの反復であるという、実に落ち着きの悪い命題を設けるしかなくなる。

いま目の前に虎と豹《ひょう》がいるとする。個体としてのこの虎は、虎一般ではないし、個体としての豹も豹一般ではない。この虎とこの豹の差異は、決して虎一般と豹一般の差異ではないけれども、私たちはしばしば、二つの個体の還元しがたい差異を、虎という概念と豹という概念の差異に還元してしまう。

同じように、二人の人間が異なる「人種」に属していると思うとき、二人の人間の還元しがたい差異よりも、しばしば「人種」と名指される差異のほうに、人はとらわれてしまう。種や類として一般概念に囲いこまれた差異は、個体の含む無数の差異を切り捨ててしまう。私たちが差異とみなしているものは、しばしば「同じもの」によって制限されていて、すでに差異のぬけがらのようなものだ。
しかし、事物の差異を制限し、同じものを頼みにして把握しないとすれば、私たちの認識も行為もほとんど錯乱的なものになってしまいかねない。反復が、いつも異なる事態を含んでいることをひたすら注視するなら、法則も規則も道徳も、コミュニケーションも確立することができなくなるだろう。ひたすら反復における差異に注目し、私たちが識別し、分類し、制限しながら捉える差異の背後に、いつも無限の差異を見ることをうながすような哲学は、常識や良識に反して、ほとんど狂気をうながしているようなものではないか。

ドゥルーズは決してそのことを否定しはしない。けれども、これがまだ哲学である以上、やはりそれは狂気を前にして、なおかつ正気を保とうとする試みなのだ。スピノザのようにいえば、こうして哲学は「喜びの情動」と「十全な認識」を獲得し持続しようとしているのである。むしろ反復において異なるもの、差異の中の無限の差異を少しでも感受しなければ、たぶんどんな創造もありえないし、生そのものの持続や進化もありえないからである。詩における韻、音楽におけるリズム、工芸における装飾を考えても、何ひとつ同じものの反復ではなく、いつも不均衡、不安定、非対称を含んだ反復であるからこそ創造的であり、感覚を引きつけ、思考をうながす。

具体例としてしばしば芸術作品を引き合いに出す『差異と反復』は、芸術における差異と反復を、とても重要な手がかりにしている。芸術は、必然的に差異と反復に敏感であり、差異と反復によって創造するしかないからである。同一性は芸術の敵である。ドゥルーズはこの本で、単に芸術を思考のモデルにしているのではなく、芸術がどのようなプロセスであるかを考えぬき、古典的な美学の枠組みから離れて、とりわけ芸術の現代性を定義することも同時に試みているのだ。

世界はひとつであり、かつ無限の差異である

私たちの常識は、たとえば自然界を人間と人間外、生命と非生命に分割し、生命を動物と植物に分割し、さらに動物と植物、有機物と無機物をさまざまに分類する。そのたびに、何らかの〈同じもの〉という基準を立て、同じもののあいだに大小のさまざまな差異を見出して分類を進めていく。人間からアメーバにいたる動物一般というものを、実は決してイメージすることができなくても、私たちは動物という点で「同じもの」の表象をもつことができる。このような表象によって、樹木のように、幹から枝へと序列化された分類表に差異を配分する以外に、どんなふうに世界の差異を識別することができるだろう。実は〈同じもの〉を見出すためにも、注意深く差異を知覚しなければならない。〈同じもの〉が確定されると、知覚は落ち着いて別のレベルの差異に注意を向けることができる。〈同じもの〉は、生きるための経済、効率にとっては、ぜひとも必要であり、役に立っているのだ。

それでもドゥルーズは、差異に関してまったく別の配分の仕方があるといい、そのような配分法を「ノマド的な配分」と呼んでいる。「ノマド」（フランス語 nomade）という語は、ギリシャ語の「ノモス」（配分されたもの、慣習、法）にさかのぼる。しかし「ホメロ

ス的な社会は、囲い地も、牧草地の所有も知らない。重要なのは、土地を家畜たちに配分することではなく、逆に、家畜たちそのものを、森や山腹といった境界のない空間のあちこちに配分すること、割りふることである」(DR, p. 54/㊤四四九頁、原注6)。

もともとノモスとは、このような「境界のない空間」を意味していた、とドゥルーズは書いている。境界のある空間を、さらに分割して領土を定める配分方法は、いまでは誰にもあたりまえと思われている。しかし砂漠の放浪民にとって、砂漠は境界のない空間であり、遊牧しつつ移動する人々の軌跡が、かたちのない領土を構成するだけだろう。そもそも遊牧民がノマドと呼ばれるのは、「境界のない空間」を、囲いも領土も構成せずに移動するだけだからだ。

そして哲学において、このようなノマド的配分を考え出したのはスコラ哲学の異才ヨハネス・ドゥンス・スコトゥス(一二六五頃―一三〇八年)であり、ついでスピノザであった。彼らの発想では、事物の差異は種や類にしたがって配分されるのではなく、つまり同じものという〈表象〉によって分割されるのではなく、それぞれ個物として、同じものの媒介を経ずに分割される。それは境界をもたないノマドの空間に、人や動物が囲われることなく配分されるのに似ている。「同じもの」としての種や類は、あくまでそれぞれの個物や個体を構成する無限の差異から抽出されたものにすぎない。前にも触れた、スピノザが『エティカ』で提出した実体‐属性‐様態のような存在の配分は、まさに差異のノマド的な配分を実現しようとしたものだとドゥルーズは考えている。

スコトゥスもスピノザも「存在の一義性」について語っているが、決してそれは存在があらかじめ統一性や同一性をそなえていることをいうためでない。むしろ存在が類や種への分割を受けつけず、ただ無限の差異を含み、個物としてじかに表現される（同一性にしたがって表象されるのではない）ということをいうために、「一義性」というのだ。ノマド的な配分の哲学にとっては、世界はひとつであり、同時に無限の差異であり、そのあいだに表象や同一性などはなくていいのだ。

　私たちの思考の習慣そのものをなす分割や分類の仕方をどこまでも批判し、あらゆる差異を過剰なほどに肯定し、開放しようとするこのような思考のもくろみは、いったいどこにあるのだろう。私たちは、ドゥルーズがベルクソンの哲学に、何よりもまず差異についての徹底した思考を発見していたことを見た。ベルクソン自身が表明しているように、それは「その対象について、その対象だけに適用される概念、それがただそのものだけにしかあてはまらないために、それがなおも一個の概念であると、かろうじて言いうるかえないかのような概念」（Bergson 1903 (1959), p. 1408／三一頁＝「ベルクソンにおける差異の概念」ID, pp. 44-45／六五頁）を作り上げる試みであった。

　スピノザの哲学は、自我や理性や意識を、たえまない触発の関係の中に置き、無数の微粒子の交錯として見つめるという点で、やはり、限りなく微細な差異を、表象や同一性の媒介なしに見つめようとするものだった。そしてニーチェのそれもまた、力の中に無数の差異を見出し、差異を力として検出するような哲学であった。ヒュームのそれのように、事物をいつでも関係の中で、複数性において見つめる経験論は、やはり事物の差異について高度の感受性をもつ思想だった。

『差異と反復』で、ドゥルーズは、このような差異をめぐる諸思想にひとつの連続性を与え、たとえば「ノマド的配分」といった定義を与えて、ひとつの新たな差異の哲学を提示している。それは高度な、入り組んだ思弁に見えても、結局、自己や、自己の所属する集団や、国家や、歴史などとして、繰り返し戻ってくる同じ表象や同じ境界、また分割や序列や統合をどこまでも退け、別の運動や触発や関係の中に、思考と行為を解き放つことを目指しているのだ。もろもろの差異を区別し配分する知覚と思考の働きそのものを反省し、再構築すること。差異の哲学は、必然的に差異の政治学となりうる。そして、こんどはその差異が反復されることを問題にしなければならない。

たとえば、まさに『反復』(一八四三年)と題された一冊の奇妙な書物で、セーレン・キルケゴール(一八一三―五五年)はこう書いている。「ギリシア人は、あらゆる認識は追憶である、と教えたが、同じように新しい哲学は、全人生は反復である、と教えるだろう」、「反復を選んだものだけがほんとうに生きるのである」、「反復は発見されなくてはならぬ新しい範疇である」(キルケゴール 一九八三、九頁)。

アンディ・ウォーホルのシルク印刷された缶詰のレッテルやマリリン・モンローの写真の反復、軽やかでシンプルなフレーズをはてしなく反復するフィリップ・グラスやスティーヴ・ライヒ、テリー・ライリーたちの音楽は、ある種の幻覚作用をもたらし、私たちが反復をめぐって、何か新たな次元に入っているかもしれないと感じさせた。

また『存在の耐えられない軽さ』（一九八四年）と題された小説（ミラン・クンデラ）の冒頭は、永遠回帰に関する考察で始まっていた。

もしもフランス革命が永遠に繰り返されるものであったならば、フランスの歴史の記述は、ロベスピエールに対してこれほどまでに誇り高くはないであろう。ところがその歴史は、繰り返されることのないものについて記述されているので、血に濡れた歳月は単なることば、理論、討論と化して、鳥の羽より軽くなり、恐怖をひきおこすことはなくなるのである。すなわち、歴史上一度だけ登場するロベスピエールと、フランス人の首をはねるために永遠にもどってくるであろうロベスピエールとの間には、はかり知れないほどの違いがある。（クンデラ　一九九八、七頁）

クンデラにとって反復は、残酷で、否定的で、例外的である。反復には、何か「耐えがたい」ようなものがある。

確かに、反復とは厄介な、逃れがたい問いなのである。毎日の反復は逃れがたいもので、むしろそれに人間は固着するが、もうたくさんと思うときがやってくる。一方、予期しないところにデジャヴュ（既視感）を検知したりしたら、不気味さに襲われる。けれども、反復自体について徹底的に思考することは決してやさしくない。そのような書物も、決して多くはなく、むしろまれである。これはいったい反復なのか、と問うことは誰にでもあるだろう。けれども、反復そのものはいったい何かと考えると、途方に暮れてしまう。歴史家たちは、しばしば「歴史は反復するか」どうかを考える。予言者のように反復の図式をもちだすいかがわしい識者も次々現れる。けれども、反復そのものが何かを考えることはまれなのである。

習　慣――第一の反復

反復とは、異なるものの反復であると繰り返しながら、徐々にドゥルーズはかなり奇妙な、捉えがたい次元に入っていく。第一の反復とは、「習慣」であり、そのたびに現在として把握される瞬間の継起そのものである。この反復は、同じ要素を水平的な方向に配列したものにすぎない。反復はあたかも同じものの反復にすぎないかのように、常識どおりに把握されるしかない。常識とは、何と人工的なものだろう。

しかし、このいちばん単純に見える反復でさえも、すでに微細な差異を含んでいる。習慣というかたちでの反復は、すでに自己、または行動する自己とともにあるだろう。けれども、その自己と行動の背後で、無数の微小な、受動的な自我が、その自己と行為を見つめていなければ、習慣は成立しないだろう（「行動する自我の下には、たくさんの小さな自我が存在し、それは観照しており、行動と行動的な主体を可能にしている」（DR, p. 103／㊤二一二頁））。このレベルの反復については、ヒュームの経験論が「習慣」について示した洞察が反映している。すでに習慣という反復に、実は何か驚くべきものが含まれている。けれども、この反復は、第二の、何重にも擬装された反復、「衣をつけた」反復に比べれば、まだ現在の観念に密着した、深さのない反復にすぎず、「裸の反復」といってよいだろう。毎日、目覚め、起き上がり、身支度し、朝食をとり、家を出ていく……。私たちの一生は、このような行動の反復によって占められている。このような反復としての現在に閉じ込められている。「反復」というとき、私たちは、おおむねこの次元の反復を考えるし、これを越えて思考することはまれである。

記　憶——第二の反復

第二の、何重にも衣をつけた反復とは、とりわけ「記憶」であり、ベルクソンの「持続」をめぐる思索と密接にかかわっている。この反復は、現在という瞬間の水平的な継起ではなく、同時に現在と過去のうちにある。この反復にとって現在とは、いつも反復する過去そのものである。一切の過去から分離された無関係の現在とは、〈体験〉としてはありえないものである。

ひとつの過去は、すでに無数の過去を含み、その後に到来する無数の現在に次々覆われていく。記憶作用にとって、どんな現在も過去に重なる反復であり、どんな過去も、じかに現在に到来するのではなく、現在として、現在のうちで、異なるものとして反復されなければ、現在へといたりえない。思い出すこととは、過去に注意を向け、その過去を現在のうちに異なるものとして反復することである。そのような意味で、記憶とは〈時間の衣〉で覆われた無数の過去であり、決して水平に展開することのできない垂直的な同時性（深さ）である。その垂直も、単なる垂線ではなく、斜線や曲線や破線や螺旋の束を含むのである。

ベルクソンは、現在と過去のこのような同時性を、無数の過去を内に収めた円錐として図示し、その尖端の収縮した点を現在と定義した（『物質と記憶』）。広大な過去のほうは、この円錐の底面に向けて、霧のように広がり、弛緩している。過去は、電子メモリーに収められた情報のように、過去という一定の場所からモニターの画面上に呼び出すことができるようなものではない。それはある深さの中で、いくつもの水準で、たえず変形され、分離と結合を繰り返し、再編成され、決してひとつの水準に同定することができないようなかたちで反復されている。

それは定まった場所をもたずに移動するジョーカーのようなものだ。あると思われるところには決して存在せず、記憶の円錐の中を移動し、しかも記憶を成立させているという意味で、過去とは、ジャック・ラカン（一九〇一―八一年）が繰り返し語った不在対象（対象a）に似ている。精神分析のいう不在対象とは、象徴的に去勢された男根（ファルス）のことである。精神分析にとって、無意識は、このような不在対象のまわりに構造化されているのだ。そしてドゥルーズにとっても、記憶という第二の反復は、過去という不在対象をめぐって構造化されている、という側面をもっている。

精神分析の観点から見るなら、習慣という第一の反復は、「快楽」をめぐってわれわれが反復する行動や観照にかかわり、記憶という第二の反復は、すでに快楽原理を越えた水準にあって、精神分析が問題にする「エロス」の次元に深くかかわっている。

エロスは、不在対象としてのファルスにかかわり、本質的に潜在的な性質をもち、同定不可能なかたちで何重にも擬装された過去にかかわる。エロスとは、このような重層的、潜在的な反復の運動そのものである。(1)

第一の反復が、とりわけ現在にかかわり、第二の反復が、本質的に過去にかかわるとすれば、未来にかかわる第三の反復がなければならないだろう。あるいは現在、過去、未来を総合するような、または結合し横断するような、もうひとつのタイプの反復がなければならないだろう。そこでドゥルーズは、確かに第三の反復について語り始めるのだが、この反復はとても奇妙で、ほとんどもう何も反復しないかのようである。そこではもう反復の運動そのものが破壊され、散逸してしまうかのようにさえ見えるのだ。

第三の反復

第三の反復は、自我をめぐる、また時間をめぐる、ある根本的な思考の転換と切り離しては考えられない。ドゥルーズは、いわゆるコギト、「私は考える、ゆえに私は存在する」というデカルトの体系をなす第一原理を、カントがどんなふうに批判していたかを点検している。デカルトは、「私は存在する」という「無規定な」事態を、「私は考える」という「規定」にじかに結びつけているが、二つが結びつくためには、無規定なものが規定可能となるような形式がなくてはならない。

> カントの答えはよく知られている。無規定な存在が〈私は考える〉によって規定可能になる形式とは、時間の形式である……。ここから帰結されることは極端である。私の無規定な実在は、ある現象の実在として、ある現象的な主体として、時間の中でだけ規定される。この主体は受動的または受容的で、時間の中にだけ現れる。(DR, p. 116/㊤二三八頁)

確かにデカルトの命題は、時間の概念にまったく触れていない。〈私が思考する〉ことは、〈私が存在する〉ことを、一瞬にして規定しているばかりである。デカルトの〈私〉は無前提に自発的で、実体的であるが、カントにとって〈私〉とは、あくまで受動的で、時間の中に、まるで「他者のように」出現する現象にすぎない。カントは、デカルトを批判しながら、アルチュール・ランボー(一八五四―九一年)が「私とは一個の他者である」と書いたことにほぼ対応する認識を示している、とドゥルーズはいうのだ。カントとランボーとは、意表を突く組み合わせである。

規定と無規定に、規定可能なものの形式、つまり時間を付け加えなければならない。そして「付け加える」というのはまだ不適切な言葉である。むしろ差異を生み出すこと、存在と思考の中に差異を内在化させることが重要である。〈私〉には、すみずみまでひとつの亀裂が走っているようだ。それは時間の純粋で空虚な形式によってひび割れている。この形式のもとで〈私〉は、時間の中に現れる受動的な自我の相関物である。〈私〉におけるひとつの断層あるいは亀裂、自我におけるある受動性、時間が意味するのはまさにこのことである。そして受動的な自我とひび割れた〈私〉の相関関係は、超越論的なものの発見、またはコペルニクス的革命の基本要素をなすのである。（DR, p. 117／(上)二三九―二四〇頁）

第一の反復（習慣）と、第二の反復（記憶、エロス）において、能動的な自我の背後には無数の小さく受動的な自我が隠れていると指摘するドゥルーズは、すでにコギトの自我とはまったく違う観点から自我を捉えていた。しかし、ここで自我を時間の中で「ひび割れている」ものと捉え、その時間の「純粋で空虚な形式」に注目する彼の思考は、時間に関しても、自我に関しても、かなり異質な次元に入ろうとしている。

カントは『純粋理性批判』におけるこのような決定的転換をさらに推し進める代わりに、むしろ道徳の問題に直面しつつ、古典的統一性を復活させて「ひび割れ」を修復する方向に後退した、とドゥルーズは批判している。

カントは「超越論的なもの」を発見したが、「超越論的」は「超越的」と等しくない。むしろ正反対といってもいいくらいだ。「超越論的」とは、人間を超越した至上の統一性などではなく、むしろ経験不可能な、という意味で先験的な次元を指す。よく知られているように、カントの批判哲学は、経験論（とりわけヒューム）による理性の破壊的批判にいかに対応し、経験に規定されない理性をすくい上げるかということを重要なモチーフにしていた。カントは「大探検家に比べられるもの」とドゥルーズは称えて、一九六三年には『カントの批判哲学』を、やはり『差異と反復』以前のモノグラフィーの一冊として刊行していた。けれどもドゥルーズが特別な敬愛を捧げた他の哲学者たちに比べれば、カントに対する彼の姿勢にはいささか留保があった。「時間の線によって深くひび割れた自我」を問題にしたカントは、神と自我をともに解体するかのような根本的批判に突き進んでいったが、その批判をさらに深めるのではなく、「共通の通俗的理性」のほうに後退していった。「死んだ神とひび割れた自我は、これまでよりもはるかに統合されたかたちで、はるかに確実なものとして、はるかにおのれ自身に確信をもって、しかし別の関心の中で、すなわち実践的あるいは道徳的な関心の中で復活してしまうのである」（DR, p. 179／㊤三六七頁）。

確かに「時間の純粋で空虚な形式」は、経験論的な次元の外にあるようだ。第三の反復は、その意味で「超越論的」である。この反復こそ、まさに差異の反復であり、現在でも過去でもなく、本質的に未来にかかわり、「ひび割れた」自我に、そして驚いたことに「死の本能（タナトス）」にかかわるのである。カントによって、「時間の空虚な形式」とともに見出された「ひび割れた〈私〉」は、フロイトがいわゆる「快楽原則の彼方」に発見した「死の本能」に結びつけられる。いったいどういうことだろう。

時間は記憶にかかわる可能な あらゆる内容を放棄し、したがって、エロスがそこに内容を導き入れた円環を破壊してしまったといえよう。時間は展開され、再建され、最終的な迷路の形態をとり、ボルヘスのいうように「不可視の、たえまない」直線状の迷路になったのである。銅鑼《どら》の合図を逸脱した空虚な時間、形式的で、かつ厳密にして静謐な秩序、圧倒的な集合、不可逆的な系列をそなえたこの時間は、まさに死の本能である。死の本能は、エロスとともに円環の中に入りはしない。それはエロスを補足するものでも、エロスに対立するものでもなく、どんな意味でもこれと対称的ではなく、まったく別の総合を示している。エロスとムネモシュネ〔記憶の女神〕の相関関係に代わるのは、記憶のない偉大な健忘症としてのナルシス的自我と、愛のない無性化した死の本能との相関関係である。ナルシス的自我は、もはやひとつの死んだ身体しかもたず、諸対象を失うと同時に身体も失ったのである。まさに死の本能を通じて、ナルシス的自我は理想自我の中にみずからを反映し、それぞれひび割れた〈私〉の二つの断片となり、超自我においてみずからが死ぬことを予感する。ナルシス的自我と死の本能のこのような深い関係にフロイトは注目して、リビドーが自我に逆流するとき、それはみずからを無性化し、移動可能な中性的エネルギーを形成して、本質的にタナトスに奉仕しうるものになる、と述べたのである。（DR, p. 147／㊤三〇〇―三〇一頁）

先の「ひび割れた〈私〉」は、ここでは精神分析の観点から「ナルシス的自我」といいかえられている。それは内容を失った空虚な自我であるが、決して否定的な意味でそうなのではない。ここで「不可視の」、「不可逆の」、「記憶のない」、「愛のない」、「無性化した」というふうに否定的な表現が与えられている自我の状況は、タナトス（死の本能）に結びついていても、決してドゥルーズは、それを否定的な観点から捉えているのではない。自我が破壊され、記憶や愛や性からリビドーが解き放たれるような状況は、「偉大な健忘症」ともいわれ、ドゥルーズにとって、むしろ最も創造的、肯定的な状況を示している。

しかしフロイト自身は、『快楽原則の彼方』（一九二〇年）で、かなり慎重に「死の本能」について語ったときには、死をあくまで物質（非生命）への回帰とみなし、否定的なニュアンスで捉えていた。ドゥルーズは、ここでタナトスについて語りながら、やはり死さえも「純粋で空虚な形式」のうちに捉え、あらゆる「問いの源泉」をそこに見ている。

死は、生けるものがそこに「戻っていくことになる」、無差異の、生気を欠いた物質という客体的モデルのうちに現れるのではない。死は、ひとつの原型をそなえた主体的な差異化された経験として、生けるもののうちに現前する。死は物質の状態にあたるのではなく、反対にあらゆる物質を棄却した純粋な形式に——時間の空虚な形式に対応するのである。〔…〕つまり死は否定にも、対立の否定性にも、制限の否定性にも還元されない。死に原型を与えるのは、死すべき生が物質によって制限されることでも、物質と不死の生が対立することでもない。死とは、むしろ問題的なものの最終的な形態であり、問題と問いの源泉であり、あらゆる答えを上まわるそれらの恒久性のしるしであり、「どこ?」そして「いつ?」であって、それはあらゆる肯定を養うあの(非-)存在なのだ。(DR, p. 148/㊤三〇二―三〇三頁)

ここで死は明らかに二つの相に分けて考えられている。まず生命に対立する物質に戻っていくという明白な事実としての死がある。〈私〉にいつか間違いなくやってくる死、〈私〉が憂え、恐れる死、運命的な死、場合によっては早めたり遅らせたりすることのできる〈私〉の死、あるいは自殺によって即刻到来させることのできる死。その死は確かに〈私〉に属し、それぞれの人称に属している。

けれども、自殺によっても決して実現されない死というものがある。自殺する人間も、決して自分の死を見届けることができるわけではない。どんな人間も、自分の死に立ち会うことはできないし、他人の死を見届けることはできても、その死を体験できるわけではない。〈私〉は、主体として内側から死を体験することはできない。その意味で、自己の死であれ、他者の死であれ、決して死を体験することはできない。人は、自分の死からも他人の死からも隔てられている。死は、その意味では本質的に不可能で、経験の次元の外にあり、「奇妙に非人称的で、〈私〉とは無関係で、現在でも過去でもなく、いつでもきたるべきものであり、持続する問いにおけるたえまない多様な冒険の源泉である」(DR, p. 148/㊤三〇三頁）といわれるような、もうひとつの相をもっている。死は「未だ到来しない」ものとして未来に属するが、遠い未来ではなく、現在、過去とともに本質的に共存する未来であり、自我はその未来を内に含みながら、ひび割れている。

『文学空間』（一九五五年）や『来るべき書物』（一九五九年）のような本で知られているモーリス・ブランショ（一九〇七—二〇〇三年）の死についての考察を、ドゥルーズは繰り返し引用している。ブランショ自身は、『存在と時間』（一九二七年）に「死は、およそ何かへと態度をとるというようなことが、つまり、あらゆる実存することが不可能になるような可能性なのである」（ハイデガー 二〇〇三、(II)三一七頁）と書いたマルティン・ハイデガー（一八八九—一九七六年）に影響を受けながら、死についての思考を、あくまで不可能性の中に宙づりにするようにして、さらに徹底しようとした。そのハイデガーは、死の（体験）不可能性を、存在論の入口として考え、「メメント・モリ（死を想え）」とは異なる思考を通じて「存在者」をひび割れさせるようにして存在論に入っていこうとしたのである。しかしドゥルーズは、ハイデガーとはまったく異なる存在論を提案する。

「第三の反復」は、もはや習慣でも記憶でもなく、「物質を棄却した純粋な形式」としての死と不可分である。「まさにこの極点で、時間の直線はひとつの円環を再び形成するが、その円環は奇妙に曲がりくねっており、死の本能はここでひとつの無制約の真理を、みずからの「別」の顔において明らかにする」（DR, p. 151／(上)三一〇頁）。

このようなまったく奇妙な円環として、永遠回帰は「過剰なもの、等しくないもの、終わりのないもの、たえまないもの、かたちのないものを、最も極限的な形式性の産物として肯定する」、「永遠回帰は肯定する力能であるが、それは多数のものすべて、異なるものすべて、偶然のすべてを肯定するのであって、それらを一なるもの、同じもの、必然性に従属させるものを除いて、一なるもの、同じもの、必然的なものを除いて、すべてを肯定するのである」（DR, pp. 151-152／(上)三一〇頁）。

タナトスもまた、経験不可能な次元にあるという意味では、ほとんど超越論的な次元にある。ここでは自我は「ひび割れた〈私〉」であるほかない。この自我からは、どんな自発性も主体性も奪われているように見える。

第三の反復として名指されている「純粋で空虚な形式」としての時間は、習慣からも記憶からも遠い奇妙な次元である。円環かと思えば、直線だという。直線かと思えば、曲がりくねった円であるといい、迷路であるという。永遠に回帰するのは、習慣でも記憶でもなく、異なったものであり、かたちのないものであり、「物質を棄却した形式」なのである。

にもかかわらず、この最後の反復に、独自の肯定性と創造性をドゥルーズは発見している。この反復は「時間の空虚な形式」とも呼ばれるが、思考の運動の根底にあって、ある特異な次元から思考を決定しているのが、この第三の反復なのだ。「無規定なものと規定との差異として、思考の中に〈差異〉を導き入れ、〈差異〉を構成するのは時間の空虚な形式であって、思考はこの〈差異〉から発して思考するのである」（DR, p. 354／(下)二八〇—二八一頁）。

非身体的なものの戦闘

一般に思考は、すでに思考されたものを支えにして思考しようとする。そのような反復が〈表象〉を形成し、またその〈表象〉の反復にしたがって思考することをうながすのである。思考が、思考を成り立たせているこのような反復自体について思考しようとするとき、思考は途方に暮れるかもしれないが、場合によって思考は、そこまで思考しようとする。

思考は同じものに向かおうとするが、思考が動くためには、思考を動かせる差異がなくてはならない。思考を動かすのは決して一般概念ではなく、出来事が思考を動かす。出来事のほうは、ひとつひとつ取り返しがつかず、一度限りの生起であり、それぞれに特異である。にもかかわらず出来事は、めぐってくる。取り返しのつかない出来事として、めぐってくる。偶然の必然、必然の偶然として、めぐってくる。

たとえば、ロベルト・ムージル（一八八〇―一九四二年）の中編『愛の完成』（一九一一年）で、ひとり旅をする女が遭遇する出来事は、そういう出来事、そういう反復を示しているのではないだろうか。

まるで絶え間なく過去のなかへ沈んでいくような気持ちだった。だが、あたりを見まわすと、彼女はこうして深い海のように層をなして重なる魂のさまざまの時期を横切って沈んでいきながらも、あたりの物たちの偶然なことを感じた。それは、物たちがいまでは偶然な存在に見えるということではなく、この外見がまるでこれらの物たちの確固とした一部であるかのように、まるで寿命が尽きてもひとつの顔から離れまいとする感情のように不自然に爪をつき立てて、物たちにすがりついているということだった。そして奇妙だった、まるで静かに流れる生起の糸の一部がいきなりほつれて横へ広がってしまったように、徐々にあらゆる顔とあらゆる物が偶然で瞬間的な現われの中で凝固してゆき、奇妙な秩序によってはすかいに結びつきあった。そして彼女ひとりが、揺らいで広がってしまった感覚をたずさえて、これらの顔と物の間を滑っていく、滑り落ちていく。（ムージル　一九九五、二四七頁）

時間の直線は円環に、円環は直線にたえず滑り込んで、連結や凝固や散逸がすばやく繰返される。そういう時間のカタストロフが起きているようだ。これはただ時間感覚の崩壊や眩暈の状態ではなく、別の時間が出現する瞬間の断絶の記述でもある。時間から別の時間が剝離して、空虚な形式だけが残っている。

ドゥルーズのいう第三の反復は、身体からも物質からも、精神の習性からも脱落した、まったく「空虚な形式」をめぐっている。身体や物質が混交し作用し合う深層の次元から、まったく分離した表層の次元を示している。これは習慣や記憶からも隔離されている。実感され予感されるこの肉体の死ではなく、決して実現されることがなく、経験されることもない死、そのような死の反復であるかぎり、この反復はまったく非身体のレベルにある。

フーコーは、ドゥルーズを称える先の文章で、「身体を引き裂く武器は、たえず非身体の戦闘をかたちづくる」と凝縮して、的確にこのことに触れている（Foucault 1970 (1994), p. 81／三二一頁）。そして『差異と反復』の姉妹編であり分身という性格をもつ『意味の論理学』という書物は、まさに〈非身体〉の次元における出来事についての実験的思考なのである。

「意味」について考えぬきながら、言語の意味作用や指示作用がほとんど不可能な、いわゆるナンセンスな状況には、まさに言語そのものの次元が露出している、とドゥルーズは指摘する。言語がもつ、このような出来事、非身体という性格は、「第三の反復」と深く浸透し合っている。もちろん「第三の反復」は、それに尽きるものではないようである。

いったいなぜ、この第三の反復において、エロスは「無性的」になり、「愛のない」ものになるのだろうか。なぜ死の本能と結びついて、まったく中性的なものになるというのか。ここでは、愛（エロス）に関して、まったくニヒルで倒錯的な状況が現れているのではないか。

『アンチ・オイディプス』のドゥルーズは、ガタリとともに、「ヘリウム、酸素、シリカ、鉄などの元素からなる新生児たちの泣き声」というようなヘンリー・ミラー（一八九一—一九八〇年）の言葉を引用し、マルクス初期の思索に触れながら、分子的レベルにおける「非人間的な性」について語っている（AO, p. 350／㊦一四九頁）。ドゥルーズは、明らかに、このような無機的、無性的、中性的エロスを、肯定的な方向で考えている。このことには、この本の後半で再び触れることになるだろう。

2　理念そして強度

『差異と反復』はさらに、差異の二つの形態として、「理念」と「強度」について語り、それぞれ「差異の理念的総合」および「感覚されうるものの非対称的総合」という章で綿密な論を展開している。

「理念」とは事物を構成する前個体的な差異であり、個体のレベルよりはるかに微細なレベルの差異であって（「〈理念〉はいまだ個体というものを知らない」(DR, p. 317／㊦二〇九頁)）、ベルクソンが潜在的と呼んだ差異の広がりに対応するだろう。

生命が卵の状態から器官にまで成長していく発生の過程を考えるなら、細胞核と遺伝子はこのような前個体的な差異の場であり、それが細胞質において現実化（ベルクソンの用語では「現働化」）されて個体を形成する。これはあたかも前個体的な差異が「問題」を提出するとすれば、個体として現実化される差異は、その問題に「答え」を提出するかのようである。

潜在的なものと、それが現実化されたものとのあいだには、少しも類似がない（たとえば実現された個体に尾があるとしても、潜在的、前個体的なレベルには、尾のかたちに似たものは何もない）。つまり前個体的な差異（理念）は、そこから生み出される器官の集合と少しも似ていないのである。

いったいなぜドゥルーズは、このような前個体的差異を、「理念（イデー）」というようなギリシャ哲学以来の形而上学的伝統に結びつく言葉（イデア）によって語るのだろうか。おそらく「イデア」という言葉が、形而上学において綿々と俎上に載せてきたことを、彼は新しい枠組みで、差異の問題として位置づけようとしている。微細な差異（理念）から個体が出現する過程は、思考として捉えうるのだ。

現実に質や量、広がりや形態をそなえた事物や生命として現れる差異以前には、そのような差異として現実化される、前個体的な差異の潜在性がなければならない。そのような潜在性に注目するとき、そこにはあたかも目に見える現実や個体とはまったく違う次元に「問題」「理念」として差異が存在するかのようである。このような前個体的な差異の広がりをドゥルーズは、まさに「構造」として、構造主義的な認識の対象として定義している（論文「何を構造主義として認めるか」を参照）。

あるいはまた、「理念は、理念的関係のシステムとして、つまり相互的に規定可能な発生的要素のあいだの微分的関係として現れる」（DR, p. 225／㊦二六頁）と書きながら、これを数学上の微分法に結びつけてもいる。『差異と反復』の日本語訳が、理念に属する前個体的差異を、いつも「差異的＝微分的」と訳しているのはそのためである。無限に小さいといわれるdx、dyとは、いったい実在なのか、それとも虚構なのか。それは実在でも虚構でもなく、差異であり理念である、ということになる。量的に無規定としかいいようのないdx、dy

が、それでもdy／dxとしては規定される。理念とは、思考の微分であるが、また存在の微分でもあって、社会や精神や言語の構造の発生的差異をなす。それはまた、生物の発生の前個体的な次元であり、遺伝情報のようなものでもある。
およそ出来事というものにも、一方には理念、潜在性、問題の次元があり、他方には実在、現働性、解答の次元がある。

二つの平面上に繰り広げられる、出来事の二重の系列を思い浮かべることは的確であろう。二つは類似することがなく、たがいに共鳴するだけである。一方は生み出される解答の水準にある現実的な出来事であり、もう一方は問題の条件における理念的、観念的な出来事であって、これは私たちの歴史を二重にする神々の行為あるいは夢想のようなものだ。この理念的な系列は、実在に対して超越性と内在性という二つの特性を享受するのだ。（DR, p. 244／(下)六二頁）

『意味の論理学』で、ドゥルーズは、このような出来事の理念性という側面を大変強調し、それを言語の本質と考えている。物や身体が作用し合い、混合し合って、たえず変化を生み出している次元に対して、そこから決定的に隔たった「非身体」の次元が言語なのである。つまり身体の深層に対して、言語の表層がある。言語の意味を考えるとき、私たちが一気に指示対象のほうに飛躍しないとすれば、私たちはただ他の語や文で意味をいいかえるしかない。そして、それらの意味はといえば、さらに他の語や文でいいかえるしかない。意味の次元は、そのようにして、あくまで言語の内部にあり、どこまでも言語自体に送り返され、循環するしかない。

たとえば、革命のようなひとつの事件が起きるとき、その事件の背後では、ミクロからマクロにいたるさまざまなレベルで物と身体の相互作用と混合が不断に変化を生んでいる。ひとつの歴史的事件は、そのような無数の変化のいわば表象にすぎないともいえる。歴史とは、表象の歴史である。しかし〈革命が起きる〉というような出来事の表明は、あくまで言語によってなされるしかない。つまり、この出来事それ自体は、言語そのものにおいて起きる〈こと〉でしかない。出来事は、意味として循環する言語のなす表面上に生起するしかない。

ドゥルーズは、ルイス・キャロル（一八三二―一九八年）の、童話の見かけをもつ、言葉遊びとナンセンスにみちた作品を読み解きながら、〈言語の表層〉そのものを浮かび上がらせる、という画期的な試みをそこに見ている。また、それをストア派のユニークな言語哲学にも結びつけている。『意味の論理学』は、『差異と反復』の哲学を、とりわけ「理念」という主題から捉え直し、言語と出来事を、非身体の表層に置きながら、もう一度、鋭角的に、ユーモアを込めて論じ直した作品といってよい。

強　度――質・量以前の即自的差異

けれども、「理念」とは差異のひとつの側面にすぎないのであって、「強度」という、もうひとつ重要な側面を見失ってはならない。微細な差異は、個体化されて、個体間の差異として実現されなければならない。そして個体化は、質でも広がりでもなく「強度」を通じて実現されるのである。

細胞核における前個体的な差異化＝微分化が、やがて器官を形成し個体を形成するには、細胞質の中の勾配と閾《しきい》からなる力の場を通過しなければならない。いいかえれば、前個体的な差異が、「強度」という、もうひとつの差異の形態によって表現されなくてはならない。卵の発生の過程を、ドゥルーズは次のように要約している。

　卵の軸に沿って、また卵の一方の極から他方の極に向かって、ひとつの強度が、おのれの差異を割りふり、原形質を貫いて広がる変化の波を形成する。最大の活動の領域がまっさきに作動し、それがより低い比率に対応する諸部分の発生に対して主要な影響を及ぼすのである。卵における個体はいちばん高いところからいちばん低いところへ向かう正真正銘の落下であり、強度の差異を確証するものであるが、個体はこの差異に内包され、この差異のうちで落下するのである。(DR, p. 322／(下)二一八頁)

胚の秩序の形成過程については、いまも完璧な説がないとされるが、その中で「勾配説」と呼ばれる主張は、次のようなものである。

「仮にある物質が胚の頭から尾にかけて徐々に濃度が小さくなるように分布していて、その物質がある濃度のときには細胞はAに、それより薄い濃度ではBに、それよりさらに薄い濃度ではCに分化するように決められるとすれば、A、B、Cは頭から尾にかけて秩序正しく形成されることになる」(『科学の事典』一〇六三頁)。

科学の立場からのこの説明では、ドゥルーズのいう「強度」は、まさに「濃度の勾配」と簡潔にいいかえられている。あたかも発生のレベルに現れることは、すべて度合いの差異にすぎないかのように。

けれども、ドゥルーズが「強度」という言葉でいおうとしているのは、それだけにはとどまらない。

「理念」が前個体的な微分的差異を示しているとすれば、そのような差異が個体として実現されるには、「強度」の配分を経なければならない。そして心的システムにとっては、その強度が「感じられうるもの」にならなければならない。強度についての考察が精密に展開される章は、「感覚されうるものの非対称的総合」と題されている。まさに強度は「感覚されうるもの」にかかわり、しかもその強度は、大きさや長さのように(10メートルは1メートルの10倍、というふうに)、ひとつの単位に分割されないという意味で、「非対称」であり、「非等質」だからである。「感覚」という言葉は、人間や生命のシステムにだけあてはまるのではない。物理学的、生物学的次元においても、この強度の配分は共通に実現されるものである。物も生物も、感覚し、思考するとみなして、ドゥルーズは、強度とともにある生成変化について論じているのだ。

「強度」という言葉で、ドゥルーズは、質的な差異とも、量的な差異とも異なる根源的な差異を考えている。それを場合によっては、「距離」と呼び、「深さ」と呼んで、『差異と反復』以後のさまざまな書物でも、繰り返し原理的な場面で援用している。ここでは「強度」といっても決して単に「強い」ことが、あるいは「強い力」が意味されているのではない。

強度は、質にも量にも還元されない。質以前、量以前の「即自的」差異である。強度は、いわゆる延長量（大きさ、長さ、広さ、等々）のように分割可能でもなければ、質のように分割不可能でもない。それは分割されると本性を変えてしまうような度合いである（これはベルクソンが、運動は分割されるなら本性を変えてしまうような「全体」である、と考えたことと無関係ではない）。

そして、「強度」が「感覚されうるもの」にかかわるのは、確かにそれは感覚されるしかなく、質でも量でもないものとして一気に把握することしかできないからである。ドゥルーズは、温度や速度を引き合いに出している。速度について、時速100キロメートルを時速1キロメートルの100倍とみなしたり、温度について、100度を1度の100倍とみなすことはできず、速度も温度も、ゼロとのあいだの分割不可能な距離によって定義されるしかないからである。

温度も、速度も、それぞれ分割不可能な分子や個体の運動にかかわっている。しかし温度や速度のような度合いさえ、すでに量や質として展開された表象を参照していて、ただ強度だけからなる空間（スパシウム）を指示するものではない。「感覚されうる」強度は、さらに質や量に翻訳され媒介されて認識されるしかない。温度も、速度も、強度を理解するには不十分なモデルでしかない。

質は根源的差異ではない

ベルクソンは、物質とそれの知覚とのあいだには量的な差異しかないが、知覚と記憶、物質と記憶のあいだには質的な（本性的な）差異があるという。けれども記憶について考えを進めながら、こんどは物質は弛緩の状態であり、記憶は収縮の状態であるというように、本性的に異なっている物質と記憶を、再び弛緩‐収縮という度合いの差として位置づけているのである。これは結局、質にも量にも還元できない、最も根源的な度合いというしかない。

質的な差異は、決して本質的、根源的な差異とはいえない。量的な差異が同一性を示す単位とともにあるように、質的な差異もまた「安定性、不動性、一般性」とともにあって、両方とも、根源的な差異としての「強度」を裏切っている。

強度においては、量的差異と質的差異に分化する差異が、同じ根源的なものの差異として把握される。つまり強度という根源的な差異が、質と量（延長）という二つの異なる差異として反復されることになるのだ（これは永遠回帰の定義そのものではないか）。

私たちは、いかなる質も展開されることがなく、いかなる延長も広げられることがない、あの深い領域の中に折り畳まれたままの純粋な強度を考えてみよう。私たちはエネルギーを、その純粋な強度の中に埋め込まれたものと定義しよう。すると、これは「強度の差異」という同語反復を含んだ定式になるが、こんどは〈異なるもの〉をめぐる美しく、深い同語反復となるのだ。だから、あらゆる変化を不可能にしてしまう静止状態の画一的なエネルギーと、エネルギー全般というものを混同しないようにしよう。静止状態に入ることができるのは、特殊な、経験的な、延長の中で質をそなえたエネルギーだけであり、そのようなエネルギーの中では、強度の差異はみずからの外に閉め出され、体系の諸要素に割りふられているので、すでに無となっている。しかしエネルギー全般、あるいは強度的な量とはスパシウムであり、あらゆる変身の劇場であり、みずからのあらゆる度合いを、それぞれの度合いの産出において内包している差異それ自体なのである。この意味で、エネルギーとは、強度の差異とは、超越論的な原理であって、科学的な概念ではない。(DR, p. 310／(下)一九三頁)

したがって、ここで最終的に問われているのは、科学も哲学も、しばしばとり逃がしてしまうような根源的な差異としての強度であり、それがまた深さ、距離、スパシウムなどといいかえられている。あたかもドゥルーズは、私たちの日常の行動や認識には、とても感知しがたいところに、差異の問題を設けているように見える。

けれども、おそらく私たちのどんな行動も認識も、このような根源的な差異から逃れることはできない。私たちは、確かにそのような差異につねに触れ、「感覚」しながら、それをたえず量や質に翻訳し、しかも量や質によって規定された次元の限界にしばしば立つことになる。強度としての差異に直面し、あるいはそれにしたがって思考し、生きるということは、私たちがしばしば思いがけずしていることでもある。たえず、そのような差異の試練に出会っているともいえる。そのような差異が、私たちに、生き方の変更を迫っているともいえる。

反復、理念、強度をめぐるドゥルーズの思索は、そのように「感覚するのが難しいが、感覚するしかない」差異に直面し、そのような差異にしたがい、そのような差異を開放しようとする試みやエティカそのものである。だからこそ、言語について考えるとき、あるいは身体について、イメージについて、欲望について、あるいは社会、歴史、政治について考えるときも、決してドゥルーズは、差異と反復、理念と強度について、このように深めてきた思索を手放すことがないのだ。

ノート：哲学における本格的カオス理論

結局ドゥルーズが、差異と反復をめぐって考えたことは、私たちが、言語と行動の体系を通じて、ある程度まで固定して捉えている現実の生成の根源的場面に、なおかつ思考によって、言語によって、入り込んでいく試みだった。哲学における本格的なカオス理論、乱流の理論の試みといってもよい。

世界を構成する差異を、私たちは、言語によって規定されている習慣にしたがって、質と量によって識別しようとする。差異によって構成された世界は、差異を通じて、差異として認識される。その差異の「深み」にさかのぼって、質にも量にも還元されない根源的差異まで思考すること、そのための論理や概念を作り出すことを、ドゥルーズは試みた。「生成」のカオス（乱流）というイメージが当然わいている。「生成変化」を思考するというドゥルーズ哲学の一貫したモチーフにも、それは結びつく。「生成変化」をめぐる思索については、見方によれば、西欧外のさまざまな知や神秘主義の伝統にも豊かな例が見られる（タオイズム、仏教、アメリカ先住民、バリ島、禅……）。「生成変化」の知という点では、東洋思想はドゥルーズよりはるかに先を行っているという見方をする人もいる。しかしドゥルーズはのちに『哲学とは何か』で、ギリシャ社会が達成した政治的「内在性」と哲学を結びつけ、東洋思想の「超越性」とはっきり区別している。西洋に誕生した哲学は、とりわけ「概念」の創造として定義される。これに対してオリエントに存在してきたのは「知恵」であり、「知恵」の思考は「形象(figure)」によるものだ、とドゥルーズはかなり大鉈《おおなた》をふるうように書いている。概念による思考は「内在性」に結ばれ、「形象」によるそれ（たとえばマンダラ）は「超越性」に結ばれる。オリエントあるいはアジアの、実に多様な、洗練された「生成」の思考は、「生成」をやはり超越的な体制に組み込んできたのではないか、という問いが、ここに浮かび上がっているのだ。古代インド哲学の伝統に対して、仏教は超越的な神性(ブラフマン)の代わりに「無」を考えて、むしろ内在性の宗教を生み出した、といえないこともない。しかし「無」の思想さえも、また新たに超越性として作動しうる。アジアにおいても、内在性と超越性の抗争は、さまざまなかたちで継続されてきたに違いないのだ。ドゥルーズ自身はそこまで踏み込んでいないとしても、西欧の外で哲学しようとする私たちにとって、このことはいまも解消しがたい、厄介な問題であり続けている。

注

(1) ガタリとの共著『アンチ・オイディプス』は、はるかに批判的に精神分析を扱っているが、ドゥルーズ自身は無意識における反復のさまざまな様相に関して、精神分析の見解を重視することにやぶさかではなかった。無意識の理論を批判的に読み改めることは、『差異と反復』の重要な主題のひとつであったともいえよう。

第三章　欲望の哲学——『アンチ・オイディプス』の世界

『アンチ・オイディプス』（1972年）

一九六九年、ドゥルーズは、ヴァンセンヌの森に新しく開かれたパリ第八大学哲学科の教授となり、一九八七年に退官するまで、この大学で講義を続けることになる（パリ第八大学はその後パリ近郊のサン・ドニに移転して現在にいたる）。この頃フェリックス・ガタリと知り合い、意気投合して、共著を企てることになる。

『差異と反復』、『意味の論理学』によってドゥルーズの哲学は、充実、洗練を極め、ある完成に達したといっていいだろう。もしそこに何か欠けているものがあるとしたら、まだ彼の思想が、主に過去のめざましい哲学書のめざましい読解を通じて構築されただけで、同時代の生々しい、動く現実に向かっていないことであった。何か世界それ自体というようなものが、書物の中に侵入してくる必要があった。一九六八年の運動の衝撃は、時差を経て、ドゥルーズのすでに十分革新的だった思想を、さらに深く大きく揺さぶることになった。そしてフェリックス・ガタリという人物こそが、ドゥルーズのそのような変化の驚異的な触媒になる。

1　ガタリとは誰か

ドゥルーズと四冊の共著を著したガタリという人物を無視して、ドゥルーズの思想の全軌跡を語ることはできない。ショーペンハウアー、ヴァーグナー、ツァラトゥストラのような仮面をかぶったニーチェについてドゥルーズが語っているように、ドゥルーズもまたガタリという仮面をかぶったのかもしれない。それならガタリもまたドゥルーズという仮面を必要としたのである。

フェリックス・ガタリ（一九三〇―九二年）は、一九五三年に創立されたラボルド精神病院（パリから約一五〇キロ南に下った田園地帯にある）の主導的なメンバーのひとりであり、若くして共産党に属したことがある活動家でもあった。ジャック・ラカンを師として精神分析を学び、みずから分析を実行してもいた。ラカンはフロイトの成果を構造主義的観点から巧みに読みかえ、精神医学の分野をはるかに越えて大きな影響を与えていたのである。そのラカンが、ガタリに『意味の論理学』の書評を書くように求めたことが、ドゥルーズとガタリの出会いのきっかけになったという報告もある（Beaubatie (éd.) 2000, p. 97）。

ラボルド精神病院のもうひとりの柱は、精神科医のジャン・ウリ（一九二四―二〇一四年）であった。この病院の試みについては、『すべての些細な事柄』というドキュメンタリー映画（ニコラ・フィリベール監督、一九九六年）が日本でも一九九八年に公開されて紹介されたし、日本で独自に編まれた『精神の管理社会をどう超えるか？』（杉村昌昭・三脇康生・村澤真保呂編訳、松籟社、二〇〇〇年）など、すぐれた文献も存在する。専門的な医学教育を通過していないガタリが、いったい精神病理について何を考えていたのか、どんなかたちで精神医療にかかわっていたのかは、この病院の思想と活動がどんなものだったかを知らなければわかりにくい。

端的にいえば、この病院の試みは、精神病は本質的に医学の外部にかかわる、という観点を原理にしている。精神医療は、決してただ医学によって確立された知識と技術を、病院で患者に適用するという活動に限定されてはならない。精神の病が発生することは、この社会の集団、家族、関係のあり方に、ひいては政治にも資本主義にも密接にかかわっている。病院もまた医者と患者、その他の成員がいっしょに形成するひとつの社会である以上、病院の外部の社会と病院の内部の社会を、どのように関係づけるかが本質的な問題になる。病院がそのような発想をもたず、閉じた場所である場合には、病院自体も、外部の社会を模倣して、病を発生させ、悪化させる場所になりかねない。

患者が病院の外部でなぜ病み始めたのかと問うことと、病院という場所をどのように構成するか考えること、この二つは同時進行しなければならない。精神の病は、この社会の中の日常生活を構成する心理的、政治的、経済的、文化的といったさまざまな要素の軋轢と密接に関係する。その意味で、精神の病とは、必ずそのような多様な要素のあいだの葛藤の表現であり、それに抵抗したり、それから逃げて生きのびようとしたりする過程でもある。精神病院は、その意味で、高度に社会学的、政治学的な場なのである。

だから精神病院を単に医学的な知識に基づく臨床や治療の場とみなすことは、あたりまえのようでも大きな問題をはらんでいる。精神病院をどのような関係の場として構成するか、ということは、逆に、正常とみなされる社会の中のあらゆる葛藤や抑圧を別のまなざしで見るための機会になるはずである。結局それは、この社会のあり方そのものを変える試みと切り離せない。

病院・医学・社会を精神分析する

ウリもガタリも、単に新しい開放的な精神病院を作ろうとしたのではなく、政治的社会的文脈の中に精神医療を問題として位置づけ、そのためのひとつの実験として、この病院を開設した。この実験を二人は「制度論的精神療法（psychothérapie institutionnelle）」と呼んでいる（『精神の管理社会をどう超えるか？』の訳語による）。それはまさに、医療の外部のさまざまな制度との関連で精神医療を捉え、精神医療自体をひとつの制度として批判的に再構成するような試みだったのだ。

ウリとガタリに先んじて、南仏の村サンタルバンで独自の精神療法を開始していたスペイン生まれのフランソワ・トスケル（一九一二―九四年）は、こう発言している。

> いつも人びとは同時に、また代わる代わる、複数の制度のメンバーになっています。規則的に、喜んで、ときには期待したり幻滅したりしながら、複数の制度を通過するのです。つまり最初に創設された空間や家族空間、そして具体的なレベルを越えたさまざまな一連の制度の中に同時に入っているのです。それはたとえば隣近所の人や遠くの人を、街角の床屋やビストロ、駅、劇場、映画館などが作り上げる制度的な連鎖に結びつけます。いうなれば、ある場所から別の場所へと移動することは、「再創造」の過程としての役割を果たしているのであり、この再創造は各自にとって特異的かつ永続的なも

のなのです。〔…〕サンタルバンの実践においては、人びとが複数の場所に同時に通うことができるようにしていました。こうした複数の場所のそれぞれ、言い換えれば複数の道のそれぞれは、結び目や中継地点の役割を果たしており、頻繁に通過されるということからしても、精神療法の過程において真の制度として機能しているものと考えられなくてはならないでしょう。（トスケル 二〇〇〇、八七—八八頁）

このような発想に立つなら、精神病院とは精神の病を単に薬物によって治療したり、芸術療法などによって緩和したりするような場では決してありえない。それは、私たちが社会と自己に対してしばしば固定させてしまう通念を揺さぶり、社会的関係のたえまない動きや変化と、治療の空間とを貫通させるような場である。ウリもまた、このような発想を受け継ぎながら、どんな事象も、制度も、あるいは施設でさえも、閉じられた画一的な集合を形成することはありえないし、形成してはならないと繰り返し主張し、精神医療を、積極的に、曖昧で不確実な動きと問いが交差する場として位置づけている。

人は注意を払っていれば、いつも自分が問いに付されているということが分かるのです。もちろん、自分自身に、自分自身の地位に、自分自身の役割に閉じこもることは簡単です。けれども、ちょっと変わった人がいるような場所を少し散歩してみればいいのですよ。そんな人があなたに「こんにちは」と言うかどうか分かりませんが、彼らのものの言い方が少し居心地を悪くさせるというのではなくて、あなたの壁を崩すのですよ。そのときこそ何かを発明しなければならないのです。（ウリ 二〇〇〇、七三頁）

このような発言を読むと、彼らの「精神分析」の対象となっているのは、決して患者だけではなく、病と医療の関係をしばしば固定的に捉え、その外部の多様な関係の奥行きや微細な運動を視野から追い払ってしまう病院、医学であり、社会そのものであることがわかる。決して精神医学の専門家ではなかったガタリのような人物が、このような精神医療の改革運動の単にオブザーヴァーではなく、中心を担うことになったのは、「制度論的精神療法」がこのような発想に立っていたからである。ガタリが日本にきたとき、彼と対話した精神科の医師は、「あなたはいったい誰なのか、資格をもつ正式の医者なのか」などと彼に質問しながら、ラボルドでほんとうに問題になっていることが何か想像さえできないまま、「自分自身の役割に閉じこもって」しまうことがあった。

ガタリは、一九六八年五月の政治的動乱のあとにドゥルーズに出会い、「精神分析と社会的地平の関係について私のもっていた批判的考察」を披瀝し、すぐ意気投合して『アンチ・オイディプス』を二人で書くことになる。彼は、単にドゥルーズが通じていない分野の知を提供して、共著を作り上げたのではない。ガタリが、政治と精神医療について深めてきた経験は、ウリやトスケルたちと共有された、「主観性」の形成プロセスに対する思想的転換とともにあった。これらの固有名詞の集合をはるかに越えて、現場での集団的な試行錯誤を経た思考と言語の転換とともにあった。

そういう意味で、ガタリという固有名は、このような一連の転換の総称であるかのようにして、ドゥルーズがとりわけ『差異と反復』で切り開いた思考の地平に介入するのだ。「フェリックスはまさに稲妻であり、私は避雷針、私は稲妻を大地に投げ込む」（「宇野への手紙」[1] DRF, p. 220／(下)六〇頁）とドゥルーズが表現した出会いは、そのようなものであった。

「制度での実践はどんなふうに作られるのか」という質問に、ガタリはこう答えている。

> 手順もモデルもないと一生懸命あなたに説明してきたでしょう。それでもあなたは私に使用説明書を要求するわけですか？　何か具体的な状況を私に示してください、どんなふうにその状況が構成されているか言ってください、その状況とあなたはどんな関係を具体的に持っているのか言ってください。あなたの意図に私が引っかかった限り、私はあなたの意図にもう少しだけ注意深く関心を払いたいですね、私もいっしょに現場に行ってみたいですね。そうすれば質問の性質も変わっていくでしょう。そうすればあなたの質問は、制度の空隙となる要素、つまり症状として生きられた無意味な一連の要素を照らし出し、そうしたらそれらは今度は周辺的なものとして端に置かれるのではなく、今までなかったような表現の領域を与えられることになるのです。〔…〕そしてここか

ら、さまざまな対話者とのかかわりのなかで、この主観性という領域が無意識的に形成される別の過程的な地図の作成が可能になるでしょう。単一的な表現しか存在しないような場所で、多声的《ポリフォニック》な表現が成り立つことになるでしょう。それこそが私にとって〝無意識に働きかける〟ことにほかならないのです。（ガタリ 二〇〇〇、五二―五三頁）

ラボルドの試みに対しては、当然さまざまな立場からの批判があった。もちろんラボルドの精神医療が一から十まで革新的なものだったはずはない。また、目指したことがことごとく達成されたはずもない。

その基本的な姿勢は、単に改革を目指す試行だったのではなく、実験そのものであるしかなかった。「手順」も「モデル」もなく、患者と医者という主体を主体として構成するあらゆる不確定な要素のあいだに新たな結合や転移や横断を生み出すこと、ウリがいうように「壁を崩す」ことそれ自体が、治療でなければならなかった。

ガタリという、もうひとつの哲学

ガタリにとっては、ドゥルーズとともに一冊の本を書くことも、やはり「対話者とのかかわりのなかで」、「別の過程的な地図の作成」をおこなうことであったに違いない。ガタリは単に、政治運動や精神医療、精神分析の現場をドゥルーズに知らせるという点で、ドゥルーズを助け、あるいはドゥルーズと異なる部門を担当したのではない。さまざまな集団と現場の中で、実験として生きられるしかなかった試みを、彼は『アンチ・オイディプス』、ついで『千のプラトー』のような本の根源のモチーフとして注ぎ込んだといえる。

二人の著者の「才能」を比較してみたり、二人がそれぞれどの部分を担当したかなどと詮索する人たちは、彼らの本の実験が、他の多くの実験とともにあり、いかに「多声的な表現」であったかを、ほとんど見ようとしない。そのことを想像もせずに、この本を二人の著者の「自己表現」や才能の和として詮索したりするなら、その核心はそっくり見失われてしまうだろう。この「共著」は、かなり例外的な、想像を絶する「協働」から生まれた。

先のインタビューで、「今でもあなたは分析家として活動しているのですか」と聞かれたガタリは、「個人レベルにおいて分析活動も続けていますし、私自身について自己分析も続けています。でも私はそんな活動を、いろいろな集団や制度といったものに私が介入することと区別していません」（ガタリ 二〇〇〇、四八頁）と語っている。ガタリは、先駆者や同志たちといっしょに、精神医療を構成する主体をあくまで動的な編成の中で捉え、あらゆる活動を同じ平面で実践するような地点に達していた。このことは、『アンチ・オイディプス』によって開始される共同作業の一部分や特定の領域にかかわることではなく、この本の実験の原則にもかかわるのだ。

もちろんドゥルーズは、彼独自の哲学的過程を通じて、共同作業を構成する楕円のもうひとつの中心を支えるのだ。ガタリの思考は、現場の感覚をしたたかにもつ機動性にあふれると同時に、ドゥルーズとは明らかに異なるタイプの抽象性と哲学性をもっていた。ガタリが材料を与え、ドゥルーズがそれについて哲学したというのではなく、ガタリは確かにもうひとつの哲学を介入させたのである。

「過程的な地図」とガタリ自身が呼ぶものは、じかに実践にかかわると同時に、高度に抽象的な思考の平面にかかわっている。このことをドゥルーズは、自分は「概念」に興味をもつが、ガタリのアイデアは「ダイアグラム（図表）」である、と表現している。「ダイアグラム」は、『千のプラトー』の主要な用語のひとつなのだが、それはまた「過程的な地図」というガタリの言葉にも対応するだろうし、さまざまな壁を横断する線や面を描き出すということでもあるだろう。しかし二人の思考は、十分ひとつの坩堝《るつぼ》に溶け合っているという意味では、どのような用語も、同時に概念であり、ダイアグラムになっているといえる。

一九八〇年代を「冬の時代」と呼び、それを一冊の評論集のタイトルにしたガタリは、つねに現場と集団にかかわり、それを必要としてもいた。しかし多くの運動や実験が停滞し、硬直し、あるいは孤立やシニシズムに陥っていくのに立ち会って、少なからず消耗しながら、突然死をとげた。意外なことに、いつも健康に不安のあったドゥルーズのほうが生きのびて、旺盛な著作活動がとだえたあとも、旺盛な著作活動がとだえたあとも、魂の底から響いてくる最後のつぶやきのような思考を記し続けた。しかし、さしあたって『アンチ・オイディプス』という異様な書物が、単に

一九六八年前後の激しい社会的変動を証言する書物である以上に、いまも読む者に何を訴えてくるか、そのことを検証してみなければならない。

2 アルトーと器官なき身体

『アンチ・オイディプス』（一九七二年）は、ついで書かれる『千のプラトー』（一九八〇年）とともに、「資本主義と分裂症」という副題をもっている。とりわけ『アンチ・オイディプス』は、「精神分裂症」を人間にとって根源的な病として捉え、資本主義をたえず突き動かしている欲望を、分裂症[2]と不可分のものと見ている。そして「分裂症」は、根源的な病である以上、誰によっても代表されはしないが、『アンチ・オイディプス』の発想はアントナン・アルトーという名に深く結びついている。

分裂症は、感情の平板化、自閉症状、意志や行動の減退といわれるような「陰性」の症状から、妄想（関係妄想、被害妄想）、幻覚、幻聴などの「陽性」と称される症状にいたる、さまざまな状態によって定義されてきた。

脳の器質的側面からの研究も盛んにおこなわれてきたが、いまでも人間存在の根本的条件にかかわる病だと考えられる。とりわけ一九世紀以降の西欧で、多くの思想家、芸術家が、分裂症にかかり、あるいは分裂症的な危機を通過してきた。思想的、芸術的創造と分裂症とのあいだに、ひいては近代資本主義と分裂症とのあいだに、何か本質的な関係があると思われるのだ。

アルトーは、シュルレアリスムにかかわったこともある詩人、演出家、俳優であったが、一九三〇年代後半から約九年にわたって、精神病院に拘束されていた。入院中も、退院してパリに戻ってから癌を患って死ぬまでの二年間も、たえず執筆を続け、かなり独創的なデッサンも描いた。

生きているあいだはそれほどめざましい影響を与えなかったが、やがてアルトーは現代演劇、実験演劇の創始者とみなされ、『演劇とその分身』（一九三八年）という書物が広く読まれるようになる。しかし、それに加えて、アルトーの青年期からのエクリチュール（詩、シナリオ、手紙、エッセー、小説、手記）が、思考をめぐり、また身体と言語をめぐり、ある異様な過程を記していたことが注目されるようになった。

哲学や文学といったジャンルに決して分類できない彼の表現は、ジャンルなどものともせずに境界を侵食していく、ある根源的、危機的な思考の状態を示していた。その危機は「分裂症」と深い関係があった。単にひとつの症例に還元することのできない、ある普遍的、根源的な傾向の現れとしての「分裂症」に関係していたと考えられる。アルトーのような「ケース」を通じて、少なからず「分裂症」は、社会、歴史、思想を貫通する本質的な「出来事」として生きられ、またそのように把握されるべき「問い」になったのである。

ドゥルーズは、すでに『差異と反復』の「思考のイマージュ」という章で、思考の同一性、安定性、形式、表象、等々からなるイマージュの破壊を身をもって経験した人物としてアルトーに言及している。

彼が感じているという困難は、単に事実として理解されてはならず、思考することの意味の本質にかかわり、本質を侵す権利上の困難として理解されなければならない。アルトーはいうのである。（彼にとって）問題は思考を方向づけることでも、自分が考えていることの表現を完璧にすることでも、適用や方法にたどりつくことでもなく、彼の詩を完成することでもなく、ただ単に何かを思考するにいたることである、と。彼にとって、それだけが唯一受け入れられる「作品」である。それは思考することの衝動、強迫を前提としており、この衝動はあらゆる種類の分岐を通過し、神経から発して魂に伝わり、その結果、思考にたどりつくのだ。こうして、思考が思考するべく強いられるもの、それはまた思考の中心の崩壊、その亀裂、それに固有の本来的な「無能力」でもある。この「無能力」は最大の力能と一体であり、つまり「思考サレルベキモノ」、その言葉にならない諸力、また同じく思考の強奪、思考への不法侵入と一体なのである。

（DR, pp. 191-192／(上)三九二頁）

表層から深層へ

アルトーは、精神病院に入院中に人から勧められて、ルイス・キャロルの作品（『鏡の国のアリス』（一八七一年）の「ジャバウォッキー」を含む一部）を翻訳し始める。はじめは、キャロルの意図に一見忠実な訳文が進行するが、すぐに「中心の崩壊」が始まり、キャロルのナンセンスにみちた倒錯的な言語は、さらに別の言語、別の世界に滑り込んでいく。

「われわれが存在の糞と、存在に属する言語の糞を掘り下げるとき、詩は悪臭がするのでなくてはなりません。ところが「ジャバウォッキー」は、作者が苦悩の子宮的存在の中に詩をひたすことを嫌った、そういう詩なのです。あらゆる偉大な詩人はそこにひたったのです。悪臭のするそこで出産しながら」（LS, p. 103／(上)一五五頁）。

アルトーは、ルイス・キャロルの作品は「表面的」で、そこにはまさに「表層」しかないことを非難している。アリスをめぐる物語のさまざまなナンセンスや言葉遊びは、意味作用や指示作用からまったく脱落した、言語そのものの次元を浮かび上がらせる。それは、物と身体が混合し作用し合う深層の次元から隔てられた「表層」であり、この表層なしに言語は成立しない。

キャロルの物語をみたすナンセンスやパラドックスは、言語を、ただ言語そのものが形成する出来事（理念、非身体）の次元にたえず送り返す。そもそも言語は、このように言語の外部（深層）から区別され、自立的な表層を形成している。〈話す〉行為は、〈食べる〉という物と身体を交錯させる行為から、厳密に分離されなければ成り立たない。『意味の論理学』の中でドゥルーズは、精神分析のいう「去勢」さえも、ファルス（男根）という中心のまわりに「表層」を完成する機会と解釈している。こうして近親相姦の恐怖を乗り越えるオイディプスは、いわば「象徴界」という表層（言語）を完成する悲劇的英雄なのである。

それゆえ、アルトーのように「深層」に下降し、表層を破裂させる「不法侵入」を敢行するような人物は、決して『意味の論理学』の主人公ではありえないはずだった。この本はあくまで、言語に固有の次元を無内容で空虚な表層として浮かび上がらせ、しかもその不毛な表層を、ある肯定性として、言語をめぐる現代文学の創造を支える根拠として描こうとしたはずだった。

一方でルイス・キャロルの「表層」を称え、他方ではその対極にある「深層」の思想家アルトーに執着するドゥルーズは、いったい「表層」の人だったのか、「深層」の人だったのか。キャロルよりもアルトーは、さまざまな時期にドゥルーズの思考の核心に介入し続けるが、ドゥルーズは表層と深層のあいだの緊張を決してゆるめずに思考を続けるのだ。

アルトーは、確かに現代的創造のもうひとつの極として、分裂症的な極、非オイディプス的な極を、深層の闇の中に浮かび上がらせる。その闇の中にひとつの異様な身体を、「器官なき身体」を立ち上がらせる。そしてガタリもドゥルーズも、それぞれ独自にたどった軌跡の延長線上で「器官なき身体」という主題を提出し、根本的に多様なひとつの概念を作り上げるのである(3)。

アルトーは、はじめに思考の異様な危機を経験しながら、同時にそれを身体の変質として生き、異質な思考に対応する異質な身体を発見する。このような発見は、やがて新しい演劇の思想として結晶し、目に見えて創造的な方向に発展するが、一方では、自分をとりまく西欧の文化や体制や歴史に対する激しい閉塞感を、彼はしだいに強めていく。深層から噴き上げる力を通じて再発見される彼の思考、言語、身体は、やがて妄想をともなう分裂症的過程として生きられる。

現実にアルトーは、第二次世界大戦のさなかにアイルランドで拘束され、フランスに護送されて病院に監禁されることになった。そのような「受難」を経たアルトーは、それを身体を再発見する過程として生きるのだ。もはや身体は、定義可能な機能と可視的な形態によって、要するに器官の集合として把握されるのではなく、はるかに流動的で、強度の渦や断片にみちた身体であるしかなかった。思考も言語も、そのような身体の直接的な表現であるかのようだった。

「器官なき身体」とは、分裂症的過程とともに出現した身体であり、その過程の根拠であり、その結果（産物）でもあった。そして、この過程とこの身体は、決してただアルトーというひとりの人物の異様な体験や病理に還元できるようなものではなかった。彼が病院に拘束されたのが、第二次世界大戦とファシズムの時代であったことは決して偶然ではなかった。『アンチ・オイディプス』にとって、分裂症的な過程と「器官なき身体」は、西欧の歴史と社会の深層における危機と変動の徴候であり、その表現であり、その爆発であった。

皮膚の下の身体は加熱したひとつの工場である、
そして、外で、
病者は輝いて見える。
炸裂した

そのすべての毛穴から
彼は輝き出す。

アルトーが死の前年に発表した作品『社会によって自殺させられたヴァン・ゴッホ』（一九四七年）のこのくだりは、『アンチ・オイディプス』の冒頭にも引用されている（AO, p. 9／(上)一八―一九頁）。分裂症が、同時に、ある異様な身体と、おびただしい生産（「加熱したひとつの工場」）にかかわり、内部と外部を貫通する歴史的社会的過程にかかわることを、この言葉は明白に表現している。

3 欲望する機械

『アンチ・オイディプス』は、ガタリのほうがたぶん現場で身をもって知っていた精神分析の権力と影響をつぶさに検討し批判することを大きな課題としていた。しかし、この課題がさらに広く深い思想的射程をもたなければ、これほど多岐にわたり、資本主義にいたる世界史を点検するほどの眺望をもつ思想書を書くことはできなかった。

フロイトの創始した精神分析が、いわば「無意識」を発見し、その無意識の原型を、幼児が両親とのあいだで経験する性的欲望の葛藤に見たことはよく知られている。フロイトをフランスで継承し、思想として洗練し、一大学派を作り上げたジャック・ラカンは、「無意識はひとつの言語として構造化されている」という図式がよく示しているように、無意識の解釈を、構造主義言語学の観点（差異の関係としての言語）に照らして再構成したのだった。無意識はとりわけ「去勢」によって、「不在対象」となった「ファルス」によって中心化され、構造化される。あらゆる症状は、この構造化における異変によって説明される。

特にラカンを通過した精神分析はやがて広く普及し、定期的に分析医のソファに座ることが知的モードやスノビスムにさえなる。一方ではまた、精神分析の図式や用語が、あらゆる知と学、批評や創作にまで広く適用されていくようになる。

日本では、いまでこそラカンの思想の理解が格段に進んできたとはいえ、精神分析に関しては、おおむね通俗化されたフロイトの図式が、文明論や日本人論に部分的に適用されるような状況が長く続いていた。それも手伝ってか、『アンチ・オイディプス』の精神分析に対する激越な批判は、あまり切実に見えてこなかった。この本が書かれた動機は、一九六〇年代に欧米で急に拡大した精神分析の圧倒的な影響と切り離せない。しかし、ほんとうの関心は、世界史を繰り広げ、資本主義を生み出し、これを拡張させてきた「無意識」のほうに向いている。

そして、あからさまな精神分析の権力など知らないこの国にも、やはり固有の無意識があり、その無意識を解釈しようとする心理学、医学、教育制度、文明論、ジャーナリズム、等々の知的体制が確かに存在している。また、この固有の無意識と一体であり、この無意識を補強するような意識と知の体制も存在している。そこにも西欧の精神分析の権力と、ある共通の何かが潜んでいないかどうか。同じ分析が適用できないとしても、一地域の歴史に固有の無意識が形成され、反復されているに違いない。それが政治さえも動かしているかもしれない。『アンチ・オイディプス』をこの国で読むことは、そのような屈折を含む固有の問いを、そこに読みとることでもある。

欲望は非主体的、非人称的である

この本は何よりもまず「欲望」について語っている。ガタリと出会うまでのドゥルーズの思索の根本的な姿勢は、当然「欲望」についての思索にとっても前提になっただろう。本格的なマゾッホ（マゾヒズム）論を書いたこともあるドゥルーズは、独自の「精神分析」を作り上げていたともいえるのだ。同一性や類似や、それらと不可分な表象を排して、差異そのものを捉えるという姿勢に徹するなら、欲望についてもまた、やはり一切の表象を排して、欲望を構成する差異をじかに捉えることが問題になるはずである。

主体や人称を決してあらかじめ自明な実体とみなさず（ヒューム）、多様な関係や触発の中で振動する微粒子の広がりや交錯とみなすなら（スピノザ）、欲望は、私やあなたや彼、彼女の欲望である以前に複雑な動的編成の中にあり、非主体的、非人称的な力の表現であるしかないだろう。欲望は群れと微粒子のあいだにあり、本質的に群れと微粒子の欲望なのである。

質や量として展開される以前の、卵の状態に似た発生的、強度的次元から事象を捉えるというドゥルーズの姿勢を貫くなら、無意識も、身体も、欲望も、まず分割不可能な度合い、または深さから構成されるしかない。無意識も、欲望も、いわば「強度」の現象であり、「器官なき身体」の現象なのである。「器官なき身体」は、まさに機能にも形態にも、質にも量にも還元できず、分割不可能な強度の身体、身体以前の身体を示している。発生途上の卵を器官に分割することができないように、この身体は分割されないのだ。

器官なき身体はひとつの卵である。そこには軸と閾、緯度、経度、測地線が縦横に走っている。また生成と移行、そこに展開されるものの行き先をしるしづける勾配がいたるところにある。ここには、何ひとつ何かを表象するものはない。ここではすべてが生であり、生きられている。（AO, p. 26／(上)四五―四六頁）

男性と女性という性的分割も、両親と子供という世代の分割も、このような強度の状態が、質として分割され、形態や機能として展開されるとき初めて認知されるようになるのだ。しかし欲望するのは、このような「器官なき身体」であり、欲望とは「器官なき身体」の振動、流れ、緊張、拡大の過程にほかならない。

「無意識とは機械である」という、この本の冒頭の挑発的な宣言は、このような差異、強度、身体、非主体をめぐる哲学として厳密に裏づけられていくことになる。それは確かに挑発的な主張だったが、決して人間がロボットのように操作可能な「機械的」対象だ、といおうとしたのではない。何よりもまず、無意識が他のさまざまな「機械」（自然、生命、身体、言語、記号、商品、貨幣、等々）に連結され、たえず何かを生産しているということをいおうとしたのだ。欲望とは、そのような無意識‐機械の現象であり、過程であり、さまざまな「器官なき身体」のあいだに、さまざまな連結や切断を作り出していくような働きなのだ。

のちに『襞』（一九八八年）と題されるライプニッツ論でも、ドゥルーズは「有機体は限りなく機械化されている」と書いている（PL, p. 12／一七頁）。むしろ人間の作る技術的な機械のほうは、分解してしまえば、それ自体は機械と呼べない部品になってしまうが、有機体という機械は、どの部分や断片（器官や細胞）をとってみてもやはり機械であり、どのレベルでも他の機械と連動する機械であって、開かれた連結をなしている。しかし精神分析は、無意識を、幼児と両親のあいだの性欲の三角形によって構成されたもの、オイディプス神話にしたがって決定的に閉じられたものとみなす。その結果、スピノザのように感情をいつでも外部に開かれた要素間の「触発」とみなすような思考は、ほとんど不可能になってしまう。

精神分析は、子供たちの玩具や遊びさえも両親の代理として捉えるが、玩具も遊びも、子供の無意識とともに「機械」を形成することによって、家族の外のさまざまな社会的、歴史的要素を表現しうる。幼児の性欲それ自体が、両親以外のさまざまな「差異」を内包しているし、両親さえも幼児にとっては、まさに家庭の外の世界と歴史を知覚させる通路なのだ。

ところが精神分析は、無意識という多様体を、家族の三角形という平板な表象に閉じ込めてしまう。

精神分析の発見は、人間の心理や情動や記憶が包含しうるものの広さと深さに気づかせ、そこから世界へのさまざまな通路を見出すことをうながしていたのかもしれない。しかし、実は無意識が家族という枠組みを一歩もはみ出すことがないように、世界へのその通路を遮断することに、精神分析は躍起になってきたかのようなのだ。

精神分析にとって分裂症とは、何よりもまず「去勢の失敗」に起因する。去勢された象徴的ファルス（男根）のまわりに精神の表層を形成し、深層を塞《ふさ》ぐことに失敗した、というわけなのだ。しかし見方を変えれば、分裂症は、精神分析が無意識の探究においてそれ以上に進まず、むしろ無意識を封鎖しようとするところで、さらに無意識を開こうとして壁に頭をぶつけ、制止され、あるいは歪められ、にもかかわらずさらに遠くに行こうとしているかのようなのだ。

オイディプスの悲劇に象徴される近親相姦の図式にすべてを還元（オイディプス化）しようとする精神分析は、分裂症を分析するよりも、むしろ分裂症の現実自体を認めまいとするかのようだ。

私たちが問題にしているのは、精神分析が身をまかせている途方もないオイディプス化の操作である。イメージと構造を対にした源泉によって、精神分析は、実践的にも理論的にもこれに没頭しているのである。ラカンの弟子たちによって最近みごとな書物が何冊か書かれたが、それにもかかわらず、私たちは、ラカンの思想がそうした方向に実際に進んでいるのかどうか問題にしたい。単に分裂者までもオイディプス化することだけが問題なのか。それとも、それとは別のことが、まさに逆のことが問題ではないのか。分裂症化すること、オイディプスの首枷を吹き飛ばし、いたるところで欲望的生産の力を再び見出すために、無意識の領野も社会的歴史的領野も分裂症化すること。分析機械と欲望と生産のあいだの絆を、〈現実的なもの〉にじかに接して結び直すことが、問題ではないのか。（AO, p. 62／㊤一〇二―一〇三頁）

見方によっては、これはまったく性急で暴力的な批判に見えるだろう。分裂症も、欲望も、それ自体で何かしら革命的なもの、ユートピア的なものと把握されているようにも見えるだろう。アルトーだけでなく、ルイ＝フェルディナン・セリーヌ、サミュエル・ベケット、ヘンリー・ミラーたちを文体レベルにまでとりいれ、さまざまな著者を縦横無尽に引用するこの本は、思想の本としては、確かに破格のスタイルで書かれている。実はくどいほど粘り強い論証とともに進んでいるのだが、それを読み飛ばしてしまうなら、確かに挑発的で楽天的に映るその姿勢にだけ、強い印象を受けてしまうだろう。

分裂症と欲望に対するこのような見方は、ドゥルーズの差異と強度の理論に深い根拠をもち、ガタリの精神医療や政治運動をめぐる具体的な体験と、そこに由来する発想の転換に動機づけられている。そのことを注意深く読みとらずに、この本の性急な見かけだけを性急に断罪してもあまり意味のあることではない。この本は、いくつもの方向に炸裂し、延長しうる数々の実験を含んでいる。すべてが緻密に、説得的に書かれていないにしても、この本のしばしば荒々しく鋭い問いかけに心身を開くなら、確かに驚くべき視界が開けてくる。

欲望とは、はたしてみたされるべき欠如や空虚のようなものだろうか。欠けている何らかの対象で、空虚をみたせばすむものだろうか。ドゥルーズとガタリは、欲望をこのようにあらかじめ否定的な観点から捉えることを拒む。また、去勢（ファルスの不在）のように、明らかに否定的な契機を中心として構成される「象徴界」という発想も退ける。欲望とは、はてしなく、終わりのないものだ。しかし決してみたされない容器のようなものではなく、たえず変身し、何かと合体し、何か未知のものを生み出すものでもある。

欲望とは、確かにある対象に向かう傾向であり、緊張状態であろう。しかし食欲のような欲望でさえ実は多様であり、さまざまな質と度合いをもっている。性愛をめぐる欲望は、さらに多様で多形的であって、自然と社会のあいだに構成されるさまざまな関係によって触発されている。欲望はそれ自体、差異と反復の中にあり、また差異と反復を内包している。その差異と反復は、無数の微粒子のひしめきからなり、潜在性から現働性にいたる振幅の中にある。

無意識の中に、あらかじめ何か断罪すべきおぞましいもの（原罪）を見るような宗教的な発想が、確かに精神分析には影を落としているのではないか。ニーチェは、権力にも道徳にも深く浸透している「反動的な力」を識別する特別な視線をもっていた。彼は精神分析の隆盛など知らずに死んだが、理性と意識の背後に蠢《うごめ》いているものが何なのかを鋭く察知するという意味では、まさにニーチェこそは、先駆的な精神分析を実践した知性だったに違いない。ところが当の精神分析は、無意識が反動的な力でみたされていることを前提にし、分析の過程そのものを、やはり反動的な姿勢で構築していたのだから、ニーチェにとってはまさに哄笑しながら退けるしかない敵であっただろう。

おそらくフロイトよりも、ニーチェに（そしてスピノザ、ベルクソンに）忠実な欲望と無意識の理論（精神分析）がありうるのだ。無意識を分析することによって人間の生を肯定し、拡張する代わりに、むしろ生を否定し、減衰させ、抑圧を容認し、正当化するかのような理論的傾向には、ドゥルーズもガタリも決して与《くみ》することはできなかった。

なぜ大衆はファシズムを望んだか

『アンチ・オイディプス』のはじめで、自然と社会が一体となった循環の中にあって「欲望する機械」は、生産、登録、消費の三つの過程を実現するとされている。「登録」という用語はわかりにくいが、それぞれの社会的体制を決定する巨大な身体に個別の活動が分配され、土地が登記されるように、アドレスやコードが記されることと解していいだろう。それぞれの過程がそれ自体、生産過程であるかぎり、それらは生産の生産、登録の生産、消費の生産ともいいかえられる。

ドゥルーズ＝ガタリはこのようにして、欲望をそのまま経済的な過程とみなしている。少なくとも、欲望が経済的な過程と密接にかかわることを前提として、社会の仕組みを考えている。しかし彼らはそれ以上に、社会体制を決定し資本主義を存続させる根本的原因のレベルに（下部構造に？）欲望と無意識を位置づけようとしているように見える。

たとえば、精神分析がブルジョワ社会の抑圧的モラルと一体であることを糾弾し、抑圧から欲望を解放する思想として精神分析を再構築し、それを社会主義革命に不可欠な条件として位置づけようとしたヴィルヘルム・ライヒ（一八九七―一九五七年）は、『アンチ・オイディプス』でも何度か言及されている。

また、『エロス的文明』（一九五五年）のような書物を著したヘルベルト・マルクーゼ（一八九八―一九七九年）は、フロイトが明るみに出した抑圧を文明の根源に見ながらも、まさに抑圧を仔細に見つめることによって、抑圧のない文明を構想し、かつて新左翼の運動に大きな影響を与えた。つまり精神分析を社会革命と結びつけ、新しい解放の思想を作ろうとする試みには、前例がないわけではなかった。ドゥルーズ＝ガタリは、その中でもライヒに讃辞を惜しまなかったが、しかし彼らはライヒの不徹底もまた指摘しているのだ。

ライヒは、欲望と社会野との関係という問題を最初に提起した人であった（彼はマルクーゼよりもっと先に進んでいた。マルクーゼは、この問題を軽んじている）。ライヒは、唯物論的精神医学の真の創立者である。欲望という用語で問題を提起しながら、大衆はだまされ、ごまかされていた……と、あまりにも性急に語った粗雑なマルクス主義者の説明を拒んだ最初の人である。しかしライヒは、欲望的生産の概念を十分に形成していなかったので、経済的下部構造そのものの中に欲望が介入すること、また社会的生産の中に欲動が介入することを規定するまでにはいたらなかった。(AO, p. 141/(上)二二七―二二八頁)

「なぜ大衆はファシズムを望んだのか」と問うたライヒは、どんな社会運動も、「イデオロギー」や「意識」によって実現されるのではなく、むしろ欲望によって実現されることを洞察していた。ファシズムが、ひとつのイデオロギーや、だまされた大衆の意識に起因したと考えるなら、別のイデオロギーや意識を注入すれば、それに対抗するのに十分だったということになる。しかし現実は決してそのようには進行しなかった。ファシズムはイデオロギー闘争に勝利したわけではなく、欲望の流れを導くことに成功していた。それも決して合理的計算に基づいて導いたわけではなかった。

欲望と社会野はまさに、直接の関係をもち、たがいがたがいの中に組み込まれている。いくつかの隠れた中心が共振し合い、欲望と社会野を貫通して、ナチズムという地獄の機械を発動させたのである。けれどもライヒにはまだ曖昧さがあって、欲望を「主観的なもの」とみなし、他方、社会的地平を「客観的なもの」とみなすような二分法を保存している。そのため彼は、「どんなふうに欲望が下部構造の部分をなしているのか」、欲望がいかに「客観的なもの」さえ構成するのか、という点まで考えを進められなかった、とドゥルーズ＝ガタリはいうのだ（AO, p. 413／(下)二三九頁）。

ドゥルーズは「精神分析をめぐる四つの命題」というテクストで、フロイトとマルクスを統合しようとするいくつかの試みに対して、それらは「リビドー経済学とふつうの経済学の融和を目的としている」と述べながらも一線を画し、「逆にわれわれの視点からすると、ただひとつの経済学しか存在しないし、真に反精神分析的な分析の課題は、この経済学全体の諸形態を無意識の欲望がどのように備給するのかを証明することです」（「精神分析をめぐる四つの命題」[4] DRF, p. 79／(上)一一八頁）と語っている。

それなら『アンチ・オイディプス』は、いったいどのような〈欲望経済学〉を構想したのか。経済学をモデルにし、さまざまな対象に向けられる性的欲望（リビドー）を純粋な量として捉え、その交換や配分や流通、生産と消費の過程として、世界を一元的に捉えるようなことが問題になっているわけではない。欲望を機械として捉える観点は、欲望そのものを一定のカテゴリーに還元することなく、あくまでも多様性、多形性のうちに捉えることを原則にしている。にもかかわらず、ただ「ひとつの経済学しか存在しない」といい、それを「唯物論的精神医学」として提唱するような発想は、いったいどんな理論を目指しているのか。

欲望はあらゆるものに開かれた連結（機械）である。欲望を家族の表象から離脱させ、世界の経済を、いたるところで作用する欲望の側から分析することによって、すでに『アンチ・オイディプス』は巨大な混沌として世界を提出している。欲望は主観にも客観にも分割できないというとき、ドゥルーズ＝ガタリは、確かにこの混沌を貫くひとつの共通の平面のようなものを考えている。それは無数の微粒子と、たえまない触発関係からなる世界を見ていても、それを貫く「一義性」の平面をスピノザが手放さなかったのに似ている。

私たちの経済を構成する資本、貨幣、商品、労働が、それぞれに経済外のさまざまなファクター（政治的、法的、文化的、教育的、性的、等々）に浸透されていると同時に、どんな経済的ファクターも欲望に連結されている。欲望は、理性または意識に規定されている場合もあれば、ただ無意識や情念に突き動かされている場合もあるだろう。貨幣は、まさにこのような社会的構成要素の背後にある欲望を、ひとつの単位のもとにおしなべて交換し、循環させる奇跡的な装置である。私たちは、貨幣によって欲望を交換しているといってもいいのだ。そこで交換されているもの（欲望または欲望の対象）は決して本来は等価ではないが、等価な単位に変換されなければ交換されないのだ。

そしてまた欲望は、多くの場合、交換を前提とし、まるであらかじめ交換そのものを欲望しているかのように存在する。交換されること、等価であることさえも、欲望の対象となり、欲望の条件となっているかのように。ということは、交換の外にあって、交換を拒否する欲望もまたありうるということだ。「二つの型の幻想が、あるいはむしろ二つの体制が区別される。ひとつは「財貨」の社会的生産がその規則を〈私〉を通じて欲望に押しつける道であり、〈私〉がもっているかに見える統一性は、財貨そのものによって保証される。もうひとつは、もろもろの情動の欲望的生産がみずからの規則を制度に強いる道で、制度を構成する要素は、もはや欲動以外のものではない」(AO, p. 75／(上)一二三頁)。

西欧世界は、資本主義を拡張し普遍化するにつれて、ほぼ並行して、それと逆向きの発想をも培《つちか》ってきた。資本主義によって促進される欲望の経済の葛藤や不条理を越えるためには、計画経済のような合理性（つまり共産主義）を導入するしかないという発想も強化してきたのだ。しかし、合理性の限界や、合理性が結果としてもたらす機能不全や硬直がさまざまなかたちで経験されたあと、多くの不条理とともにあっても、やはり資本主義のほうがそれを切り抜けて生きのび、結局、現代の世界を導いてきたのだ。

資本主義が欲望の経済であり、欲望の交換であるとすれば、その交換を破壊し、たえず不均衡にもたらすのも、欲望そのものである。欲望は確かに資本主義を推進し、またたえず脅かしている。欲望は資本主義の内部にあって、その原動力になっているが、同時に資本主義の外部に、あるいは境界にあって、見えないシステムをかたちづくっている。欲望は、たえず交換をうながし、持続させるが、それでもまだ交換など知らない、交換に回収されない蠢《うごめ》きという側面をもっているようなのだ。

原始土地機械――世界史の第一段階

『アンチ・オイディプス』の第三章「野生人、野蛮人、文明人」で、ドゥルーズ＝ガタリは、世界史の段階を三つに分け、そのそれぞれについて「欲望する機械」をモデル化している。

第一の「原始土地機械」は、人類学や民族学が対象にしてきたアフリカ的な部族組織に関するもので、ここではとりわけ祖先から子孫へと展開する「出自（filiation）」と、婚姻関係による「縁組（alliance）」の相互作用が問題になる。人類学者は、しばしば婚姻関係の規則を重視して、いわゆる「母方交叉イトコ婚」（男性から見て、母の兄弟の娘と結婚すること）がなぜ合理的なのかを説明しようとする。ドゥルーズ＝ガタリにとって、このように子孫の確保を目的にして、合理的に女性を交換するような縁組のシステムは、すでに「出自」を構成する「生物的‐宇宙的な記憶」が抑圧され、親族関係として「外延」されていることを前提とする。

縁組の規則は、もちろん近親相姦の禁止とともにある。人類学者は、縁組の規則を女性の交換を規定する経済的規則として分析するが、ドゥルーズ＝ガタリの問いは、むしろ縁組の規則と近親相姦の禁止が、どのような事態を前提とし、どのような過程として成立するか、ということに向かっている。縁組の規則として外延化されるのは、生物的‐宇宙的な記憶としての「出自」であり、そもそも出自とは、人称も世代も知らない強度の次元である。それは単に自然状態ではなく、無秩序な乱婚状態でもなく、人称や世代として外延され分節される以前の強度の秩序に属している。

精神分析は、部族的な社会の神話を、しばしばオイディプス神話の変形版として解釈し、人類学者は、婚姻制度を、女性の合理的な交換という観点から分析するが、ドゥルーズ＝ガタリは、「原始土地機械」が内包している差異と強度を、近代的なオイディプス神話によって、あるいは合理的交換という観点に立って、切り捨ててしまうことには、とても警戒的なのだ。

婚姻制度として表象されるような外延的な体系以前には、ひとつの自然体系がなければならない。「自然システムにおいては、諸強度が分配されて、そのあるものは相殺し合い、流れるものをブロックし、他のものは、その流れを通過させるのである」（AO, p. 220／㊤三五三頁）。そのような強度の場として「出自」の次元が存在しなければならない。

確かに「縁組」は、すでに規則の体系であり、コード化の作用そのものであるが、コード化されるのは決して交換ではなく、まず交換以前の強度である。そういう意味で、原始社会の神話は、人称化された人物たちの物語ではなく、外延された次元に成り立つ交換（経済）の物語でもなく、強度の秩序の物語であり、それを初めて強度の秩序の外に展開するような試みでもある。

グリオルが報告しているように、自分がもぎとった胎盤の中に入り込む神の子ユルグは、母の兄弟のようなものであって、このことによって母と一体化している。「事実、この人物は、栄養を与える胎盤の一部、つまり自分自身の母の一部を携えて空間の中に出てきた。彼はまた、この器官が本来自分に属するものであり、自分という人物の部分をなすものであるとみなしてもいた。したがって、彼は、自分を産んだ母と、この場合には世界の子宮と同一化し、この母と自分を同一化し、世代という点では、この母と同じ位置にあると考えていた……。彼は無意識のうちに、自分が母の世代に象徴的に所属し、自分が成員である現実の世代からは切り離されていると感じている。彼によれば、彼は自分の母と同じ実質、同じ世代に属しているので、自分を産んだ母と双子である男と同一視されることになり、二人の成員を対にする神話的規則によって、理想の夫として推薦されることになる。つまり、彼は、彼を産んだ母の擬似的兄弟という資格において、母方のおじの立場にあり、この女性の指定された夫なのである」。おそらく、この次元において、すでに登場人物たち、母、父、息子、母の兄弟、息子の姉妹はすべて現れている。ところが、これらが人物ではないということは明らかであり、また驚くべきことである。彼らの名前が示しているのは、人物ではなく、「ひとつの振動する螺旋運動」の強度的変化であり、もろもろの包含的離接であり、必然的に双生児的かつ男女両性的な状態であって、ここではひとつの主体が宇宙的卵のうえを移動していくのだ。すべてを強度として解釈しなければならない。（AO, pp. 185-186／㊤二九六—二九七頁）

ここで「包含的離接」と呼ばれているのは、ドゥルーズが他の書物でも繰り返している奇妙な論理のことである。「離接的概念」は「選言的概念」とも呼ばれ、概念の外延が重なることなく、まったく分離していること、AかBか、生か死か、男か女か、表か裏か、といった、ふつう相容れないとみなされる概念の組み合わせをいう。それゆえ「離接」は、必然的に排他的であるしかないのだが、ドゥルーズ＝ガタリは、分裂症者にとっては、「生者か死者であり、同時に両者なのではない」というような状況または論理が成立していることに注目している。

ヴァーツラフ・ニジンスキー（一八九〇―一九五〇年）は、手記の中に「私は神である、私は神でなかった、私は神の道化役者である」と書く。サミュエル・ベケット（一九〇六―八九年）の小説には「真夜中である。雨が窓ガラスを打っている。真夜中ではなかった。雨は降っていなかった」というような奇妙な文が出現する。これは排他的ではなく、「包含的な」離接である。『アンチ・オイディプス』の引用しているドゴン族の神話の、私は母の息子であり、兄弟であり、夫であるというような幻想的状況も、やはりこのような「離接」にあたる。これは決して矛盾を総合しようとする弁証法的な論理ではない。

> 分裂症患者は、離接的総合を矛盾の総合に代えるのではない。そうではなくて、離接的総合の排他的、制限的使用をその肯定的使用に代えるのである。彼はあいかわらず離接の中にあり、そこにとどまっている。彼は、もろもろの矛盾を深めることによって、これらを同一化し、離接の働きを消滅させるのではない。反対に彼は、不可分の距離を飛び移りながら、離接の働きを肯定するのだ。彼は単に〈男女両性〉でもなければ、男性と女性のあいだに存在するのでもなく、また〈中性体質〉でもなく、横断的性なのである。（AO, p. 91／(上)一四九―一五〇頁）

分割不可能な距離をたえず飛び移り、「ひとりの主体が一切の可能な述語を遍歴する」ような、この幻想的論理は、強度の秩序に対応する「振動する螺旋運動」そのものにほかならない。それは良識の論理にとっては、矛盾でしかないし、幻想や錯乱でしかない。強度の次元をすでに外延したところに知覚される量と質だけを基準にして世界を捉えようとすれば、「離接的総合」などありえないだろう。このような論理を、ドゥルーズ＝ガタリは、近親相姦が禁止される以前の原始社会の神話的表象にも、また現代の分裂症にも貫通するものとして、まったく肯定的に捉えている。

専制君主機械——世界史の第二段階

「原始土地機械」のあとに現れるのは、「野蛮なる専制君主機械」である。大地にしがみついている部族的な社会に、帝国が、あるいは国家がやってくる。「野蛮なる」という言葉は、古代ギリシャの用いたバルバロイ（異族）というニュアンスに近い。専制君主は外からやってくる倒錯的人間（まれびと）である。

ドゥルーズ＝ガタリは、ニーチェが国家について書いたくだりを引用する（『道徳の系譜』（一八八七年））。「彼らは、運命のように、原因も根拠も考慮も口実もなしに到来する。彼らは、稲妻のすばやさをもってそこに存在する。あまりにも恐ろしく、あまりにも唐突、あまりにも説得的、あまりにも異様なので、憎悪の対象とさえならないほどである。彼らの仕事は、本能的にもろもろの形式を創造することにあり、もろもろの刻印を打つことである」(AO, p. 226／(上)三六一―三六二頁)。

マルクス主義は、何よりもまず経済的な蓄積(ストック)を十分もつようになった社会こそが支配階級を生み、国家を確立するようになると、進化論的図式にしたがって考える。ニーチェに共鳴するドゥルーズ＝ガタリは、国家があたかも部族社会の外から「稲妻」のようにやってくると考える。経済的な蓄積が国家をもたらすのではなく、国家が出現したところに、経済的な蓄積がおこなわれる。そして国家のほうは、いつも突然、何の前提もなく唐突にやってくる。その結果、ストックに関して、土地の所有に関して、生産、登録、消費に関して、まったく異なる組織形態が生まれる。専制君主機械は、国家、官僚制、文字の権力、そして歴史をもたらすことになる。それはやがて新しい機械にとってかわられるだろうか。しかし決して消滅するわけではない。むしろ新しい機械と遭遇することによって不滅の機械になるともいえる。

「専制君主機械」のあとには、「文明資本主義機械」がやってくるが、決して帝国的なもの、国家的なものが、全面的に資本に呑み込まれてしまうわけではない。むしろ資本の循環のある側面に、国家はしっかり根を下ろしている。力もかたちも散逸してしまうように見えれば見えるほど、国家は手のつけられない脅威や封鎖の力能を発揮していくのではないか。

ドゥルーズは、ガタリとの共同作業の中で、国家についての思考を飛躍的に発展させるが、もともと思考と身体の中に根を広げている国家的なものの脅威について、きわめて敏感であった。二〇歳の頃に書いた「キリストからブルジョアジーへ」というテクストも、魂や内面にまで浸透した国家への批判を主題にしていたのだ。「こうして私的主体は国家によって非個人的に規定され、くぼみにおいて、否定的に、国家から逃れるものとして、それでも国家が統制するものとして規定される」（LAT, p. 273／三四六頁）。

二〇歳のドゥルーズのこのような国家への鋭利な視点は、のちにもますます強化されていく。『千のプラトー』は、「国家装置」に関する長い一章を含み、さらに集中的に国家論を展開するだろう。『アンチ・オイディプス』は、国家さえ一種の「器官なき身体」として説明している。

> 《国家》は、相対的に孤立し別々に作動するもろもろの下位集合を統合する超越的な上位の統一体であり、これらの下部集合に煉瓦状の展開と、断片による構築作業を割りあてるのである。散逸した部分対象を、器官なき身体のうえに付着させるのだといってもいい。（AO, p. 235／㊤三七五頁）

《国家》は、あらゆる「煉瓦」に形式的統一性を与える法律をもち、臣民たちには無限の負債を負わせて、大規模な土木工事に徴用し、立法、官僚制、会計、徴税などにたずさわって、文字（書記）を用いる一大階級をともなう。このような変化すべてが、ひとりの君主の超越的な身体に登録される。《国家》は、まったく独自の「器官なき身体」をもっているのだ。

　ローマの皇帝たちが、しばしば近親相姦をおこなったことは、決して権力の濫用や、権力を笠に着た侵犯などではなかった。むしろ近親相姦は君主の出自を、神に直接由来するものにし、部族社会の縁組の原理を無にし、いわば部族社会の外に新しい縁組の基礎をすえる契機であった。それは、専制君主を超越的な存在にするための創成的な行為でさえあった。

　このような契機と、いくつかの装置（大工事、文字、官僚制、税制、等々）によって、君主の身体は、部族社会の首長たちの権威とはまったく異なる力能を獲得することになるのである。原始社会のあらゆる規則の体系（コード）をさらに上位から統合する超コード化が実現される。専制君主は外部からやってきて、しばしば荒野や砂漠での試練を経て、やがてひとつの世界を徹底的に内部として整序し、閉鎖するような存在であり、その意味でも「倒錯的」な存在である。

　ドゥルーズ＝ガタリは、この倒錯をパラノイアと呼び、資本主義の根底にある分裂症（スキゾフレニア）と対比している。そして専制君主のパラノイアは決して、資本主義の到来とともに消え去るのではなく、資本主義の運動を決定するもうひとつの極として生きのびるのである。資本主義に内在するパラノイアは、確かにもう同じパラノイア、同じ国家装置ではないだろう。しかし「あまりにも恐ろしく、あまりにも唐突、あまりにも説得的、あまりにも異様」とニーチェが形容したような国家の特徴は、繰り返し亡霊のように再生し、亡霊のようであるからこそ、ますます効果的に現実の世界で作用するかもしれないのだ。

4　欲望と資本主義

自由で何ももたない労働者の労働力も、自在に流通する貨幣（資本）も、それぞれ、さまざまな社会に、いろいろな形態で存在しえたのに、その二つが結びついて資本主義を形成したことはかつてなかった。西欧近代において初めてこの二つが結びつき、労働力の価値のたえまない変化と、資本のたえまない流動とが、不可分なかたちで結び合い、流動や変化や競争を原理とするまったく新しい社会のシステムがかたちづくられていった。あらゆる物質、エネルギー、自然、コード、記号、観念、そして欲望が、この〈流動〉のシステムの中に巻き込まれていった。

コード（規則）という観点から見れば、「原始土地機械」は、とりわけ親族構造（そしてトーテミズム）として現れたようなコード化の体系によって規定された。「専制君主機械」は、さまざまなコード（道徳、法、官僚制、税制、会計、技術、等々）の上位に立ってコードをとりしきる超コード化の体系であった。このようにさまざまな水準で世界を決定していたコードは、たえず循環する資本によって導かれ、流動性を原則とする社会の中でまったく異なる体系の中に入る。

コードは決して消滅するわけではないが、もはや経済的活動を上位から決定するのではなく、逆にあらゆるコードを変化状態に導く資本の運動によって規定され、たえず変更される。資本主義以前の社会体制は、このような激変をあらかじめ避けようとするかのように、たえず変更されしばしば貨幣の増殖を抑え、商業や金融の勢力に対しても警戒的で、それを禁止しないまでも、制限し局地化するかのようにふるまったのだった。

ドゥルーズ＝ガタリは、マルクスの分析にかなり忠実に、もはや神話やトーテムによっても、暴君や帝国によっても支配されず、ただ商品の循環と流動を原則とする、どこまでも内在的なシステムとして、資本主義を定義している。『資本論』は、マルクス主義の観点からは、共産主義を実現するべき革命の必要性と必然性を証明するために、資本主義がどのような矛盾を含み、どのような「物神化」の装置であるかを洞察した書物ということになるだろう。それが物神化といわれるのは、資本主義は、人間が協同して物を生産し、使用し、交換する過程を、おしなべて商品と貨幣という〈物の関係〉に翻訳してしまうからである。

このような立場に与《くみ》せずに、資本主義が何であるかを問わず、それ以外のいかなるシステムが可能かも問わないとすれば、経済学は、労働して収入を得る労働者があり、利潤を生む資本があり、それらを媒介し競争させる市場があることを当然の前提として、その法則や傾向を具体的に分析しようとするだろう。歴史とともに達成されたこの経済のシステムは、経済である以上、あくまで物の流通、交換のシステムであるが、そのシステムは、人間と物、人間と自然のあいだのある関係、そして人間と人間の関係を前提とした物の関係である。

そういう意味では、『資本論』は、革命の理論である以上に、資本主義の経済を見つめ、人間と人間、人間と物の関係が、いかに資本主義的経済として、また内在的な交換のシステムとして現象するかを見つめようとした書物であり、またそのような見方を基礎づけた哲学的試みだということができる。だからこそ死の数年前になっても、『マルクスの偉大さ』という最後の書物を構想していたドゥルーズは、最期までマルクスへの強い関心を失わなかったのである。

ドゥルーズ＝ガタリの資本主義論は、資本主義をひとつの「構造」として捉えようとしたルイ・アルチュセールや、資本主義がどのような内在的な「機械」であるかを現代の金融資本の特徴を視野に入れて分析した経済学者たち（とりわけベルナール・シュミット）の成果に負うところが少なくない。労働力の微細な変化dyと、資本の微細な変化dxが、相互に関係し合って資本の運動を決定している（dy／dx）。微分法にしたがえば、dxもdyも、それ自体では規定できず、もっぱらたがいに関係し合うことによってのみ規定される量である。

けれども、『アンチ・オイディプス』は、資本と労働の分析にだけとどまっていることはできなかった。ドゥルーズ＝ガタリにとってやはり問題なのは、このようなシステムと「欲望」の関係である。このシステムは、どんな欲望によって、欲望のどんな運動によって規定されているのか。また欲望のほうは、このシステムによってどのように規定されているのか。さまざまな欲望の微分（dx）がさまざまな関係に入り、その関係が欲望の微分に働きかけて、さらに関係の連鎖を増殖させていく。欲望と資本主義は、たえず相互に作用し合っている。それなら資本主義とともに、欲望はいったいどんな変化をとげたのか。とげつつあるのか。そのことを洞察せずに、資本主義を変えることを発想するのは難しいだろう。

文明資本機械――世界史の第三段階

あらゆる物や観念を無差別に巻き込み、境界をなくし、あらゆる質を貨幣という量に還元し、しかもその量の基準そのものをたえず浮動させるような資本主義は、その意味でまさに器官を失ってしまった身体、つまり「器官なき身体」の状態にとても近い。

かつては大地という身体が、次には専制君主の身体が、あらゆる事象を分け隔てなく、みずからの身体に登録していたのだから、それらもやはり独自に「器官なき身体」として作用していたといえる。けれども、それらは、資本主義がすべてを巻き込み、その交換、越境、流動をあらゆる物、身体、性、言語、そして大地や大気にいたるまで伝播させていく強度や速度には、はるかに及ばなかった。

『アンチ・オイディプス』は、まだソヴィエト連邦が強固に存在し、資本主義諸国でも共産主義革命の構想や夢想が存在し、社会主義政党や労働組合が資本主義に抵抗し、場合によってはそれを修正し、調整する存在感を確かにもっていた時代に書かれた。それはまた左翼政党や革命運動の硬直と教条主義に対する批判が、社会主義国の強権や弾圧に対する抵抗とともに先鋭に現れてきた時期でもあった。

同時に、資本主義にも既成の社会主義にも希望を見出せない別の〈革命〉が議論の対象になり、またいたるところで局地的に表現され、実践されてもいた。決して政治だけを革命するのではなく、欲望を革命することが初めて政治的課題になった、といいかえてもいい。一九六八年五月は、まさにそのような「革命」を集中的に表現する「出来事」であった。

欲望の革命は、性の解放という課題と決して無縁ではなく、むしろ密接に結びついていた。けれども、先に触れたように、ライヒやマルクーゼの提唱する革命と必ずしも全面的に協調しないドゥルーズ＝ガタリは、欲望を、性や性欲の次元よりも、より広大な、人間と自然を貫通する下部構造のようなものとして考えている。だから性の解放という課題も、そのような欲望の広がりの中で捉えられることになった。

欲望の革命とは、欲望を革命することであり、また欲望が何かを革命することだろう。ここでは、あくまでも多形的であり、生産的であり、オイディプス的な表象や関係の外に流動する欲望が問題になる。この社会では、さまざまな質と量の欲望が、たえず交錯し、衝突している。そこにはまた欲望の「表象」が、たえず介入している。資本主義機械という巨大な「器官なき身体」のうえで、欲望が流動し、衝突し、交錯し、たえず仮面をかぶり、表象を更新している。

資本主義のシステムは、確かに欲望の流れを調整し、みずからを何とか大規模な破壊や衝突から守ろうとしているように見える。この調整は、たえず排除や、閉鎖や、抑制をともなっている。それが人間の社会を防衛することにもつながると思われてきた。けれども、それは「人は力を欲望しながら、同時に自分自身の無力さえも欲望するという事態にいたるのか」（AO, p. 284／㊦四九頁）と問わなければならないようなシニカルな状況を生み出してもいる。そして無力どころではない。一方では、戦争や環境破壊でさえ、必要な暴力であるかのようにして拡大し続け、資本のシステムの中に組み込んできたのだ。

オイディプスの表象すらもまた、このシステムの中で、やはり調整の役割をにない、家族の規範をめぐる神経症的状況（ファザコン、マザコン）の中に欲望を閉じ込めてきた。「性欲」という表象そのものさえ、欲望を操作し制限し、画一的な流れにするように働きうるのだ。

スピノザ主義を背景にもつドゥルーズ＝ガタリの欲望論は、当然ながら「人間の身体が多くの仕方で刺激されうるようにするもの、あるいは身体が外部の物体にまでさまざまな仕方で刺激を及ぼすようにさせるもの、それは人間にとって有益である」（『エティカ』第四部定理三八、スピノザ 二〇〇七、三五三頁）というように、肯定的な触発（喜びの情動）とともに欲望を思考しようとするだろう。性欲は確かに生殖の本能と切り離せないにしても、性欲の現実は、家族と社会と自然との関係の中で起きるさまざまな「触発」とともにあり、触発によって形成されるのである。

新しい「資本論」

資本と欲望のあいだには、確かに多義的な関係がありうる。資本主義は、まったく画一的に金銭への欲望によって動いているかに見える。しかし、その金銭も、さまざまな異なる必要と欲望をみたすための手段でありうるからこそ、画一的な欲望の対象となるのだ。そして金銭を得るために、人間は多くの場合、自分の欲望の実現を延期して労働する。もちろん人は労働さえも欲望の対象にすることができる。多くの場合、労働は欲望を実現するための手段であっても欲望の対象ではないが、その労働の場にさえも、〈自己実現〉、〈他者による承認〉、〈報酬〉、〈人間関係〉のようなかたちで、欲望の回路が広がっている。

資本主義は、限りなく欲望によって動かされ、欲望を刺激し、多様にしていくが、一方ではどこまでも欲望の実現を遅延し、排除するという点で、とてもシニカルなシステムである。この体制は欲望によって拡張され、巨大化し、加速していくが、一方では欲望を変質させ、疲弊させ、排除し、みじめなものにしていくのだ。

というのも、第一に明らかなことは、欲望は人物や事物を対象にするだけではなく、みずからが遍歴する境遇全体を、みずからが合体するあらゆる性質の振動と流れを対象とし、それらを切断し、あるいは捕獲する。それはつねに放浪し移住する欲望であり、まず「巨人性」の特質をもっているのだ。シャルル・フーリエほど、このことを適切に示したものはいない。要するに生物学的環境と同じく社会的環境は、ともに無意識の備給の対象であり、この備給は必然的に欲望するものであり、またはリビドー的であって、欲求や利益の前意識的な諸備給に対立するのだ。性的エネルギーとしてのリビドーは、直接的に大衆や大集合を、つまり有機的および社会的領域を備給するのである。〔…〕ほんとうは、性愛はいたるところに存在するのだ。官僚が自分の書類を撫でる態度の中に。裁判官が判決を下す態度の中に。実業家が金を使う態度の中に。ブルジョワがプロレタリアのおかまを掘る態度の中に。等々。隠喩に訴える必要は少しもないし、リビドーが変貌する必要もない。ヒトラーは、ファシストたちを勃起させていた。(AO, p. 348／(下)一四六―一四七頁)

あらゆるところに欲望の連結と切断を見ること、家族のイメージにリビドーを閉じ込めないこと。この発想は、性欲と性倒錯を、社会を調和的に構成するための肯定的要素とみなしたシャルル・フーリエ(一七七二―一八三七年)の発想の延長線上にある。それはまた「空想的社会主義者」と呼ばれるフーリエの思想を決して「空想」とみなすのではなく、経済の根底にあって経済を規定する多形的な要素として欲望を再発見しようとしている。

経済はたえず欲望を隠蔽し、排除し、変形しているが、にもかかわらず、欲望こそが経済を動かし、経済の目標にもなっている。欲望こそが、経済よりも根源的である。しかし欲望は、確かにひとつの展開の経路として、経済という次元を構成する。新しい『資本論』を書くことをひとつの目標とした『アンチ・オイディプス』は、まさにこのことを本質的に考え直そうとしたのだ。

ドゥルーズとたがいに影響を与え合い、奇妙なほどフーリエに忠実な思想と物語を展開してきたピエール・クロソウスキー(一九〇五―二〇〇一年)はこう書いている。「経済的諸規範もまた、情動の副次構造を形成するだけであって、最終的下部構造を形成することはないのではないか。そして、かりに最終的下部構造といったものが存在するとしたら、それは諸々の情動と衝動の運動から構成されているのではないか」(クロソウスキー 二〇〇〇、二二頁)。

経済とは、欲望の経済であり、資本主義とは欲望の資本主義であるに違いないが、資本主義経済は、貨幣の形態と、それにあくまで従属する労働の形態によって欲望を変形し、屈折させている。家族も、性愛も、そのような欲望の経済の中に組み込まれている。欲望は、このような経済の外部から、経済をたえず突き動かしているのに、この経済は、あくまでみずからの内部にこの欲望を屈折させ閉じ込め、しばしば欲望の表象だけを流通させているのだ。

ドゥルーズ＝ガタリにとって、分裂症とは、まさにこのような欲望の外部性が、内部に向けて押しつぶされるところに現れるような「病」である。分裂症は欲望の外部性のしるしである。資本主義は、欲望を内部の領域として構成する(内部化する)機械であり、そのような機械として成立する。ドゥルーズ＝ガタリは、資本主義のこのような側面を「公理系」と呼んでいる。

資本主義は、たえず分裂症という極限(外部性のしるし)に向けて歩みながら、みずからに独自の「公理系」によって分裂症を排除する。欲望そのものは、少しも病ではない。病は、欲望を変形しようとする装置の効果、その変形の効果として現れるだけだ。

この世界に生起するすべてのことを、分裂症を基準として見つめることは、欲望の外部性をたえず視野に置き、この社会の外部と内部の境界上で、あらゆる事象を見つめることである。分裂症は、分析の対象や症例ではなく、分析の原理となり、方法となる。だからこそドゥルーズ＝ガタリは、『アンチ・オイディプス』の後半で、「精神分析」ではなく、「分裂者《スキゾ》分析」を提唱している。

「分裂者分析」の第一の課題とは、欲望そのもののリアリティを見出し、欲望の平面と過程を発見することである。リビドー経済学は、決してリビドーの生産、登録、消費のシステムを考えたり、その流通を計量化したりすることを目指すのではない。むしろ経済と欲望が、重なっては逸脱し、刺激し合っては対抗するような過程を、精細に見つめ、欲望のさまざまな強度と、その変質、その外部性、その襞を検出しようとする。精神分析は、まさに欲望と経済が織りなすこのような襞を感知しながら、それを内部に折り曲げようとしてきた。分裂者分析は、その襞を外部に向けて開くようにして、もうひとつのリビドー経済学を試みるのである。

『アンチ・オイディプス』に引用されたヘンリー・ミラーのテクストは、欲望の外部性を凝縮的に表現している。

> だから私は、私たちの時代の分裂症的性格について触れながら、こういったのだ。プロセスが完結しないかぎり、世界の腹が第三の目であるだろう、と。私はこれで何をいお

うとしていたのか。私たちがもがいているこの観念の世界から、新しい世界が生まれ出ていかなければならないということ、それだけだ。ところが、この新しい世界は、それが受胎されなければ出現しないのである。そして受胎するためには、まず欲望しなければならない……欲望は本能的で聖なるものだ。私たちが無原罪のお宿りを実現するには、欲望によるしかない。(AO, p. 355/㊦一五七頁)

ドゥルーズ＝ガタリは、欲望は聖なるものであるといい、あるいは革命的であるといい、欲望のユートピアのようなものをでっち上げてしまった、としばしば非難されてきた。彼らは、分裂症者たちをほとんど偉大な冒険者のようにみなした。ドゥルーズ＝ガタリは確かに欲望の革命、欲望による革命を構想し、現実のいたるところにそれを発見してもいた。欲望の外部性と肯定性について、とりわけ文学者たちのテクストを無数にちりばめて、乱流のような記述を展開した。

そのような記述が、欲望のたどる過程に対する精緻な分析とともにあることを見ないとしたら、また欲望の外部性と肯定性についていささかも感受性をもたないとすれば、この本の挑発と実験を受けとることは難しくなるだろう。この本は、まさに挑発的で実験的なのである。そして挑発的で実験的なぶんだけ、十分に多くの誤解や、無知や、怠惰にさらされてきたのである。

『アンチ・オイディプス』は、ニーチェにとっての「力」、スピノザにとっての「情動」のように、世界を構成するあくまで内在的で、肯定的な原理として「欲望」を再定義したといってよいかもしれない。それが力でも情動でもなく、欲望でなければならないのは、資本主義を生み出す「無意識」が問題の焦点になったからである。マルクスのいう生産のカテゴリーと、フロイトのいう無意識を貫通する内在的な次元を、「力」や「情動」の思想に照らして、現代において再考しようとしたからである。

欲望を肯定するままでいたら、でたらめに乱れた社会になってしまうという、一見道徳的な発想は、欲望をあらかじめ通俗的な既知のイメージに閉じ込めている。家父長、官僚、教育者、経営者、政治家、〈実力者〉たちの、権力と一体になった欲望とその表象が、たえず古めかしい道徳を呼び寄せ、欲望に貧しい、みじめな衣を着せてしまう。彼ら自身の私的場面での欲望が、まさにそのようなぼろ切れをまとっているのだ。支配欲と一体のそのような道徳や敬虔さ、「国民としての義務」等々、その「神聖同盟」は、この本では徹底して批判され、哄笑されている。それゆえこの本は、熱狂的に迎えられると同時に、逆に囂々《ごうごう》たる〈批判〉の的にもなった。たとえ学問的な批判というかたちをとっていても、それらの批判の多くは、まったく古色蒼然とした道徳的な性格をもっていた。

『アンチ・オイディプス』は、精神分析の欲望論の「ファルス」、「去勢」、「現実界」、「想像界」、「象徴界」に代わるような図式を与えてはいない。分裂者分析が注目しているのは、むしろ千の欲望の表出であり、「社会的生産」も芸術作品も、無意識の図式にしたがって解読されるのではなく、千のタイプの欲望、あるいは欲望の連結として解読される。それらは千の欲望機械の表現であり、すなわち実現でもある。やがてこれらは「千のプラトー」といいかえられる。その分析は、精神分析よりも、あり合わせの手段を動員するめまぐるしいブリコラージュに似ているが、しかしドゥルーズとガタリは、スピノザ主義的な体系の思考を決して放棄したわけではない。

注

(1) 日本語訳は、かつて「いかに複数で書いたか」(宇野邦一訳、『現代思想』臨時増刊「総特集 ドゥルーズ＝ガタリ」一九八四年九月)の表題で刊行されたが、のちに「宇野への手紙――いかに複数で書いたか(フェリックス・ガタリとともに)」(宇野邦一訳、『狂人の二つの体制 1983-1995』宇野邦一監修、河出書房新社、二〇〇四年)として再刊された(これは『ドゥルーズ・コレクションI 哲学』宇野邦一監修、河出書房新社(河出文庫)、二〇一五年にも収録されている)。

(2) 「精神分裂症(スキゾフレニア)」は、現代の医学界では「統合失調症」と呼ばれるようになっている。この病をむしろ肯定的な文脈で捉えようとする立場に立つなら「精神分裂症」という呼称を保存したい。「統合失調症」という呼称のニュアンスは、あまりに消極的と感じるからだ。

(3) 実際にドゥルーズは、前注(1)に挙げた書簡で、二人が「器官なき身体」をまったく別様に理解していた、と述懐している。そのことは、この概念を豊かな、開いたものにしただけで、少しも共同作業の妨げにならなかった。

(4) 日本語訳は、かつて「精神分析に関する四つの提言」(宮林寛訳、『現代思想』臨時増刊「総特集 ドゥルーズ＝ガタリ」一九八四年九月)の表題で刊行されたが、のちに「精神分析をめぐる四つの命題」(宮林寛訳、『狂人の二つの体制 1975-1982』宇野邦一監修、河出書房新社、二〇〇四年)として再刊された。

第四章　微粒子の哲学――『千のプラトー』を読み解く

『千のプラトー』（1980年）

1　問いの転換――『アンチ・オイディプス』から『千のプラトー』へ

ドゥルーズとガタリが『アンチ・オイディプス』の続編として『千のプラトー』を発表するのは、八年後の一九八〇年である。この時期から、ドゥルーズは、外出することも、旅行することも少なくなり、メディアへの登場もわずかになった。「ノマドとは動かないものだ」という逆説的な発言を繰り返していた。

一九七六年にパリ第八大学で学び始めた私は、ちょうどこの時期にドゥルーズの講義に通い始めた。『アンチ・オイディプス』も、『差異と反復』も、まだ輪郭がよくつかめていなかった。しかし、ドゥルーズの思想のモチーフと情動のようなものには、いきなり強く触発された。彼の講義に立ち会うことは、彼の思考の直面しているカオスを、何らか共有し、カオスを前にした試行錯誤に立ち会うことであった。ある哲学者の講義を聴講するという体験にすぎないことが、いつかしら何か異様な時間になっていた。ときどきドゥルーズの教室に、まだ若々しかったガタリが姿を現し、彼の発言も聞かれた。

ドゥルーズ＝ガタリの共同作業は、すでに一〇年以上に及んでいた。この共同作業がどんなものだったのかを説明しながら、ドゥルーズは「私たちはすっかり慣れてしまったので、相手がどこへ行こうとしているかすぐわかるようになった。私たちの対話はますます省略がきくようになり、私たち二人のあいだというよりも、私たちが横断していく諸領域のあいだに、あらゆる共振を生じさせることができるようになった」（「宇野への手紙」DRF, p. 220／(下)六〇頁）と述懐している。

二人の共著は、単に二人の思想の総和である以上の意味をもっていた。「われわれは『アンチ・オイディプス』を二人で書いた。二人それぞれが数人であったから、それだけでもう多数になっていたわけだ」（MP, p. 9／(上)一五頁）という『千のプラトー』の書き出しが示すように、この共著は、二人の人称以上の複数性、多数性、集団性の中で書かれている。実際にこの本には、数々の書物や論文はもちろん、友人や聴講者から寄せられた、しばしば未発表の論文や匿名の文書が数多く引用されている。書くことと著者、思考と人称性の関係を解体し、何か別のものにするような動きが、この本の主題とスタイルにまで浸透している。

二人で書くことは、二人以上の「群れ」に思考を開き、「群れ」の思考を検出し、「群れ」として思考を実現することである。すでに実現された共著『アンチ・オイディプス』が、まさにそのような効果を生み出し、「群れ」の思考を増幅させていたに違いない。しかし、それがさらに『千のプラトー』に注いだとき、明らかに新しい次元が付け加わった。「この本は私を幸福にし、私にとって汲めども尽きせぬものになった」（「宇野への手紙」DRF, p. 220／(下)六〇頁）と、ドゥルーズ自身がのちに表明している。

『千のプラトー』の表紙には、『アンチ・オイディプス』と同じく「資本主義と分裂症」という、副題と思えるタイトルが細かい字で印刷してある。だから二つの本は明らかに連続しているのだが、決して同じ研究の二つのパートを構成しているというふうではない。スタイルやリズムの点でも微妙な変化が見られる。『アンチ・オイディプス』が確かに「資本主義」と「分裂症」を思考の主題にし、同時に精神分析の批判をこれと不可分な課題にしていたのに比べると、『千のプラトー』は資本主義以外の実に多様な問題を扱っていて、もはや分裂症を中心の主題にしているわけではない。精神分析の批判は、とりわけ第二章「一九一四年――狼はただ一匹か数匹か」で、もう一度展開されている。しかし、この章の思考も、「群れ」の理論に向けて開放される。全体としてこの本の批判的思考は、はるかに広い範囲に及ぶことになる。「欲望」と「機械」の概念も、さらに多様な概念や関係に向けて解体され、拡張されている。

資本主義の両義性――分裂症と公理系

『千のプラトー』に出てくるほとんどの概念は、新たに自律的に定義されていて、あらゆる問題提起も『アンチ・オイディプス』をふまえながら別の枠組みでおこなわれている。つまり『千のプラトー』は、『アンチ・オイディプス』のあらゆる成果と限界を厳密にふまえつつ、そこから新たに跳躍力と加速度を得るようにして書かれた書物なのである。『アンチ・オイディプス』では、ひとつの巨大な卵のように（「卵」は「器官なき身体」のモデルである）、力強く波打って循環していた液状の熱い思考が、大気や大気圏外にさえ発散して、いたるところにオーロラや星雲を描き出したような感じなのだ。

もう一度『アンチ・オイディプス』の批判の文体をふりかえってみよう。

精神分析全体が巨大な倒錯であり、麻薬であり、はじめに欲望の現実との断絶から出発した現実との根源的断絶であり、ナルシシズムであり、おぞましい自閉症である。つまり資本機械に特有の自閉症であり、資本機械に内属する倒錯なのである。結局、精神分析は、いかなる現実に立ち向かうこともなく、いかなる外部にも開かれず、自分自身が現実の試金石となり、さらに自分自身がその試金石の証人となる。これは欠如としての現実であり、外も内も、始めも終わりもすべてこれに引き戻される。（AO, p. 373／(下)一八一頁）

ドゥルーズ＝ガタリがこれほど激しく精神分析を批判したのは、それを「資本機械の本質をなす内なる倒錯」と捉えてのことだった。こうして彼らの精神分析の批判は、同時に、新しい『資本論』を書く試みとなった。資本主義がとてつもないシステムであるのは、それが過去のさまざまなシステムを破壊すると同時に、そこから逸脱するあらゆる要素や運動を緊密に結合して成立したシステムだからである。私的な欲望を限りなく追求するという資本主義の遠心的な傾向は、一見システムの構成に反するように見えるが、そこではシステムから逃れていく運動こそが、むしろシステムを支える力になっているのだ。

『アンチ・オイディプス』は、資本主義の根本的な傾向を「分裂症（スキゾフレニア）」として定義したが、それはひとつの極であり、もうひとつの極には、あらゆる欲望を整流し、システムの中に還流させる「公理系（パラノイア）」があるという。資本主義はこうして、とてつもない両義的な装置となる。

ひとつひとつの要素のさまざまな動きが両価的に働き、拘束と自由、閉鎖と開放、離脱と帰属を同時にもたらすことになる。そして精神分析が批判されたのは、この理論が、資本主義に固有の「倒錯」を分かちながらも、欲望と身体において進行しているたえまない生産や消費や交換を覆い隠し、「公理系」の役割を「後退的に」担っていたからである。「後退的」といわなくてはならないのは、精神分析は、神話や言語学や位相幾何学さえもモデルにしながら、欲望として生きられている現実を集団的、社会的な錯綜に向けて開いていくのではなく、もっぱら家族のイマージュに還元し、押しつぶしてしまうからである。精神分析は、新しい観念論となり、私たちを資本主義の砂漠に馴致させる装置のひとつになってきた。実は精神分析だけではなく、心理学一般が、そのような役割をもち、資本主義の現実を、まさに「心理」の現実として、無意識の構造として扱い、資本主義に賢く適応することを奨励してきた。心理学は、その方向では確かに哲学より〈役に立って〉きたのである。

『アンチ・オイディプス』は、一貫して〈精神分析〉対〈欲望〉が繰り広げる思考の戦場という様相を呈しているが、結局〈精神分析〉は、資本主義に固有の〈倒錯〉の表現としてだけ批判に値した。この倒錯は、欲望の現実をたえず裏切り、欲望を、オイディプス神話に、家族に、人称に、また性欲や性差に閉じ込める。欲望の生産性、多形性は、現実には資本主義を動かし、たえず歴史を突き動かしているのに、その現実の動きは認識から閉め出される。

この本でドゥルーズ＝ガタリは、リビドーと無意識という精神分析の用語を手放すことなく、資本主義のとてつもない両義性と対決しようとした。恐怖と希望が浸透し合った資本主義の両義的な様相を描くために、精神分析を解体しようとするのではなく、あくまで精神分析の可能性を極限まで突きつめ、開放するという道をたどったともいえるのだ。『アンチ・オイディプス』は、激しい批判と抵抗の書物であり、批判、抵抗の書物であるぶんだけ、強い否定にみちていた。もちろん、その否定は、欲望そのものの本質的な肯定性を根拠にしていた。精神分析によっていかに内部化され、粉砕されようと、欲望はまさに精神分析の外部に実在し、欲望する欲望として、あらゆる生産をかきたてる欲望として、資本主義さえも支え、動かし、変容させている。

しかし欲望の肯定性は、しばしばヘンリー・ミラーや、D・H・ロレンスや、アントナン・アルトー、そして数々のアーティストのような分裂症圏の表現者によって確認されるしかなかった。たぶん欲望の肯定性は、さらに欲望を構成するさまざまな微粒子、関係、触発、差異、動的編成の中に開放されて、初めて真に肯定されなければならなかった。『アンチ・オイディプス』は、決して資本主義だけを思考したのではなく、その前史として、少なくとも「原始土地機械」と「野蛮な専制君主の機械」について論じている。その果てで資本主義は、いったいどのような変化、離脱、連結をもたらしたのか、なにゆえに資本主義はいつもそれ自体のシステムの極限に向かいながら、たえず極限を遠ざけるような運動を原理とするのかを、鮮明に浮かび上がらせようとしていた。

このような「歴史」の試みは、『千のプラトー』ではさらに拡張されている。それぞれに年号をもつ各章のタイトルが示しているように、より広大な範囲に、さまざまな主題（進化、言語、記号、身体、科学、技術、戦争、資本、国家、等々）にわたり、しばしば幻想的な地質学や考古学といった体裁をとることになる。「資本主義と分裂症」という主題は、この本でも明らかに持続しているが、それはもっと深い問題を、もっと大きいスケールで問うための機会にすぎない。問いは、はるかに拡張され、具体化と抽象化の両方向に深められる。資本主義に固有の病としての分裂症と、どこまでも分裂症的なものとしての資本主義は、さまざまなアレンジメントや機械や装置を連結する最終的な形態として、新しい光で照らされることになる。欲望は、もはや最終的なカテゴリーではなく、欲望自体を構成するさまざまな微粒子の振動や流れが描き出されるのだ。

リゾームとは何か

『リゾーム』という、原書では約七〇頁の小さな書物が一九七六年に刊行され、日本語でも豊崎光一訳によって広く読まれることになった。(1) 日本でのドゥルーズ＝ガタリへの関心は、これによって急速に高まった。このテクストは、わずかな変更を経て『千のプラトー』の序文となる。「リゾーム（根茎）」とは、タケやハスやフキのように横に這い、根のように見える茎、地下茎のことである。「リゾーム」は「樹木」と対立する、と彼らはいう。「樹木」は、われわれがふつう秩序と呼ぶもののあらゆる特徴をそなえている。これには一本の幹、あるいは中心がある。それを支える根、幹から広がる枝は対称的に広がっている。中心（幹）からの距離によって定められる序列があり、規則的（対称的）に、幹から枝、枝からさらに細かい枝へと、同じかたちの分岐が中心から末端に向けて繰り返される。

これに対して「リゾーム」には、全体を統合する中心も階層もなく、二項対立や対称性の規則も、同型の反復もなく、ただ限りなく連結し、飛躍し、逸脱し、横断する要素の連鎖があるだけである。

「リゾーム」という言葉で、ドゥルーズ＝ガタリは、樹木をモデルとする秩序の定義にあてはまらないものが、決して単なる混沌や混乱、つまり無秩序ではないこと、それが異質な規則や配列や運動によって定義される別の秩序（多様体）でありうることを、力強く示したのである。七〇頁ほどのちっぽけな書物は、当時そのことだけで読む者を震撼させる衝撃をはらんでいた。

ひとつの秩序があり、その外部や側面に混沌や混乱があるとき、たとえアナーキーなどと呼ばれて肯定的に見られることはあっても、混沌や混乱は無秩序にほかならない。無秩序が秩序を活性化させ、新しい秩序を生む機会になることは、しばしば指摘されている（たとえば文化人類学にとって、「周縁」はそのような意味をもっていた）。しかし結局それは、秩序の欠如であり、否定的状態にすぎない。秩序が回復されるとき、初めて秩序のほうから肯定的に捉えられる否定的契機にすぎない。

ドゥルーズ＝ガタリは、そうではなく、少なくとも二つの秩序の可能性があり、もうひとつの秩序（リゾーム）に固有の特性があるということを、文学・芸術や社会学や歴史学をモデルにし、さらに植物や脳や遺伝についての学まで引用して縦横無尽に論じている。もちろん、そんなふうにさまざまなモデルがすでに存在するのだから、リゾームは決して未知の秩序とはいえない。彼らが試みたのは、さまざまな領域で共通に現れていた〈異質な秩序〉を横断しながら、それをひとつの連続体として配列し、リゾームという概念によって結び合わせ、その連続体をしっかり目に見えるものにすることである。この概念は、科学ではやがてカオス理論、複雑系のようなかたちで問題化され、人文学でも広く意識されるようになる発想と決して無縁ではなかった。インターネットが普及したいまでは、リゾームはインターネットのコミュニケーション形態を予知したかのようにも見えてくる。

『アンチ・オイディプス』は、分裂症という、はなはだしい混乱に見える症例が、資本主義の含む最も肯定的な開放の可能性の極であることを示そうとした。同じように『千のプラトー』は、はじめに「リゾーム」と仮に名づけられた異種の秩序をあらゆる時空に発見し、一見無秩序や混乱や逸脱と見える出来事に肯定的な可能性を読もうとする。そして最も肯定的な可能性が含む恐怖や破壊や死の可能性も、そこに同時に読まなくてはならなかった。

私たちは「リゾーム」という言葉が開く問題の渦を、自分の思考に導き入れ、実験する機会にするのではなく、ただシニカルにかわすこともできる。たとえば、中心も幹も土台もない、正体不明の組織、誰が担っているとも知れない不可視の装置として、この国の「天皇制」を連想することさえできる。未知の秩序に向けて実験的に思考する代わりに、さっそく既知の何かに向けて未知を還元してしまうこともできる。シニシズムと、自己防衛や秩序維持の本能とは一体である。

ドゥルーズ＝ガタリ自身が、「リゾームと内在性とからなる東洋を提示することはあまりに安易である」（MP, p. 30／㊤四九頁）と書き、「リゾームもまた固有の専制主義、固有の序列、それらのもっと厳しいかたちをもっている」（MP, p. 30／㊤五〇頁）と指摘していることは、しばしば読み飛ばされてしまう。確かにリゾームには、何か手に負えないような、警戒すべき面もあるのだ。

現実こそつねに両義的である

彼らはまた、リゾームと樹木のあいだに、もうひとつのモデルとして側根（またはひげ根）システムを指摘し、それは中心をもたないように見えても、実は樹木より「いっそう包括的な、ひそかな統一」（MP, p. 12／㊤二〇頁）を作りうると書いている。一見、古めかしく重たい秩序を捨てたように見える、軽やかな、あざとい身ぶりが、もっとたちの悪い統合的な機能を持続させる。そんな例は、この世界にひしめいているのだ。

ドゥルーズ＝ガタリは、二項対立による思考を否定していながら、リゾームと樹木状という二項対立をまたもちだしている……これもよく聞かれた批判である。けれども、「われわれがモデルの二元論を用いるのは、ただあらゆるモデルを退けるようなプロセスに到達するためである」（MP, p. 31／(上)五一頁）と「リゾーム」に書いているのは、読み飛ばしたのだ。

この本は、リゾーム－樹木という対から始めて、脱領土化－再領土化、地図－複写、群れ－群集、分子状－モル状、マイノリティ－マジョリティ、遊牧性－定住性、戦争機械－国家装置、平滑空間－条里空間のような、さまざまな対概念を提出している。そしてリゾームは、脱領土化、地図、群れ、分子状、マイノリティ、遊牧性、戦争機械、平滑空間などと明らかに重なり合い、強い関連をもっている。しかし決して同じ概念をいいかえたわけではない。それらのあいだの変異（ヴァリエーション）にこそ注意を向けなければならない。これらの対概念がたがいに浸透し合い、逆転するようなこともしばしば起きるのだ。対を構成する二つの概念は、現実的には混成し合っている。あるいはメビウスの帯の裏表のように、ねじれながらつながって、ひとつの平面を形成している。

人間の脳には、ひとつの「樹木」的構造がしっかり植えつけられているようだが、脳はまるで「雑草」（リゾーム）のような不確定な配置を含んでいるからこそ、新しい事態に対応し、新しい思考を生み出す。やがて「ファジィ（fuzzy）」な論理・思考と呼ばれるようになるこのような発想を、いちはやくドゥルーズとガタリは概念化していたともいえる。言語もまた、チョムスキーの「生成文法」の図式が端的に示すように、樹木状の階層構造として捉えることもできれば、さまざまな言語（国語、方言、未知の言葉、動植物の言葉……）の交点に立つ詩人にとってそうであるように、リゾーム状態を呈することがありうる。詩人にとって、アーティストにとって、リゾームにしたがい、リゾームを再発見することは、いつの時代でも課題だったといえる。

ドゥルーズは、処女論文「キリストからブルジョアジーへ」（一九四六年）で、すでに「内部性の外部性」という両義的な表現を用いており、それを晩年の書物まで踏襲している。内と外はあくまでも連続であり、たえず浸透し合い、反転し合っている。同じようにリゾームの樹木性とか、樹木のリゾーム性ということもできるのだ（「リゾームには樹木状組織の結節点があり、根にはリゾーム状の発芽がある」（MP, p. 30／(上)五〇頁））。

ドゥルーズ＝ガタリの思考では、いつもリゾームの系列のほうに、創造的、肯定的な価値が与えられていることは確かだし、もちろんそのためにこそリゾームについて語ったのだ。しかし彼らは、その危険と恐怖を指摘することも決して忘れない。ひとつの領域や秩序から最も遠くに逸脱したもの（脱領土化したもの）が、変質した新しい秩序を最もよく支配する（再領土化する）ということがありうるからだ。現代の権力は、ますますリゾームに似たものになっている。

「リゾーム」という小さな本の表紙には、《RHIZOME》そしてその下に小さな文字で《INTRODUCTION》と記してあった。何へのイントロダクションなのかは記されていなかった。『千のプラトー』という大著のことは、まだそこに記されていなかった。それは確かに新奇な概念の提案にとどまらず、何かとてつもない思考のためのマニフェストだったのだ。

『千のプラトー』では、どんな概念も運動も両義的である。しかし何よりもまず現実のほうが両義的なのだ。現実の手に負えない両義性（あるいはトポロジー）に向き合い、思考し、実践するために、概念はさらに別の両義性を作り出さなくてはならなかった（やがて「リゾームなんてもう古い、反動的だ」、「リゾーム的つながりではなく、むしろ断絶こそが重要だ」などという批判的提案も現れるようになる（カルプ二〇一六）。決してドゥルーズ＝ガタリを葬ろうというわけではなく、広く知られるようになって、色あせて見え始めた概念を剪定し、ラディカルな革命性だけを先鋭に抽出しようというわけだ。Why not?）。

2　一五のプラトー

「プラトー」という言葉には明確な定義が与えられている。『精神の生態学』（一九七二年）のグレゴリー・ベイトソン（一九〇四―八〇年）は、バリ島の文化を研究しながら、そこでは母子間の性的な戯れや、男同士の争いに「奇妙な、強度の静止」が見られることを指摘している。「一種の連続した強度のプラトーがオルガスムにとってかわる」。

一点に集中する突出した快楽や暴力ではなく、張りつめた持続的状態（プラトー、つまり高原）だけがあって、それは頂点をもたず、何らかの目標や終局ももたないようである。それは「さまざまな強度の連続する地帯、みずからのうえに打ち震え、何かある頂点へ、あるいは外在的目標に向かうあらゆる方向づけを回避しつつ展開される地帯である」（MP, p. 32／(上)五三頁）。『千のプラトー』は、さまざまなプラトーについて語っているが、同時に、それ自身プラトーとして書かれている。あるいはプラトーによって構成される本、さまざまなプラトーを実現する本である。

たとえば、一冊の本は章から構成されるかぎり、それなりの頂点、それなりの終着点をそなえている。逆にもろもろのプラトーからなる本の場合は、どのようなことが起こるであろうか？　ひとつのリゾームを作り拡張しようとして、表層的地下茎によって他の多様体と連結しうる多様体のすべてを、われわれはプラトーと呼ぶ。われわれは、この本をプラトーのようにして書いている。それをさまざまなプラトーによって構成した。それに循環的な形式を与えてきたが、それは笑うためだった。毎朝起きては、われわれは各々、どのプラトーをとりあげようかと自問したものだ。ここに五行、あちらに一〇行と書きつけながら。われわれは幻覚的な体験をした。いろいろな線が、まるで小さな蟻の隊列みたいにひとつのプラトーを離れて別のプラトーに移るのを目撃したのだ。（MP, pp. 32-33／(上)五三―五四頁）

一五の章は、主要な概念を提出し展開して大動脈を形成する〈メジャーな〉章と、むしろそれらを応用し、さまざまな具体例を提出しながら、概念に細かいニュアンスを与えている比較的短い〈マイナーな〉章に分かれる。決して〈マイナーな〉章が重要さにおいて劣るというわけではなく、むしろ〈メジャーな〉章で提出された抽象度の高い概念を具体的な次元に移し、肉づけし、彩色し、あるいは作動させ、テストするといった感じがある。

もちろん〈マイナーな〉章は、決してどれか特定の〈メジャーな〉章に付属するかたちで書かれているわけではなく、いくつかの基本的概念の交点で、それ自体また少し異質な概念を生成し、変奏することになっている。また「いかにして器官なき身体を獲得するか」のような章は、器官なき身体のさまざまなケースを示してこの本の主要概念をテストしながら、同時にこの本の核心をコンパクトに示しているのだ。

はじめに著者たちは、この本の各章はひとつひとつ独立したプラトーとして読みうると断っている。とりわけ「狼はただ一匹か数匹か」（第二章）、「いかにして器官なき身体を獲得するか」（第六章）、「ヌーヴェル三編、あるいは「何が起きたのか？」」（第八章）、「平滑空間と条里空間」（第一四章）のような章は、確かに独立に読むことができて、どれもこの本の全体にかかわる図式を示し、プラトーとして実践される思考の特徴とスタイルを十分に感じさせる。そして、この他には、どれもひとつの書物に値するほどの容量をもつ〈メジャーな〉章があり、さまざまな問いに関して、根本的な発想の転換をうながしている。

それぞれの章（プラトー）が、『アンチ・オイディプス』の思索を、より深く広いコンテクストで展開しようとしている。そして『アンチ・オイディプス』とともに、未来に照らし合わせ、長い時間の中で再考しテストすべき概念を提出している。それは一九七〇年前後の反体制運動や、一九八〇年代のポストモダンという文脈をはるかに越えて読まれるべき思考であり、またそういう眺望とスケールの中で読まなければ理解することが難しい発想にみちているのだ。精神分析とマルクス主義（資本論）の批判的再検討という課題を掲げていた『アンチ・オイディプス』は、いかにも同時代に照準を合わせたアクチュアルな思索とみなされてインパクトを与えやすかったが、『千のプラトー』に対する読者の反応はもう少しゆるやかだった。そして二冊が同時代の問いをはるかに超える射程をもっていたことは、約半世紀過ぎたいまでは、もっと見えやすくなっているのだ。

道徳の地質学──キー概念としての「二重分節」

「道徳の地質学」（第三章）は、この本の骨格をなす概念を提出している。かなり異様なかたちで書かれているが、読み飛ばすことは勧められない。まず地質学的な次元での二重分節（堆積作用と褶曲作用）を、物質、生命から人間の次元までを貫く二重分節にまで広げて考えている。このような二重分節は、分子状とモル状、タンパク質繊維の形成とこの繊維の折り畳みといった生物学や化学の次元から、内容と表現（言語）という人間的次元までを貫通する、壮大なスケールにおいて考えられているのだ。

この章は、アーサー・コナン・ドイル（一八五九─一九三〇年）の小説中の人物チャレンジャー教授の講演という奇抜な物語調で進行する。生物の分類と進化をめぐる歴史的な論争が人形芝居として演出され、チャレンジャーの講演はますます異様な展開をみせる。あらゆる生物種の形態は「折り畳み」によって、たがいに自在に変換しうる、つまり同じものをいかに「折り畳む」かによって決定されるだけだ、というエティエンヌ・ジョフロワ・サン゠ティレール（一七七二―一八四四年）の立場がある。

一方、生物学上のタイプはそれぞれ決して還元できない本質をもつ、というジョルジュ・キュヴィエ（一七六九―一八三二年）の立場がそれに立ちはだかる。ジョフロワ・サン゠ティレールもキュヴィエも、一九世紀の解剖学や生物学の展開の礎石をすえたフランスの学者である。

地層の形成から、生物の発生、言語の出現にいたる過程までを「二重分節」として捉えるドゥルーズ゠ガタリは、ジョフロワ・サン゠ティレールを支持し、あらゆる発生の場として、ただひとつの実体、「前生命的なスープ」、ただひとつの「抽象的動物」といったものを想定する。個体の形態を規定する器官が出現する以前の「器官なき身体」が共通の素材として存在し、すべての個体が、この共通の素材をさまざまに「折り畳む」ことによって出現すると考えるのだ。ここでも、あらゆる差異を貫くひとつの「平面」というドゥルーズの考え方が持続している。これは、あらゆる物も精神も、神であり自然であるひとつの実体を表現する様態として成立するというスピノザ主義とも直結する。

生命と物質はさまざまな折り畳みと領土化を進め、そして領土化はさらに脱領土化と再領土化を繰り返す。言語もまた、そのような反復の果てに出現する。「何と奇妙な脱領土化であることか、自分の口を、食物やざわめきではなく、言葉でみたすとは」（MP, p. 80／(上)一三七頁）。「人間」と「言語」は確かに切り離せないが、「人間」も「言語」も、生命と物質のさまざまな展開や折り畳みの襞にすぎず、決して生命と物質から決定的に切り離されているわけではない。

ドゥルーズ＝ガタリは、たぶんミシェル・フーコーの『言葉と物』（一九六六年）におけるあの挑発的な定義（「かつて人間は言語の二つの存在様態のあいだにおける一形象にすぎなかった」）をふまえつつ、「人間」と「言語」の知を、地質学や生物学と連続する地平に導くのだ。

「道徳の地質学」は、フーコーの歴史学的文献学的な厳密さとは対照的に、あくまで荒唐無稽に見える思考として、ドラマとフィクションをまじえて提示される。そして、この「地質学」は、どこまでも人間を「脱領土化」する試みになっている。「人間はただ非人間性でのみ作られている。ただし、これらの非人間性はたがいに非常に異なるものであり、それぞれ性格を異にし、まったく異なる速度をもっている」（MP, p. 233／(中)五八頁）。そこで人間を構成し、人間の中を貫通する非人間性を正確に捉えなければ、私たちは人間にも、人間以外のものにも、ひどく間違った仕打ちをしてしまいかねないのだ。

もちろん『千のプラトー』の思考は、資本主義というとてつもないシステムのまっただなかで生きるわれわれの、現代の時空にいつも戻ってくる。そのためにこそドゥルーズ＝ガタリは、地層と生命から人間の身体と言語までを貫く「二重分節」に目を向け、そのような遠近法の中で人間の問題について考えようとする。おそらく日常のすみずみまで浸透したさまざまな拘束や権力は、「人間的な価値」というイマージュでわれわれの視野を覆い、そのような遠近法を閉め出しているからだ。だからこそ、この奇想天外な章は「地質学的」な展望において、結局は現代を生きる人間の「道徳」を見つめようとしているのだ。

言語学・記号論への提案

「言語学の公準」(第四章)、「いくつかの記号の体制について」(第五章)、「顔貌性」(第七章)のような長い章は、「道徳の地質学」で提起された「二重分節」(内容と表現)のうち、特に「表現」の次元に分析を進めていく。構造主義的な傾向と強い関連をもつ言語学や記号学の内閉的、還元的な傾向を批判することが、これらの章の中心的モチーフである。構造主義、そしてその先駆けとなったフォルマリズムや言語学の試みは、言語が何を意味し、何を伝達するかではなく、言語それ自体とは何かを追求することによって、言語が知の編成の中でもつ作用や価値に新たな光をあててきた。この追求は、一時期は二〇世紀後半の知識革命を主導したように見えたが、しかしそのような追求は、逆に言語、そして記号を、その外部の現実から切断し、内閉させることにもなった。『千のプラトー』は、これらの章で、そのような言語学、記号学の内閉的傾向を批判し、言語も記号も社会的アレンジメントの中に位置づける見方を徹底させたという点でも、画期的だった。

たとえば言語学の本体に属さないものとして、ふつう社会言語学や語用論のような周辺領域に排除されているプラグマティク（実践的）な言語の次元を、ドゥルーズ＝ガタリはむしろ言語の本質とみなしている。恒常的要素と規則の体系から言語を見るのではなく、むしろ言語をたえず変化させ、変形させるベクトルそのものに言語の本質を見出そうとする。はじめに文法のような規則が作られて言語が出現したことなどありえない。生物の進化のように、無限数の反復の中では、言語にもたえず例外が出現してきた（必ずしも誤用ではない）。誰もあらかじめ意図して例外を加えるわけではない。そのようにして一言語は、他言語の影響も受けながら変化し、規則を変更し、洗練されていく。いまでも文法学者は、懸命にそこに定数を打ち立て、合理的な説明を試みようとする。しかし変化しない不動のものの規則ではなく、変化するものの変化の規則という観点から言語を見る見方があっていいはずなのだ。変化は決して例外ではなく、変化の連続からは、まったく別の規則がとりだされるだろう（そして「連続変化」の方法は『千のプラトー』の全体に及んでいる）。「発展が形式を従属させる」ような音楽のあり方を、ドゥルーズ＝ガタリはそのまま言語の変化についての認識に適用しているのだ。

一般に「スタイル」と呼ばれるものも、やはり連続変化のプロセスとして捉えることができる。連続変化としてのスタイルは、決して個性の創意に還元されるものではなく、「言表行為のアレンジメント」に直結し、「言語の中に別の言語を作り出す」ような変容の試みそのものである。言語は、誰が作ったものでもなく、ひとりの人間が一度に形成するものではありえない。人間のあいだで、時間の中で、たえまない、はてしない変化の果てで、いつのまにか容易に変化しない堅固な体系であるかのように言語は存在している。人類史の中の奇跡のようなものだ。

言語はたえずひとつの言語の中に別の言語を生み出すような連続変化の過程であり、翻訳や誤訳が、変形や誤用がたえずおこなわれている。そういう変化を引き起こす多数の人間たちのあいだで使用されるのだから、いつも複数要素の編成（アレンジメント）からなっている。これは同時に一個人の中に、たえず別の個人や群れが挿入される過程でもある。こうして、言語という多様体は、たえず変化とアレンジメントにおいて捉えられる。これはドゥルーズ＝ガタリが、言語以外のすべての事象にも、例外なく適用する観点なのだ。

言語をめぐるこのようなプラグマティズム、変化と編成の理論から出発して、ドゥルーズ＝ガタリは「記号の体制」についての考察に進んでいる。この本の中でも最も大胆で、哲学的なファンタジーにみちた章のひとつだ（その点では、この章と「リトルネロについて」の章が双璧かもしれない）。ファンタジーとあえていうのは、決して空想的という意味ではない。ファンタジーに見えるまでに発想を転換し、言語と記号のリアリティを決定している見えない動きや作用を捉えようとしているからだ。

構造主義言語学によって提出された言語とシニフィアン（意味するもの）を中心とする「記号の体制」は、いくつもの記号の体制（記号系）のうちのひとつにすぎない。ドゥルーズ＝ガタリは、はるかに広大な記号の宇宙を構想し、それがいかに「主体的な記号系」と奇妙な結合をとげるかを説明する。シニフィアンと主体性は、いたるところで連動して、言語、記号、身体、機械にわたるさまざまな次元に強制を及ぼし、再領土化している。

ドゥルーズとガタリは、記号が限りなく他の記号にかかわって「円環的組織網」をなしているような体制を、専制的シニフィアン的体制と定義する。これは、もちろん『アンチ・オイディプス』の「野蛮な専制君主機械」においてエクリチュールがもっていた超コード化の機能と結びつく。ついで二人は、これと異なる記号の体制として「情念的なポスト・シニフィアン的体制」を提案している。この体制において、あらゆるものは内的になり、「情念」として主体化される。しかし、この情念は、決して理性と区別されはしない。理性もまた内的な形態であるかぎり、情念のひとつの場合にすぎない。

> 権力の超越的中心など、もう必要ではなく、むしろ「現実」と一体になり、正常化によって進展する内在的権力が必要となる。奇妙な発明がそこにはある。あたかも二重化された主体が、そのひとつの形式においては、さまざまな言表の原因となるようだ。ところが、この主体は、もうひとつの形式においては、それ自身このような言表の一部をなしているのである。それはシニフィアンの専制君主にとってかわった立法者としての主体のパラドックスである。つまり、きみが支配的な現実の言表にしたがえばしたがうほど、きみは心的な現実における言表行為の主体として命令するようになる。なぜなら、結局きみが隷属するのは、きみ以外のものではない。きみは、きみ自身に隷属するのだ。それでも理性的な存在として命令するのはきみである。新しい奴隷制の形態が発明

された。自分自身の奴隷であること、あるいは「純粋な」理性、コギト。純粋理性ほど情念的なものがあるだろうか。コギトよりも、冷たく、極端で、私心にみちた情念があるだろうか。（MP, p. 162／㊤二六八頁）

「主体化」を本質的な機能とするこのような記号の体系は、シニフィアンがはてしなく別のシニフィアンにかかわるような記号の体制とは区別される。専制的な記号の体制は、あらゆる出来事をシニフィアンにかかわるシニフィアンの円環の中に捉えた。しかしシニフィアンの円環からなる「意味性」の体制とは別に、主体化する記号の体制がある、とドゥルーズ＝ガタリはいう。そして彼らは、二つの体制は組み合わさって最悪の権力を形成するというのである。「あるシニフィアンは他のシニフィアンにとっての主体を表象する」という精神分析の定式は、まさに二つの記号の体制を混成したものと捉えられる。

もちろん主体化の体制（情念的なポスト・シニフィアン的体制）は、決して明白な奴隷制に似た体制ではなく、いつでも危うい逸脱や遠心的な運動から生まれる。復讐や嫉妬や熱愛や裏切りからさえも生まれる。そもそも、このような情念的な記号の体制が発生する瞬間を、ドゥルーズ＝ガタリは旧約聖書のいくつかのエピソードに見ている。カイン、モーセ、ヨナたちは、神を裏切ることによってこそ、よりよく神の命令を実現する。そしてキリストこそが、「裏切りのシステムを普遍性にまで高める」、「ユダヤ人の神を裏切り、ユダヤ人を裏切り、神によって裏切られ（なぜあなたは私を見捨てたのですか）、真実の人ユダによって裏切られる」（MP, p. 155／(上)二五六頁）。

ここに見られるのは、裏切りによって、ますますよく機能するような体制である。神を裏切り、神から自己を区別することによって、自己は情念的主体として自分自身に命令するものとなる。こんなふうに「主体化された自己」は、言表行為の主体（自立的に言葉を発するもの）となり、しかも自己をその言表の主体（言葉によって指示されるもの）とする。つまり同時に命令し、命令されるものとなる。

そして、この情念的主体化の体制は、聖書の世界からデカルトにまで跳躍して、コギトとして結晶する。「絶対に必要とされる主体化の点。それ自身の用法を考察し、ひたすら方法的懐疑によって表される脱領土化線にしたがって自己を認識する言表行為の主体としてのコギト、意識、「私は考える」」（MP, p. 160／(上)二六四頁）。方法的懐疑は、ひとつの裏切りの形態であり、神の体制を裏切りながら自己に命令する形態にほかならない。

情念的主体化のもうひとつの典型を、ドゥルーズ＝ガタリは、一九世紀の精神医学が発見した「情念的な錯乱」に見ている。〈好訴妄想〉、〈報復妄想〉、〈色情狂〉のように、パラノイア（つまりシニフィアンの病）とはっきり区別される錯乱の特徴は、神を裏切ることであり、方法的懐疑に通じる情念的な主体化であり、やはり自己が自己に命令することである。「情念的錯乱は、真のコギトである」（MP, p. 161／(上)二六五頁）。

神への裏切りであれ、方法的懐疑であれ、情念的錯乱であれ、いずれも外部の何らかの権力（専制）から逃れ、逸脱し、権力から自己を区別する狂おしい衝動からなっている。そこに「主体化の点」が成立し、この点は何らかの「心的現実」を形成する。

ここからこんどは自己に向けて語る主体（言表行為の主体＝私は考える）が登場し、そこからこの言表によって言表されるもの（言表の主語）が成立するが、この言表は決して支配的現実に離反するのではなく、むしろ合致する。神を逃れ、専制を逃れるこのような主体化の過程は、逃れつつ、よりよく神にしたがい、専制を受け入れる過程として実現される（たとえそれが、新しい神、新しい専制であっても）。主体化は、このように恐るべき両義的な作用をもってきたのだ。

言語学のいうシフター（私、いま、ここ、等々）は、決して固定した指示対象をもたず、発話のひとつひとつのケースで指示対象を変えていく要素である。そのかぎりでシフターは、言表における言表行為の主体の痕跡（言語の主観性）を示すものだが、同時にそれは言表行為の主体が二重化されることも示している。考える私、語る私は、決してそのまま主語、主体としての私ではない。シフターは言語の主観的本性にかかわるとしても、そのような主観化、主体化は、言語と主体を同時に操作する社会的、政治的な過程にかかわるのだ。言語は、こんなふうに自己を二重化することによって、支配するものを、支配されるものとしての自己のうちに内面化する。

情念的な愛がコギトである、というのも、そもそもコギトは二重の主体を形成する行為であり、本来的にカップルの状況を含んでいるからだ。「最も忠実な、甘美な、あるいは強烈な愛は、たがいに交換し合ってやまない言表行為の主体と言表の主体を配分する。相手の口の中で、自分自身は裸の言表であり、相手は私自身の口において裸の言表行為である、という甘美さにおいて。しかし、いつでも裏切り者が潜んでいる。どんな愛が裏切られずにすむだろうか」(MP, p. 164／(上)二七一頁)。いいかえるなら、コギトは愛をめぐるさまざまな錯乱を含んでいて、情念的な錯乱の一形態でもある。

そして二重化された主体は、支配者（あるいは支配的現実）と隷属する者、立法者と法にしたがう者の関係でもあって、それゆえに官僚制にまでたどりつく。ユダヤ人の裏切りの神話は、フランツ・カフカ（一八八三―一九二四年）の官僚制をめぐる奇妙な戦いにまで行きつくのである。官僚制とは、まさに「きみが支配的な現実の言表にしたがえばしたがうほど、きみは心的な現実における言表行為の主体として命令するようになる。なぜなら、結局きみが隷属するのは、きみ以外のものではない。きみは、きみ自身に隷属するのだ」(MP, p. 162／(上)二六八頁）と説明されるような倒錯的システムの完成されたかたちにほかならないからだ。

たとえばカフカ自身は、それをこんなふうに表現した。「家畜が主人から鞭をうばいとって、自分が主人になるために、自分の体を鞭で打つ、そしてそれが単なる幻想であることを、彼は知らないでいる。それが、主人の革の鞭の新しい結び目によってつくりだされた幻想であることを」（カフカ　一九八一、一八八頁）。

言表行為をめぐるこうした支配－被支配の機構は、人間の「顔」をめぐる効果や作用と切り離せない。ドゥルーズ＝ガタリは、だからこそ「顔貌性」を問題にする。「顔」は、人間の身体の一部としての「頭」（頭部）を、記号の厳密な補完物にしてしまう奇妙な装置である。身体の一部が顔になると同時に、人間をとりまく環境は風景となる。西洋絵画史においてキリストの顔がさまざまな変形を受けるとき、風景もまた変形し、同時に心身と記号のさまざまなアレンジメントにも変形が起きる。エマニュエル・レヴィナス（一九〇六—一九五年）は、顔を「他者」の顔として、「他者」の傷つきやすさ、壊れやすさの表徴として、要するに人間性のしるしとして位置づけ、「主体」の暴力に抗う根拠としていた。『千のプラトー』は、顔についてまったく別のことを述べたわけではない。顔はまた「主体」の暴力がイメージとなり、モデルとなるような表徴の場でもある。〈実力者〉の顔、スターの顔、厚顔無恥な顔——レヴィナスが語っているのは、人間と非人間を分割しようとする暴力にさらされて顔を失いかけた顔の情況である。顔の消失、顔の過剰、顔の極限。

ドゥルーズ＝ガタリによる「表現」についてのこのようなエチュード（記号論）は、まだ知られざる学に対する仮説になっている。それは確かに記号に対する哲学、歴史学の試みだが、従来のどんな歴史学にも、記号学にも、言語学、言語哲学にも似ていない。あらかじめ、まったくそれらの学の外に出て、あくまでも横断性、多様性、アレンジメントの中で、記号と言語を問うているからだ。

なぜ身体を微粒子の集合とその強度として捉えるのか——戦争と国家

「ミクロ政治学と切片性」（第九章）に入ると、この本は表現の地層をはるかに離れ、表現と内容を貫通する次元に旅立ち、「捕獲装置」（第一三章）にいたるまで、さまざまな時空をかけめぐる。この奇妙な「思想的遊牧」についていくつか方法論上の注釈をしながら、その問題提起の特異性に触れておくことにする。

まずドゥルーズ＝ガタリは、ひとつの身体（あるいは多様体）を定義するのに、やはりスピノザ主義を援用しながら、二つの軸（経度と緯度）を設けている。経度のほうは、ひとつの身体を構成するあらゆる微粒子の集合であり、外延的部分である。この部分は微粒子間の運動と静止、速さと遅さの関係によって規定される。緯度のほうは、ひとつの身体を触発するさまざまな「強度」からなる。そのような触発（情動）の総体が「緯度」と呼ばれ、これは一定の受容能力に対応する内包的部分である。

なぜ身体（多様体）を、こんなふうに経度と緯度として、微粒子の集合と、それをみたす強度（情動）として捉えなくてはならないのだろうか。

『千のプラトー』は、ここでもう一度「強度」の定義を与えている。それはドゥルーズが『差異と反復』以来、決して手放すことのない概念である。強度とは、速度や温度のように分割することが不可能で、分割するなら性質を変えてしまうような度合いである。それは等質な単位に分解できず、ただゼロからの距離によって計ることができるだけだ。それは他のさまざまな速度や温度を包み、あるいはそれらに包まれているような速度や温度である。強度は、どこまでも異質なものの集合であり、すでに複合的で非等質だが、それでも、ゼロからの距離によって系列化され、確かな指標をもつひとつの秩序なのだ。経度と緯度、微粒子の関係と強度の秩序によって捉えられる身体は、決して固定した部分（器官）と機能をもたない。前に卵の発生について指摘したように、そこには形態ではなく、ただ閾、勾配、褶曲、局所的な移動と変化があるだけである。

おそらく、このような観点は、主体性や意味として現れる領域を解体し、「人間性」として固定した人間の表象を越えて、もっと微細な要素の、とどまることのない相互作用（触発）を捉えるために不可欠なのだ。こんなふうに捉えられた身体は、あるときは「器官なき身体」と呼ばれ、あるときは「平滑空間」と呼ばれ、またあるときは「リゾーム」と呼ばれ、また「遊牧性（ノマディスム）」や「戦争機械」として位置づけられる。

いったいなぜ「戦争機械」が、肯定的な概念でありうるのか。それは確かに私たちを当惑させる見方である。戦争とは国家がおこなうもので、正当化されるにせよ、正当化されないにせよ、巨大な暴力であり、正当化されなければ悪であり、生命を破壊するという意味ではいずれにせよ悪だからである。それでも現代の政治のあらゆる局面で、国家と戦争は不可分である。しかしドゥルーズ＝ガタリにとって、国家装置と戦争機械は、原理的に対極に位置する二つのモデルである。戦争は「集団の分散性と切片性を維持する」かぎり、どこまでも国家（全体性と統合性）を退ける傾向と運動を示すからである。

戦争という行為は元来、定住民ではなく遊牧民に属していること、遊牧民こそが武器の発明者であったことに、ドゥルーズ＝ガタリは注目している。もちろん、これは神話や考古学の次元の戦争にはよくあてはまる概念だが、戦争はやがて国家の戦争となる。戦争機械をみずからの装置の一部として帰属させることは、あらゆる国家の最も重要な課題のひとつである。戦争機械と戦士に特有の狂気、奇妙さ、裏切り、秘密性、暴力、情念といったものがあることを、ドゥルーズ＝ガタリは繰り返し指摘し、いつもそこに固有の危険と、国家に対抗する可能性を見出すのだ。

一方「国家装置」という主題については、国家について考えながら、ドゥルーズ＝ガタリが〈因果律〉について、時間の進展に沿う見方を捨てていることに注目しなくてはならない。国家が、一定の経済的発展の末に、一定水準の生産力やストックを前提として出現するという見方を、決してドゥルーズ＝ガタリはとらない。むしろストックを生み出すような経済の形態のほうこそが国家を前提とし、国家によって生まれるという。

そういう意味では、国家はいつでも、いたるところに、神出鬼没に出現する何かである。しかし神秘的な作用だというわけではなく、むしろ国家は、国家の出現を払いのける何らかの持続的作用がなければ、いつでもたちどころに出現し、あらゆるものを一気に「捕獲」し、変質させ、組織するような装置なのだ。逆にこのような捕獲の作用こそが、ストックや余剰労働や地代や税を生み出すとドゥルーズ＝ガタリは考えている。

国家はまだ存在していなくても、払いのけるべき限界点として、いつでも存在している。それゆえ、のちに存在することになる国家が、あたかもそれ以前の〈国家なき社会〉に作用するという、時間に逆行するかのような因果律を示すこともありうる。だから、そのような国家を予感し、あらかじめ退けることを原理とするような社会組織も成立しえたのだ。こうした逆方向の因果律にしたがうなら、われわれは、いったん取り返しのつかないほど強固に成立してしまった国家装置を払いのけるさまざまな流れに、もう一度合流するようにして思考することもできる。「戦争機械」のあらゆる特性は、しばしばそのような流れに直結するのだ。

地層や生命や国家の発生にさかのぼるドゥルーズ＝ガタリの思考は、いつも発生を現在と同時点にあるものとして捉える。思考においても実践においても、すっかり進化し、完成してしまったように見える秩序や形態の傍らに、われわれはいつでも、器官なき身体のようなもの、卵のようにコンパクトで未分化な差異の状態、いや、未分化に見えて実は豊かな差異の萌芽を含む力のスペクトラムを思考し、実践することさえできるのではないか。

退行とは確かに異なる「逆行（involution）」という概念に、ドゥルーズ＝ガタリは繰り返し触れている。「退行するということは、分化の度合いが最も低いところに向かう運動である。だが、逆行するということは、与えられた複数の項の「あいだ」を、特定可能な関係にしたがって、みずからの線に沿って逃走するようなブロックをなすことなのだ」（MP, p. 292／(中)一六〇頁）。単に「未分化」の状態に復帰するのではなく、「未分化」といわれる状態の差異の帯域にじかに触れるようにして、新たに「分化」をやり直すような「逆行」がありうる。「生成変化」とは、その意味で、進化でも退化でもなく、あたかも未分化であるかのような強度の状態に密着する分化なのだ。

動物になり、植物になり、遊牧民になるという生成変化も、その意味では決して「退行」ではなく、「逆行」であり、逆方向の因果律を、その場で再現するような試みでもある。ドゥルーズ＝ガタリが「生成変化」について書く文章は、しばしば異様に美しい。「エイハブ船長はモービー・ディックとともに抗しがたい〈鯨〉への生成変化に巻き込まれる。しかし、それと同時に、モービー・ディックなる動物もまた、耐えがたいほど純粋な白さに、まばゆいばかりに白い城壁に、銀の糸になり、少女の「ように」伸び、しなやかになり、鞭のようによじれ、さらには城塞のように聳《そび》えなければならない」（MP, p. 374／㊥三〇二頁）。

正確であるために必要な、非正確な表現

「何ものかを正確に指し示すためには、どうしても非正確な表現が必要なのだ。〔…〕非正確さは、いささかも近似値などではなく、逆に起こりつつあることの正確な経路なのだ」（MP, p. 31／㊤五一頁）。〈不正確〉ではなく〈非正確〉といわれる方法が、『千のプラトー』の思考を終始支えている。たぶん、これに対する感受性いかんで、この本（そしてドゥルーズ＝ガタリ）の受けとり方も大きく違ってくるはずだ。

ドゥルーズ＝ガタリは、フッサールを参照しながら、「計量的かつ形相的な固定した本質」と区別される「物質的な、しかも漠然とした、つまり流動的で、非正確だが厳密な本質の領域」（MP, p. 507／㊦一一二頁）について語っている。

感覚的な丸い物と、〈円〉という観念的本質の中間に、〈丸〉というもうひとつの本質が存在する。丸は、さまざまな道具によって感覚的な事物を丸くするという過程の極限であり、滑らかなかたちを求める情動の極限としてだけ存在し、事物と思考のあくまで中間に存在する。フッサールは、このような本質をむしろカントの「図式」に近づけたが、ドゥルーズ＝ガタリは、この中間的な、非正確な本質に、事物にも観念にも還元しえない独自の地位を与えようとする。

私たちは、ここでリゾームという〈秩序でないもの〉を、無秩序ではなく〈非秩序〉と再定義して、改めて〈非正確〉な本質に結びつけるべきかもしれない。模写ではなく、地図を作らなければならない、とリゾームについて考えながら繰り返しドゥルーズ＝ガタリは語っているが、地図はつねに実践と実験を導く極限の概念として、〈円〉ではなく〈丸〉のように、事物と観念の中間に実在する本質だというべきなのだ。

ドゥルーズ＝ガタリのいう「存立平面」は、このような「非正確な」、中間的本質が連結し合う場所に違いない。「多様体は、乾燥してもなおみずみずしさを失わない押し花のように、すべての次元を平たくし、なおかつ、その性質を保存しておくことができるのだろうか」(MP, p. 308／㈥一八八頁)。押し花という美しい比喩によってドゥルーズ＝ガタリがここで問うているのは、こんなふうにして、あらゆる非秩序、非正確が連結し、共振して、ひとつの無限に開かれた連結を形成するようなことはありうるだろうか、という問いである。

このような連結が起きるのは、ひとつの平面の上でなくてはならない。ある単純さをそなえたひとつの平面が、あらゆる非秩序と非正確を、知覚しうるものにするのでなければならない。ここでは固定した物質の形態でも、観念的な永遠の形相でもなく、知覚しえないものの図表だけが知覚され、中間として、しかも極限としてひとつひとつの実践を導くものが知覚されるのだ。

法を意味する「ノモス」という言葉は、もともと成文化されない慣習法を意味した、とドゥルーズ＝ガタリは書いている（『差異と反復』において、ノモスは囲いも区割りももたず、ただ一時的に住まれる土地であった）。それゆえにノモスは、ノマド（遊牧的）な法にほかならないし、決して空間を計量しながら占めるのではなく、ただ近傍を次々にたどって触覚的空間を形成するような法である。それは非正確と非秩序の法である。そして、このような法は、境界も座標ももたない砂漠のような空間（平滑空間）の法である。まさにそれは現代あるいは未来の遊牧民－民衆に、〈非秩序の法〉を示しているのだ。

古代の帝国はたえず遊牧民に脅かされ、帝国の歴史の傍らでは、いつもあまり歴史に書かれることのなかった遊牧民の流れと波が、世界史を形成する強固な巌《いわお》を洗っていた。『千のプラトー』は、しばしば極端な抽象的概念と、まったく具体的な素材のあいだを往復するが、その抽象主義と具体的プラグマティズムのあいだは、ノモスによっていつも結ばれている。ノモスは、国家の理性として存在しようとする哲学の理念的抽象化の方法とはまったく異質な知覚的抽象化を示している。このような異質な抽象化によって、『千のプラトー』はヨーロッパの思考をその「外」に向けて、繊細に、しかも大胆に開こうとしている。固定した実体や体系を退け、主体と客体の分割を否定し、流動や混沌にしたがう知的伝統がアジアのもの（仏教、禅、老荘思想、等々）だとすれば、アジアへの生成変化が大きなテーマになっているとも考えられる。アジアとヨーロッパのあいだには、アフリカさえ内包するアメリカという巨大な「中間項」もある。しかし『千のプラトー』の世界史は、決してそのような地理的区分に依拠してはいない。その「外」はもはやアジアでさえなく、アジアとヨーロッパという分割も許さない未知の平面として現れるしかない。

『千のプラトー』は、ベストセラーになった『アンチ・オイディプス』に比べて、ずっと静かに迎えられ、むしろ徐々に次の世紀にいたるまで世界に深く広い影響を及ぼしてきた。一九六八年の出来事からも、マルクスからも、フロイトからも、この本は遠いところに移動し、長く、深い射程で思考の転換をはかり、転換を実現した本であったといえる。もちろん多くのことが、まず『アンチ・オイディプス』において始まったのだ。この二つの本は、生命、言語、芸術、身体、マイノリティ、国家、政治、戦争、等々について考えようとするとき、これからもさまざまな場面で、本質的な示唆を与え続けることだろう。思想の新しい方法とスタイルという点でも、何か決定的な、忘れがたいものが達成されたといえるだろう。

ノート：カフカへの分裂者《スキゾ》分析

ドゥルーズ＝ガタリの『カフカ――マイナー文学のために』（一九七五年）は、二つの大著のあいだに刊行された。この本の与えたカフカ像には、ほんとうに驚かされた。笑うカフカ、攻撃的なカフカ、欲望するカフカ、群れの中のカフカは、悲壮で、孤独で、メランコリックな従来のカフカ像と、あまりにも違っていた。この本は、分裂症を、現代社会を読み解くための本質的な過程として捉え、その過程によってさまざまな事象を解読しようとする「分裂者分析」を、カフカに対して（カフカとともに）試みているという点では、『アンチ・オイディプス』の続編であり応用編である。一方、すでにマイノリティの言語と政治性に対する集中的な分析であるという点では、『千のプラトー』を圧縮する序曲となっている。ドゥルーズ＝ガタリは、とりわけチェコのプラハに住むユダヤ人で、ドイツ語で書き、イディッシュ語の演劇にも親しんでいたカフカの言語の情況に注目した。マイノリティのありようを、民族や言語を越えてある本質的な様相として捉える彼らの見方は、『千のプラトー』では、「マイナーへの生成変化」として、この本の全体を貫くテーマとして拡張されることになる。

もちろんカフカ論としても、これは研究者たちに多くの反発と刺激と共感を巻き起こした書物である。文芸批評、文学理論という観点からふりかえってみれば、一九六〇年代からは、構造主義、テクスト理論、記号学、精神分析と結びつき、現代文学の前衛の作品とも手を組んできた革新的な批評理論がさかんに提唱されてきたのだ。フランスはそのような渦の中心でもあった。ドゥルーズ＝ガタリは、二つの大著とともに、特にこのカフカ論によって、文学研究に対しても強烈な異議申し立てをし、「機械論的分析」とでもいってよい鮮明な立場を新たに打ち出したといえるだろう。もちろん、ドゥルーズ自身の文学の読み方をたどるなら、一九六〇年代のマゾッホ論やプルースト論から、晩年のベケット論『消尽したもの』（一九九二年）にいたるまで、彼の哲学的展開に対応するさまざまな位相を想起する必要がある。たとえば『意味の論理学』（一九六九年）に付された「ミシェル・トゥルニエと他者のない世界」や、『批評と臨床』（一九九三年）中のメルヴィル論「バートルビーあるいは定式」など、この意味でも忘れがたいテクストが数々ある。ドゥルーズのこれらの読解は、しばしばその後の作家研究の動向に鋭く介入することになった。

注

（1）　G・ドゥルーズ＋F・ガタリ『リゾーム』（『エピステーメー』臨時増刊号）、豊崎光一翻訳・編集、朝日出版社、一九七七年（のち、『リゾーム…序』豊崎光一訳・編、朝日出版社、一九八七年として再刊）。

第五章　映画としての世界——イマージュの記号論

『シネマ１』（1983年）

『千のプラトー』を完成してからも（一九八〇年）、ドゥルーズはもう一度『哲学とは何か』という本を、ガタリとの共著として発表することになるが（一九九一年）、ほぼ一〇年あまり続いた「資本主義と分裂症」をめぐる濃密な共同作業は一段落して、晩年の約一五年は単独の著作を中心に書くことになる。一九八七年には、二〇年近く教えたパリ第八大学を退官する。自殺する前の数年は、二〇年来の肺の病が悪化して手術を受け、人工呼吸器で過ごすことになった。

この一五年間の著作活動も、きわめて充実し、また多様であった。『フランシス・ベーコン　感覚の論理学』（一九八一年）、『シネマ1　運動イメージ』（一九八三年）、『シネマ2　時間イメージ』（一九八五年）、『消尽したもの』（一九九二年）は、それぞれ視覚芸術に捧げられた書物である。『消尽したもの』は、サミュエル・ベケットのヴィデオ作品についてのエッセーで、ベケット自身のテクストと合わせて刊行された。『シネマ1』を刊行したときのインタビューで、ドゥルーズはこう語っている。

哲学が、絵画であれ映画であれ、何か他のものについての思索であるとは思いません。哲学は概念を扱うものです。概念を生み、創造するのです。絵画とは、あるタイプのイメージ、線、色彩を創造するものです。映画はまた別のタイプのイメージを、運動イメージ、そして時間イメージを創造します。だが、概念もまたそれ自体がイメージである。つまり思考のイメージなのです。概念を理解するのは、イメージを観ることより難しいわけでも、やさしいわけでもありません。つまり問題は映画について思索することではない。現代絵画のイメージや、映画のイメージ等々と響き合うような概念を生み出すのは、哲学者にとって当然のことなのです。(「観客としての哲学者の肖像」DRF, p. 197／(下)二一三―二一四頁)

ドゥルーズは以前の著作でも、たびたび映画や絵画に触れていたが、これらの著作で初めて、イメージ(イマージュ)に真正面から立ち向かい、同時に、言語についていくつかの観点から深めてきた思索を、さらにイメージに照らし合わせ、いわば新しい〈記号論〉として展開していった。そしてイメージをめぐる思考は、この発言にもはっきり示されているように、「概念それ自体がイメージである」という見方と切り離せない。

そして一方『フーコー』(一九八六年)、『襞――ライプニッツとバロック』(一九八八年)、『哲学とは何か』(一九九一年)は、『差異と反復』の延長線上にあって、もう一度、哲学は何をなしうるか、「概念」とは何でなくてはならないか、「概念」の生とは何かを考えぬこうとした書物であるといってよい。

哲学や形而上学の終焉を声高に唱える知識人に対抗して、「哲学の死など信じません」というのが口癖だったドゥルーズは、哲学の永遠の生をもう一度、最終的に確認するために遺書を書こうとしたかのようである。しかし、どんな哲学でも生きのびるわけではないし、どんな哲学でもいいわけでもない。『アンチ・オイディプス』以降、あたかも哲学から遠くに旅するように思索したドゥルーズは、こうして新しい遠近法を得たあとで、もう一度、哲学とは何かを問うのである。

死後にテレビで放映する予定でおこなわれた合計八時間に及ぶインタビュー『ドゥルーズのアベセデール』(一九八八―八九年収録)、主な対話やインタビューを収録した『記号と事件』(一九九〇年)、主要なエッセーや序文を集めた『批評と臨床』(一九九三年)は、ドゥルーズがまるで着々と死の準備をしていたかのようである。

二巻からなる『シネマ』は、二冊合わせるなら、ドゥルーズ自身の著作としては最大のものである。〈映画史〉を、これほど本質的に、哲学的な枠組みで書ききった本は、他にあまり例がない。それは、もちろんひとつの熟成した哲学を背景にもつ映画論として、映画の批評や理論に、とても豊かな概念を提供しうる書物である。明らかに、ひとりの哲学者が映画へのひそかな愛を告白したというような本ではないのだ。確かに彼のそれまでのあらゆる思索が映画に適用されているといっていいが、「問題は映画について思索することではない」とドゥルーズがはっきり書いたことの意味は、少し定義しがたい面をもっている。

たぶんドゥルーズが続けてきた哲学的思考そのものに、何か映画的なもの、映画のイメージに本質的に対応するような何かが含まれていた。言語によって、言語として、概念や知を構成する哲学の思考が、いつも非言語(身体、物、物質、イメージ、力)と交錯し、たえず知の外の動き(感情、欲望、無意識、知覚)に直面していることに、ドゥルーズの哲学はいつでも敏感であった。そしてまた『アンチ・オイディプス』で表現されたようなさまざまな機械の連結（マシニスム）と、ドゥルーズの思考は深いかかわりをもっている。おそらくドゥルーズ独自のそのような思考のあり方が、映画という新しい「機械」と特異な関係を結ぶことになったのである。

映画に関する先駆的な思想家たち（ヴァルター・ベンヤミン、ジークフリート・クラカウアー、中井正一……）は、しばしば大衆の登場と不可分な集団的芸術という、映画の新しい社会的側面に注目したのだった。ドゥルーズもまた映画と不可分の集団、あるいは民衆の問題についても語っているが、何よりもまず映画を思考の問題と隣接させ、映画的思考といっていい何かをはっきり視野に置いて、この本を書いている。映画が思考にもたらしためざましい転換は、現実的であると同時に、潜在的である。つまり映画がもたらした転換は、まだ十分に把握されていないし、また実現されてもいない面をもっている。当然ながら、映画は考えられる前に、まず見られたのだ。

ドゥルーズにとって、映画の集団性は、あくまで映画がもたらした潜在的な転換にかかわり、まだ現実化していない民衆にかかわっている。そして映画がもたらした転換は、映画自体を生み出した、より深い転換にかかわっている。映画は、資本主義の変質とともに生まれた新しい集団性、欲望、知覚、記号、速度と深いかかわりをもっていたに違いないのだ。

映画はあらゆる種類の不思議な記号を増殖させている

映画についての講義を始めてから一年経って、彼はいままで話したことを全部ご破算にしてゼロから組み立て直す、といったことがある。映画についての思索が二冊の本として結晶するまでには、おそらくかなりの障害を乗り越えなければならなかった。それは映画の中に折り畳まれた思考の潜在性や外部性に、哲学がどう触れていくことができるか、という根本的な問いにかかわっていたのではないか。

「映画について書くにいたったのは、かなり以前から記号の問題を引きずってきたからです。その問題を解くのに言語学が適しているとは思えなかった。そこで映画に行きあたったわけですが、それは映画がイメージ＝運動からできていて、あらゆる種類の不思議な記号を増殖させているからです」（「観客としての哲学者の肖像」DRF, p. 202／(下)三〇一三一頁）という発言は、確かに映画論の中心のモチーフを指示している。しかし決してドゥルーズは、映画の「記号学（セミオロジー）」を試みたわけではない。構造主義言語学をモデルとし、言語をモデルにしてあらゆる記号を捉えようとする記号学は、ドゥルーズの哲学として構想する記号論（セミオティック）とは、どうしても相容れない。

たとえば、かつて『プルーストとシーニュ』（一九六四年）で、記号を何よりもまず「徴候」や「症候」とみなし、言葉だけではなく、身ぶりやまなざしや声色といったさまざまな表現の複合として捉えるプルーストの試みに、ドゥルーズは注目していた。そういう観点にとって、あらゆる記号のモデルとなる「言語」というような自明な対象はありえないし、それを前提にして作品を読解することはできなかった。

さらに『意味の論理学』（一九六九年）では、身体と物質の次元（深層）から決定的に分離した表層として、「意味」を定義した。非身体としての言語は、人間に固有の、物の次元に還元されない次元であり、それが精神と創造を支えている。けれども表層として分離された言語は、一方ではたえず深層に隣接し、深層に脅かされてもいる。そのあとの『アンチ・オイディプス』（一九七二年）と『千のプラトー』（一九八〇年）では、言語の次元は、はるかに多数多様化され、いつもさまざまなタイプの欲望機械に、集団的アレンジメントに連結されている。

言語は音声として話され、聞かれ、文字として書かれ、見られる。しかし言語という自明な対象があらかじめあるわけではなく、声を発する口腔、線を刻む手があり、その線を見つめる眼がある。『アンチ・オイディプス』は「原始土地機械」において、身体に何らかの刻印をする儀式が、どのような記号の体制を構成しているかに注目していた。このような儀式は、「語りあるいは詠唱する音声」、「生身に深く刻印される記号」、「苦痛から享受を引き出す眼」という、それぞれ独立する三つの要素（「野生の三角形」）から構成される。ニーチェは『道徳の系譜』で、債権者が債務者の身体に焼き印を捺す場面に、道徳の発生を見ていた。この残酷な場面において、音声と刻印が、負債を負ったものの苦痛とそれを見つめるまなざしによって、結びつけられる。アルトーの「残酷演劇」が、表記を通じて固定された言語に対する糾弾とともにあったことは、このような記号の過程と決して無関係ではない。

ひとつの言語が話され、書かれるという事態に、私たちはふつう何の疑問ももたず、言語が表記され、発音されるとき、表記と発音と言語を一体であるかのようにみなしている。しかし言語が、あらかじめそのように有機的な一体として受けとられる以前には、少なくともこのように、音声と刻印（文字）が異質な要素として独立に存在すると感じられるような状況がありえた。したがって何らかの操作や儀式を通じて、これが緊密に結合されるような過程がなくてはならなかった。実は音声（言うこと）と図像（見ること）が分離するような状況は、いつでも現れるのである。たとえば映画では、いとも簡単に音声と映像をばらばらにし、映像を、まったく無関係な音楽や科白やナレーションとともに見ることもできる。そのとき視覚と聴覚のあいだに、思考は向かうことになる。

言語が純粋に音声としてイメージされ、しかもそのイメージが緊密に文字と対応するような状況は、『アンチ・オイディプス』では「専制君主機械」に固有の段階としてとりあげられていた。現代の国語や外国語の教師も、言語学者も、かつて「専制君主機械」が作り上げたような固定的な言語のあり方に頑迷にしがみついて、言語を分析したり、操作したりしているにすぎないかもしれない（正しいつづり、発音、用法、シニフィアン……）。私たちは言語のリアリティとはかなりずれている強迫的な言語のイメージに、とらわれたままでいるかもしれないのだ。言語ではなく記号を問題にし、歴史を構成する力関係や集団性や、さまざまな「機械」の中で記号を捉えるという発想にとって、おそらく映画は限りなく豊かな材料を与えてくれるはずだ。

映画とベルクソン

そしてまたドゥルーズの映画論は、早くからドゥルーズを惹きつけていた運動と時間をめぐるベルクソンの画期的な思想を、再び現代に照らし合わせる実験でもあった。

一九〇七年、『創造的進化』においてベルクソンはまずい定式を考え出した。「それは映画的錯覚である」という定式である。映画はまさに相補う二つの与件によって機能する。一方にイメージと呼ばれる瞬間的切片があり、もう一方に非人称的、画一的、抽象的で不可視な、または知覚不可能なひとつの運動あるいは時間があり、これは装置の「中に」あり、これとともにイメージが繰り出されるのである。映画は、それゆえ贋《にせ》の運動をもたらす。映画は贋の運動の典型的な例である。(IM, p. 10／四頁)

しかしドゥルーズはベルクソンの「映画的錯覚」という定式をすぐにひっくり返してしまうのだ。

〔知覚の〕モデルは、むしろ変化してやまない物の状態、流れとしての物質であって、そこではどんな定着点も、参照の中心も指定不可能である。このような物の状態から出発して、どのように任意の点に中心が形成され、それが瞬間の固定した視覚を強いることになるか示さなくてはならない。それゆえ意識的、あるいは自然的、あるいは映画的な知覚を演繹することが問題になる。しかし映画はおそらく大きな長所をもっている。まさにそれは定着の中心も地平の中心ももたず、それが操作する切片は自然的知覚が下降してきた道筋をさかのぼることを妨げないからである。(IM, p. 85／一〇四頁)

現象学の意味する「自然的知覚」は、すでにゲシュタルトや志向性によって中心化された知覚を指している。モーリス・メルロ＝ポンティ(一九〇八―六一年)は、映画はこのような「自然的知覚」を捉えることができないと批判したが、ベルクソンにとって、知覚以前には何よりもまず、図式も中心ももたず、あらゆる方向に向けて作用し作用される運動、変化、流れがあるだけである。運動と運動体の区別はなく、物の出現と物自体のあいだにも区別がない。運動であり運動体でもあるものは「イメージ」と呼ばれる。ベルクソンは観念論と唯物論の矛盾を越えようとして、観念も物も等しくイメージとして捉えるのである。

人間の「自然的知覚」は、「非中枢的な知覚」をすでに意識や行動のさまざまな要求によって中枢化し、固定している。ベルクソンは、映画的知覚をひとつの「錯覚」として、瞬間的な点の継起として偽の運動を構成する悪しき知覚の典型と考えたが、ドゥルーズはむしろ映画こそが、中心も志向性ももたない知覚を与えるのに絶好の装置だと考える。映画の中でこそ、運動は運動体と分かたれないものになり、中心をもたない知覚がじかにイメージと出会うことができる。映画は「非中枢的」な知覚を与えるのである。ベルクソンは映画を批判したが、映画の本性はベルクソン的なのだ。

しかしドゥルーズは、映画にはいつでも、必然的に、無条件に、このようなことが可能だと考えているのだろうか。実は、映画はさまざまなかたちで中枢性を再構成し、または新たに獲得する。『シネマ1　運動イメージ』の巻は、映画機械の非中枢性を前提としながら、それが中枢性を〈感覚運動的〉秩序として構成していく過程を分析している。こうして新たに中枢性を作り出すこともまた、映画の偉大な創造に属するのだ。その中枢性は、ほかでもなく映画の観客の知覚に照準を定め、観客は非中枢的に現れたイメージを、それでも自己の関心にしたがって中枢的に、選択的に見つめるのである。

しかし『シネマ2　時間イメージ』の映画群では、逆に聴覚も視覚も〈感覚運動的〉秩序の中枢性をしだいに離れ、新たな非中枢性に滑り込んでいく。「運動イメージ」から「時間イメージ」への移行とは、知覚や情動や行動や、あるいは心理をめぐってひとたび中枢化された映画（＝運動）が、そのような中枢性を離脱した映画（＝時間）に変貌していく過程である。

ドゥルーズは『運動イメージ』の末尾で、ジョン・カサヴェテス、ロバート・アルトマン、ヴィム・ヴェンダース、マーティン・スコセッシ、アメリカ時代のフリッツ・ラングについて語りつつ、また小説家ドス・パソスさえも引き合いに出して、新しい非中枢的イメージの特徴を五つ挙げている。「散逸的状況、故意に弱められた脈絡、彷徨の形態、紋切型の自覚、陰謀の告発」(IM, p. 283／三六四頁) である。

まず映画は行動からも、明確に構成された物語からも離脱して、彷徨し、散逸し、脈絡を失うようになる。人物たちもまた、事件を主体的に担うようにしてではなく、ふりかかってくる事件にあたかも無関心であるかのように対し、ただ出来事に翻弄され、それを見つめるだけだ。あるいは砂漠や荒野に似た都市の空き地をあてどもなくさまよい、呆然とするだけだ。行動という原理を離脱した時間が、そしてその時間の知覚が、映画の中心を占めるようになる。

脈絡のない散逸した状況を結合し、脈絡を欠いたものに脈絡を与えるのは「紋切型」だ、とドゥルーズはここで、小説に「カメラ・アイ」を導入したといわれる作家ジョン・ドス・パソス(一八九六―一九七〇年)を引用していうのである。「紋切型」の生成は、巨大なメディアの成立と切り離せない。

刻一刻生み出され、流通し、吹き込まれ、伝染され、再生産される大量の情報は、人々が思考する前に、人々に代わって思考し、たえず散逸する状況の空白をたちまちみたす。そして、このような事態そのものが、どこからくるとも、誰の権力や命令によるとも知れない「陰謀」のように機能する。巨大メディアや資本や国際的な組織と切り離せない映画そのものも、「陰謀」に巻き込まれ、それ自身「陰謀」として機能しうる。

それゆえ映画が行動的中枢性から離脱するとき、単に映画は物語や行動や意味から、あるいは「イデオロギー」から自由になるわけではない。映画は、より恐ろしい、非人称的な、見えない、どこからやってくるとも知れない力に直面し、それに翻弄され、それに対抗しなければならないのだ。

映画における知覚の中枢性と非中枢性は、それ自体さまざまな水準や位相で、さまざまに交錯しながら現れる。映画の歴史は、そのような交錯の中にあり、交錯のもたらす変化として現れる。そして歴史はいつも、出来事を形成し、あるいは出来事を退ける有形無形の、可視不可視の、力のせめぎ合いの中にある。

『運動イメージ』は、ベルクソンの運動の理論にかなり忠実に、知覚・情動・行動に対応する三つのイメージを分類し、主に第二次世界大戦以前の映画を分析しながら、この三つのイメージ概念を肉づけしている。どれか特別なイメージが他のイメージに比べて優位に置かれたりすることは決してない。けれども、こうしたイメージの総体としての「運動イメージ」が、やがて危機に遭遇し、映画が本来もっている非中枢性を露出させる。運動イメージにおいては〈運動〉(中枢性)が〈時間〉(非中枢性)をしたがわせ、しばしば〈時間〉そのものを隠蔽していたかのようだ。総じて時間は運動の数値であり尺度であるにすぎなかった。時間はまだ間接的に表象されるだけで、決して直接に映画の対象となることがなかった。

こうしてドゥルーズは『時間イメージ』で、もはや運動にしたがうことのない時間そのものの表現としての映画について語る。時間は、思考と身体を、新たな非中枢性の中に導く、というのである。

自由間接話法という映画のもうひとつの本質

『運動イメージ』の第五章「知覚イメージ」で、ドゥルーズは知覚の主観性と客観性という問題を提出している。もちろん知覚が客観的であるとき、知覚は中心をもたず、非中枢的である。ベルクソンにしたがって知覚の両極はこう定義される。

> ある知覚において、もろもろのイメージがひとつの中心的特権的イメージにしたがって変化するとき、この知覚は主観的である。知覚が物の中にあって、その知覚においてあらゆるイメージが他のイメージにかかわりつつ、あらゆる側面、あらゆる部分で変化するとき、この知覚は客観的である。(IM, p. 111／一三七頁)

眼に傷を負ったひとりの男をカメラが捉える。この男が自分のパイプを見るとき、眼の傷のためパイプがぼけて見える。カメラはぼけたパイプの像を与える。端的にいって、カメラが最初に捉える像は客観的で、ぼけたパイプの像は主観的である。カメラがひとりの女を捉える。次にその女を見つめている男を捉える。女を捉えるカメラは、男の主観的な知覚を示し、男を捉えるカメラは客観的な知覚を示す（もちろん、その逆もありうる）。しかし客観的といわれるカメラの知覚は、カメラマンと監督の意図によって、もちろん主観化されている。たとえ全面的に主観的ではないとしても、カメラの知覚はいつも半分だけ客観的で、半分は主観的である。

ドゥルーズはここで、ピエル・パオロ・パゾリーニ（一九二二―七五年）が映画における自由間接話法について語ったことに注目している。自由間接話法は、いわゆる間接話法の文から、主節（「彼女は思う」）を省略し、従属節（「操《みさお》を失うよりは、拷問に耐えよう」）だけを残したかたちである。したがって、この話法は、話者から分離した主節の人物（彼女）の主観的状況を示し、同時に話者の言表に溶け込んでしまった客観的記述という性格をもっている。

自由間接話法は、映画の中で結局どのような問題として現れるだろうか。

ひとりの人物がスクリーンの上で行動し、ある仕方で世界を見ているとみなされる。しかし同時にカメラが別の視点から彼を見、彼の世界を見、思考し、反省し、人物の視点を変形する。〔…〕カメラは単に人物とその世界のヴィジョンを与えるだけでなく、別のヴィジョンを強い、その中で第一のヴィジョンは変形され、反省される。この二重化をパゾリーニは「自由間接的主観」と呼んでいる。（IM, p. 108／一三三頁）

このような「二重化」は、映画の観客に「カメラを感じさせる」。映画の知覚は、主観性と客観性のあいだで揺れ、自由間接的な知覚として両方を混合することがある。幻想や夢に似て極度に主観的に見える場合と、流動する不安定な物の客観的状態とが、ほとんど類似していることがある。中枢性の極に非中枢的な幻覚が現れ、非中枢性の果てに中枢的な運動が反復されたりもする。そもそも、中枢性をひとつの知覚主体に還元することはできない。知覚の過程には無数の中心（自我）がかかわっているからである。

「知覚イメージ」によって映画の分類を開始したとき、たちまちドゥルーズは、映画における非中枢的なものは、映画的知覚の本質にかかわりはしても、あくまで潜在的な極として存在することを示し、むしろ非中枢性と中枢性の両義性のたえざるドラマとして、映画的創造を捉えようとしているように見える。

そして『運動イメージ』で自由間接話法として提出されたモチーフは、『時間イメージ』においても、映画がもたらす別の言語行為、別の集団性や複数性の問題として、はるかに大きな射程の中で論じられるのだ。

あたかも映画の出発点にあった非中枢的な知覚の真の潜在性は、運動や行動に導かれる展開から離脱した時間の中に入り、自由間接話法と呼ばれるようなアレンジメントとして開放され、より広大な次元で、あるいはよりひそやかな、知覚しがたい次元で現実化されるように、あらかじめ予定されていたかのように。

言語行為と民衆

『時間イメージ』の後半では、音声と映像が分離し、画面外から、画面に対応しない音声が聞こえてくる、いわゆる「ヴォワ・オフ（オフヴォイス）」の手法が、映画記号に新しい状況を作り出すということを、ドゥルーズは繰り返し強調している。

たとえば、ジャン＝リュック・ゴダールのヴィデオ作品『映画史』（一九九八年）では、ヴォワ・オフは恒常的であり、無数の映画の断片、実写映像、ゴダール自身のナレーション、引用されたテクストの朗読、対話、画面に重ねられる文字、音楽、歌など、実にめまぐるしい記号要素が交替する。映画を構成する記号のこのような分裂と、さまざまなかたちの再結合は、あらゆる記号を同じ平面で流動的に操作しうる視聴覚テクノロジーの発達や、それがもたらした知覚の変容と密接に関係しているに違いない。

二〇世紀初頭の文学・芸術におけるさまざまな前衛的実験は、すでにこのような記号の分裂とともにあった。音声と文字、言葉とイメージ、聴覚と視覚が引き裂かれるとき、記号が覆っていたさまざまな亀裂と振動が知覚される。記号の分裂から、あるいは記号の間隙から、新たな言語行為をとりだすこと、新たな自由間接話法を作り出すこと――これがドゥルーズの『シネマ』二巻が、最後に未来に向けて示している指針だといってよい。

グラウベル・ローシャ（ブラジル）、ピエール・ペロー（カナダ、ケベック州）、ミシェル・クレイフィ（パレスチナ）、ウスマン・センベーヌ（セネガル）、ユーセフ・シャヒーン（エジプト）のような第三世界あるいはマイノリティに出自をもつ映画作家たちは、決してみずからの集団のアイデンティティを強化し、起源の神話にさかのぼっていくようにして映画を作っているのではない。彼らが植民地（的）収奪や支配の悲惨な状況から、どんな「言語行為」を作り上げているかに、ドゥルーズはとりわけ注目している（IT, pp. 282-291／三〇〇―三一〇頁）。

そして言語行為とは、個人のものでも集団のものでもなく、個人と集団の障壁を通りぬける行為そのものである。民衆はあらかじめある集団（大衆、労働者、群衆、等々）ではなく、それぞれの個人がさまざまな場面で、さまざまな言語行為、あるいは仮構作用を通じて、民衆になり、民衆に生成変化するのである。民衆は欠けているものだが、たえず生成されるもの、生成されるべきものでもある。

ドゥルーズがとりあげている第三世界の映画の政治性は、従来の欧米の政治映画の政治性とは違っている。欧米の政治映画は、しばしば意識や主張や思想の中に政治を見出してきた。そうではなく、第三世界の映画では、政治性は、むしろ個人と集団を貫通する言語行為を発見し、あるいは創出しながら、そのつど生み出されなければならない何かである。

そのような発見や創出の過程は、失神や、発作や、暴力にかかわり、生きがたく、耐えがたい状況に直面することであるかもしれない。映画は、そのような状況でフィクションを作る余裕などなく、じかに現実のエピソードに触れるしかない。それは、あらかじめ存在する神話、あらかじめ存在する民衆の映画ではない。神話と民衆は、それぞれのエピソードにおいて、私的な場面と集団的な次元とを貫通していく言葉の過程から、新たに出現するだけである。政治映画というジャンルがあるのではなく、政治を生み出し、また政治に介入する言語行為を発見し創造する映画があるだけである。

「マイナー文学のために」という副題をもつ『カフカ』、そして『千のプラトー』でも、ドゥルーズ＝ガタリは、マイノリティをそのアイデンティティの擁護という観点から思考することを一貫して否定している。たとえば、少数民族が、マジョリティの言語に対抗して自分の言語を保持しようとすることよりも、むしろマジョリティの言語を用いながら変形してしまうことに彼らは注目している。マイノリティとは、アイデンティティの外部で非平衡的状態を生きる存在であるからこそ本源的である。それは、質にも量にも、形態にも機能にも還元できない、まさに強度の集団的状態を示している。民衆は、決して「大衆」ではないし、特定の階級でも身分でも、集団でもない。民衆とは、ある言語行為の集合であり、ある移動、強度、生成の集団的状態そのものである。

言語をモデルとする「記号学」ではなく、言語を離脱する「記号論」を構想し、はじめはそれをベルクソンの哲学のモチーフにしたがって展開したドゥルーズは、やがて映画の記号が限りなく分裂していく過程に注目しながら、もはやどんな統一も総合もありえない世界のイメージそのものとして映画を捉えているように見える。しかし世界の中に散乱するように見える映画が、どんな思考、身体、政治、民衆の兆《きざ》しを含んでいるのか——ドゥルーズの思考は徐々に、そのような問いに向かっていくのだ。

『運動イメージ』の冒頭でドゥルーズは、ベルクソンを引用しながら「開かれた全体」について語っていた。ベルクソンにとって、全体とは「たえず変化し、新しい何かを生じさせ、持続するような」何かである。「運動とは持続と全体における変化を表す」（IM, p. 18／一六頁）。このような全体‐持続は分割不可能で、分割されたなら質を変えてしまうような何かである。

『創造的進化』に出てくる、コップの水に砂糖を溶かすという、あの名高いエピソードが引用される。目の前には、コップと水と砂糖とそれをかき混ぜるスプーンという、部分からなる集合があり、空間的配置があるにすぎない。しかし水と砂糖が溶け、砂糖水になっていくという変化をとげるのは、決して部分に分割されないひとつの全体である。そして、この変化は、これらの部分のあいだの関係の変化であると同時に、その変化を認知する精神の側の変化でもある。

このような「全体」は、それ自体、意識の働きの全体性を示している。非中枢的な知覚だけでなく、分割不可能でたえず変化や生成に向けて「開かれている」このような「全体」の概念を、ドゥルーズは映画論の出発点に置いたのである。運動イメージがさまざまな実験や創造を経て洗練され、感覚運動的な知覚を完成させていく過程においても、ドゥルーズの思考の地平線には、いつもこの「開かれた全体」があり、だからこそ映画芸術のおびただしい「変化」について、一貫した鋭敏な思考を持続することができた。

しかし『時間イメージ』第七章「思考と映画」においてドゥルーズは、この「開かれた全体」の概念を再度とりあげ、あたかもそれではもう不十分だというように、こんどは「外部」としての全体という概念を提示している。同時にまた、刺激と、それに対する反応のあいだの「隔たり」として「脳」を捉えるベルクソンに対しても、やや否定的な見解を示してもいる。

われわれがいま、全体とは外部であるというのと、古典的映画について、全体とは開かれたものであるといったのと、二つのあいだに大きな違いがあるとは思えないかもしれない。しかし開かれたものは時間の非直接的表象と一体であった。運動が存在するいたるところには、時間の中に、どこかで開かれた変化する全体があった。〔…〕それゆえ映画において全体は二重の引力にしたがい、イメージを内部化し、またイメージにおいてみずからを外部化しながら、たえずみずからを生成した。それはいつも開かれた全体であって、これがモンタージュまたは思考の力能を定義していたのだ。われわれが「全体とは外部である」というとき、事情は異なっている。なぜなら問題はもうイメージ間の連合や引力ではない。重要なのは反対に、イメージのあいだの、二つのイメージのあいだのすきまである。つまり各々のイメージが空虚から自分を引き離し、またそこに陥ってしまう、そのような空隙である。(IT, pp. 233-234／二五〇―二五一頁)

おそらくベルクソンは〔…〕、根本的な変化の要素を導入したのである。脳は、もはやひとつの刺激とひとつの反応のあいだの、ある隔たり、ある空虚でしかなく、空虚以外の何ものでもない。しかし、この発見がいかに重要だとはいっても、この隔たりは依然として、そこに体現される統合的な全体にしたがい、また隔たりを越える連合作用にしたがっていた。(IT, p. 274／二九三頁)

この引用を読んでいると、運動イメージと時間イメージのあいだの深い断絶の向こうに、さらに深い亀裂を見るような気がする。そして『時間イメージ』のドゥルーズは、もはやモンタージュの原理にではなく、カットとカットの異様な接続に、その裂け目に、また音声と映像のあいだの決定的な分離に、現代的時間の新しい表現を発見し、そこにまた、映画に押し寄せる恐ろしい力の影と、これに対する映画の揺らぎや闘争の軌跡を見ている。はじめは一見明白に見えた映画＝非中枢的知覚という図式は、こんなに遠く、知覚しがたい場所まで、亀裂や脅威や乱流にみちた場所まで導かれるのだ。『シネマ』を、のんきにベルクソンの運動、持続、記憶の哲学の延長線上で読んでいるだけなら、映画が現代性として出会った数々の新しい問題に気づくことはとても難しい。

映画のようになってしまった世界

こうしてドゥルーズの思考は、第一巻には見られなかった複雑な振幅を示すようになる。彼は映画を通じて歴史の深層に潜り込んでいき、やがて未来の徴候を探り始めるようである。映画の未来だけではなく、実は人間の思考、脳、身体、集団の未来が問われている。

この移行は、もしかすると『アンチ・オイディプス』から『千のプラトー』への展開に、あの飛躍や深化に似ているかもしれない。『時間イメージ』は、ベルクソンの時間論を映画に照らし合わせ、豊かなヴァリエーションをもつもうひとつの時間論を構成しているが、この時間論は、同時に圧倒的な広がりと深度をもつ世界論になっている。時間について語ることは、資本について、生命について、身体について、中心も真理もない世界について、権力や情報について、思考の外部について語ることと同時進行する。確かに、この第二巻も、つねに映画作品についての細かい分析とともに進行するのだが、映画として現れた世界を通じて、第一巻よりもはるかに縦横無尽に世界そのものについて語る書物になっているのだ。

この映画論は、『千のプラトー』が遺伝子から宇宙まで、小鳥の歌から戦争の喧騒まで、古代から現代までを飛び交う思索を繰り広げたのに似て、広大なスケールに開かれていく。決してひとつの原理や図式を、映画から宇宙にまで貫徹させているのではない。あくまでも映画という現世の芸術を通じて時間の問いに迫り、時間が含んでいるさまざまな潜在性を注意深くとりだすことによって、この思索は、めくるめく世界の断面を次々と発見する。

ひとつの時間論を膨大なスケールに広げながら、やはりその中心に、現代として私たちが生きているのはどんな時間か、という問いを設け、この問いのためにこそ時間について問うている。分割できない全体としての運動、過去と現在の厳密な同時性というベルクソンの論理を捉え直し、そこから歴史についてさえも問うている。

ドゥルーズが、ベルクソンと映画に共通に見たような、中心のない知覚の世界は、むしろさまざまなかたちで中心化され、構造化され、まさにそのような過程として、映画は偉大な作品と作家の歴史を生み出した。しかしドゥルーズの映画論は二冊によって二度反復され、しかも異なる位相で反復される。彼は映画史そのものを構成する中心化の歴史（そもそも歴史とは中心化する動きと不可分である）を問い、出発点にあった非中枢的知覚の次元を、何倍にも何重にも分岐させながら、中心のない現代世界の哲学をもう一度、試みたのである。歴史を非中枢化する試みともそれはいいかえられよう。

結局それは映画についての思索である以上に、映画に介入され、何かしら映画のようなものになってしまった世界についての思索なのである。そして精密な哲学的記述でありながら、映画作品のひとつひとつの断面を、切り子ガラスのカット面のように集積していて、ほとんど現代世界についての稀有な理論的〈小説〉として読むこともできる。「映画を作るのはわれわれではなく、世界が悪質な映画のようにわれわれの前に出現するのだ」（IT. p. 223／二四〇頁）。もし世界が悪しき映画のようなものと化しているならば、映画の中にこそ私たちは世界への信頼を再発見するかもしれない。そう書いたのは、ドゥルーズのめずらしいアイロニーだが、「信頼」という言葉自体にアイロニーは含まれていない。ただし「信頼」は、もはや映画の限られた一部、世界の限られた一部、そして哲学のひそかな場所にしか見出せないかのようでもある。

世界が悪しき映画のようになったのは、もちろん映画のせいだけではない。世界が映画の使用法を間違えたためだ。その後、世界はテレビから大小のコンピュータのモニターへと映像を氾濫させ、ますます映像が世界に置換されるかのように進んできた。「われわれはしばしば、映画的幻覚の性質について問うてきた。世界への信頼を取り戻すこと、それこそが現代映画の力である（ただし悪質な映画のことではない）。キリスト教徒であれ、無神論者であれ、われわれの普遍化した分裂症において、われわれはこの世界を信じる理由を必要とする。これはまさに信仰の転換なのだ」（IT, p. 223／二四〇頁）。もちろん信頼は信仰とは異なるものだ。この世界を信じることは、この世界の外に神を求めることではない。

実はこれは、映画だけではなく、芸術についても、哲学についても、いえることだ。そして問題は、映画、芸術、哲学を信じることではなく、それらを通じて世界を信じることなのだ。しかし、それらに代わって悪しき映像、美学、観念が次々世界を覆い尽くし、世界の知覚が妨げられる。世界が世界を裏切っているかのようだ。しかし世界がとりわけ悪しき映画のようになっているとすれば、映画こそがこの事態に介入しなければならないし、映画は実際にそのような役割を担ってもきたのだ。

「時間イメージ」の映画がもってきた強い批判的な性質は、〈世界を信じる理由〉と不可分だった。やがて次の世紀に移行して、映画は、デジタル映像の恒常的な洪水に呑み込まれ、むしろ「運動イメージ」のほうが席捲して、あまりにも慎ましく、ひそやかな「時間イメージ」は粉砕され忘却されつつあるかもしれない。これはむしろイメージの砂漠なのか。しかし「それぞれの砂漠を作り出すこと」とガタリとともに書いたこともあるドゥルーズにとっては、「砂漠」さえもひとつのプラトーでありうる。

第六章　哲学の完成

『哲学とは何か』（1991年）

ドゥルーズの最後の関心は、「哲学」であった。厳密にいえば、「哲学とは何か」であった。初期には、何人かの哲学者を精密に読み込みながら、しだいに独自の系譜と問題系を作り上げ、やがて彼は『差異と反復』（一九六八年）、『意味の論理学』（一九六九年）において、全面的に彼自身の哲学を構築し展開したのである。ガタリとの共同作業によって、その哲学は、めくるめくように多様な素材と地平に適用され、拡張され、哲学の慣習的な形式や構成や問題意識をはるかに超えるものになっていった。あたかも、哲学という名称も、固有の領域も、もはや意味を失うかのような地点まで、哲学は世界に向けて開かれたのである。やがてドゥルーズとガタリの名前は広く知られ、その影響も拡大してきたとはいえ、彼らの思想と書物がどんな破格の〈出来事〉であったのか、それは必ずしも〈影響〉とともに感知されていない。ある意味では、彼らのもたらしたことの意味がますます理解されない時代に入っているとさえいえるのだ。

「私たちはこの時代と恥ずべき妥協をし続けている」（QPh, p. 103／一八六頁）という激しい言葉は、すでに彼らが二つのきわめて実験的な大著を書いた時代とは、かなり異なる時代に入っていたことをあらわに示している。哲学が「反時代的」であることは必然だが（ニーチェ『反時代的考察』）、それにしてもあの二冊は、時代の「流動」を深いところでモチーフにしていたはずなのだ。「時代」とのそのような濃厚なかかわりは、いつしか失われたようなのだ。

ガタリとの共同作業のあいだも、またそのあとに共同作業を一段落させ、再び単独で、絵画に、そして映画に思考を集中させたときも、ドゥルーズは哲学の境界に立ち、哲学そのものを問い、点検し、再構築するような試みとして、哲学外の諸領域に向かっていた。彼は、そのようにしてたえず哲学の外に直面し、哲学を外部に開きながら、やはり哲学的思考の生命を問うていたように思われる。哲学はまだ生きているか、哲学を死なせるものがあるとしたらそれは何か、哲学に固有の生命とはいったい何か、というふうに。

再開されたガタリとの共著、それも最後の共著となる本は、まさに『哲学とは何か』(一九九一年)である。確かに驚くべき仕方で、ドゥルーズは、過去の哲学との接点を見出し、決して哲学の過去と断絶しないかたちで哲学を革新し、それをさまざまな素材や事象に向けて拡張し、豊かなニュアンスでみたしてきた。「哲学の終焉」を唱えるようなことは決してなかったし、その必要もなかった。哲学の創造性に対して、彼は深い信頼を持ち続けたに違いない。

しかし彼は過去の哲学のすべてを寛大に引き受けようとしたわけではなく、ある独自の選択と方向に基づいて、哲学のある傾向だけを、とりわけ集中的に継承したのである。当然このような選択と実践は、「哲学とは何か」を彼なりの仕方で規定していることを前提していたはずである。

たとえば、『差異と反復』という書物は、差異と反復をめぐって思考しつつ、同時に、哲学が差異と反復をめぐる思考であるべきことを同時に提唱していたはずだし、『千のプラトー』は、序論「リゾーム」に定義されたようなリゾーム状、プラトー状の思考として、哲学そのものを再定義しながら実践していたのである。そのたびにドゥルーズは「哲学とは何か」を考え直し、この問いに答えるようにして哲学してきたといえる。

『哲学とは何か』は、『千のプラトー』以降も続いていたガタリとの共同作業の成果として、やはり共著のかたちをとっているが、ガタリ自身は、むしろドゥルーズに属する書物である、と言明していた。確かに『千のプラトー』にいたる濃密な共同の著述に比べて、ガタリの介入はあまり顕著に見えない。そこで私は、以下では、この書物をドゥルーズ自身の哲学的総決算とみなし、あえてドゥルーズを主語にして読解を進めることにする。もちろんそれは、ガタリとの長年にわたる、まったく例外的な、美しい連帯の跡をふりかえる書物でもあった。だからこそドゥルーズは、これを二人の共著として刊行することにした。

ドゥルーズは、『哲学とは何か』をひとつの遺書と位置づけている。老年に達して、「それにしても私が生涯おこなってきたことはいったい何であったのか」と問う、哲学的総括であるとも表明している。ひとつの哲学を歴史や自然のさまざまな場面に向けて拡張する仕事を綿々と重ねてきたあと、ここでは哲学そのものが何であり、何ではないかを定義しようとしている。これは哲学を自在に拡張するよりも、むしろ厳しく純化するかのような試みに見える。

ドゥルーズの哲学の大きな魅力のひとつは、科学や文学や芸術、そして政治とたえず隣接し、それらをまさに横断する思考の運動を作り出したことであった。しかし、この本のドゥルーズは（特に前半では）、哲学史を集中的に点検し、あたかも哲学だけに独自に属する活動と思考は何なのかを確定しようとしているかのようだ。

方法論的な省察であり、総決算であり、遺言にも見えるこの書物は、多くの憂慮や怒りを背景に含んでいる。哲学はあまりに多くのものと混同されている。哲学の名が、あまりに多くの人々によって詐称されている。無自覚で月並みな知性が、マーケティングやコミュニケーションやオピニオンと哲学を混同しているだけでなく、かなり強力で、独創的な知性でさえ、哲学の生命をほとんど抹殺するかのような思考を実践している。同時代のそういう状況に対する抵抗と批判（そして恥辱の感情）が、この本の強いモチーフになっているのだ。

ドゥルーズは、単に現代における哲学の忘却や通俗化や横領を懸念し、批判しているのではない。その批判は、ヘーゲルや、現象学や、ヴィトゲンシュタインにまで向けられているのだ。哲学を損なうものは、決して哲学の外部にあるのではなく、哲学の内部にもある。『哲学とは何か』は、ドゥルーズがひとりで、またあるときはガタリとともに実践してきた哲学にきわめて忠実に、厳密に哲学を定義し直している。それは哲学の一般的、教養的な定義とは、ほど遠い。

静謐な遺書のように始まるとはいえ、哲学の生を損なう外部と内部の敵に対する激しい批判とともに、定義の作業は進んでいく。だから決してドゥルーズ哲学の入門書として読めるような本ではない。ドゥルーズ（とガタリ）の本をどんな順序で読んでも別にかまわないが、この本はどちらかというとあとに読んだほうがいい本のひとつだろう。

この本は、（『千のプラトー』のように）概念を拡張し、さまざまな事象と結合し、さまざまな次元を横断していくイメージ豊かな論述によって書かれてはいない。むしろ概念を限定し、洗浄し、点検するような方法論的思考を貫いている。けれども、決して混沌や無秩序を排除した静的方法論にとどまってはいない。哲学とは、脳とカオス（乱流）が対面するところに形成される思考の一部門である。ドゥルーズにとって、哲学とは、決して普遍性や一般性を発見したり、根拠づけたりする学問ではない。哲学に関するそういう通念には根本的な異議が唱えられているのだ。

哲学の本質を決定した古代ギリシャ

ドゥルーズは、この本で、哲学の本質を古代ギリシャの地理と歴史に密接に関連させている。ポリス（都市国家）は、奴隷制の上に、前例を見ない平等な人間、友人たちの構成する社会を作り出した。友人たちとはまた、恋愛、遊戯、文芸、対話、裁判、政治において平等に競い合うライヴァル同士である。彼らの自由、平等は、たえまない競合関係（アゴーン）と一体である。「友なるものは、ギリシャ人によって決定的な一撃を受けとり、もはや他者と関係する友ではなく、《存在態》、《対象性》、《本質》と関係する友となる」（QPh, p. 9／一〇頁）。

他者にとって友人でありライヴァルでもあるという両義的な状況は、哲学を友とする思考によって初めて乗り越えられる。徹底した民主制は、徹底的な競合や闘争をも生み出すことになる。哲学は、そのような競合や闘争に、別の次元を付け加え、競合や闘争を調停するのである。

いまも多くの人々が、哲学を、人生観や世界観を与える知のようなものと漠然と考えている。そして哲学が、宗教とも科学とも、決して判明に区別されはしなかったような時代が確かに存在した。哲学だけが世界観や人生観を与えてきたわけではなく、宗教的な知は、しばしば哲学以上に強力な説得力をもつ世界観、人生観を与えてきた。けれども古代ギリシャで、哲学は宗教とはまったく異なるタイプの知として生み出されたのである。哲学は、ポリスの民主制と何か根源的な関係をもっているに違いない。

このことは、単に哲学がギリシャに起源をもつという歴史的な命題よりはるかに見えにくい問いを投げかける（「ニーチェはこういっていた――哲学がギリシャ人に見出すものは、起源ではなく、ある環境であり、ある取り囲みであり、ある取り囲む雰囲気である」（QPh, p. 92／一六五頁））。

「フィロソフィー」という言葉は、言語から文明に及ぶヨーロッパの系譜的連続性と切り離せない。ドゥルーズは、それぞれの地域に独自の哲学があるというふうに、哲学を捉えてはいない。哲学と、古代ギリシャという「環境」とのあいだには、決定的な結びつきがあると考えているのだ。しかし決してそこに西欧哲学の起源やアイデンティティのようなものを求めたのではない。ただ、古代ギリシャが独自の「環境」と政治体制をもち、それと密接に関連する知として哲学を生み出したことを、哲学にとって決定的な出来事とみなしているのだ。

そして古代ギリシャはオリエントの帝国に寄生し、帝国の生み出した富の流通や交易にたずさわるのに十分近くに位置し、しかも入り組んだ海岸線によって海に接しながら、帝国的な組織とはまったく一線を画す高度の移動性をもつことができた。古代帝国からの相対的な自立、地中海に広がった移動、交易、植民の組織網は、帝国とはまったく異なるタイプの共同体や公共性を生み出したのである。

哲学の誕生は、このような歴史的地理的環境と切り離せない。だから哲学は、「地理《ジエオ》－哲学《フィロソフィー》」ともいいかえられる。ただし地理－環境は偶然とみなされ、「必然性」や「起源」への信仰から哲学を引き離すのである。このような環境の中心としてのギリシャと、そこに存在した多くの外国人（タレス、ヘラクレイトス、パルメニデス……）が作り上げた空間と、哲学は切り離せない。「哲学者はギリシャ人のもとにたどりついた移住者であると想像せよ」というニーチェの言葉を、ドゥルーズは引用している（QPh, p. 84／三七四頁、原注（3））。哲学はそのような環境の中に形成された政治体制と、思想的な葛藤、競合とも不可分である。また、そのような体制の中で、友人としてライヴァルとして共存した人間たちという人物像とも不可分なのである。

ギリシャ人は、友愛と内在、そしてオピニオンをもたらしたと、この本は要約している。平等、競合と一体の友愛の原理は、東洋的な帝国における超越性や階層性の原理ではなく、内在性を原理とするような社会性と一体である。内在とは、超越者なしに存在し思考することである。

東洋には固有の「知恵」や「賢人」の系譜が存在するに違いないにしても、それは宗教的超越性に深くひたっている、とドゥルーズは書いている。東洋哲学そのものがもつ多様性を、彼はあえて視野に入れていない。これには、東洋からも異論がありうるだろう。たとえば日本の仏教史に現れたさまざまな宗派は、仏教における内在性と超越性の葛藤を強いモチーフにしてきたのではないか。しかし彼の主題はあくまでも、ギリシャの哲学と哲学者が、ギリシャの政治的平等と内在性と一体である、という点である。

内在性原理は、必然的にたえまない意見交換や対話をともなうだろう。友愛と内在は、オピニオンを形成することで強化され、保証されるだろう。もちろんギリシャとは、哲学にとって最初の、決定的な「環境」ではあっても、決して哲学そのものではない。ドゥルーズにとって、オピニオン（意見、世論）や、それを戦わせる議論は、決して哲学そのものではなく、むしろ哲学の否定なのである（「哲学は議論を好まない」とは、彼の口癖だった）。哲学は、オピニオンではなく、概念を創造するものである。

中国の卦（易経）やインドのマンダラは、「形像（フィギュール）」によって思考するという点で、ギリシャという環境に発生した哲学と決定的に異なっている。「マンダラとは、ひとつの表面への、ある投影である。すなわち、いずれもが同一の超越の諸価値として、神的、コスモス的、政治的、建築的、有機的な諸水準をたがいに照応させる投影である」

（QPh, p. 86／一五五頁）。

しかし哲学は「超越」ではなく、あくまで「内在」を原理とする思考である。また「形像」ではなく「概念」による思考である。そして概念とはドゥルーズにとって、オピニオンとも、論理学的命題とも、自然科学における関数とも、また芸術的な知覚や感覚とも、まったく違った独自の何かである。哲学は宗教への強い理知的批判を含んでいるが、決して論理学ではない。科学や芸術の認識とも異なるものである。

概念とは何か

概念はあくまでも内在的な次元の中に創造されること、その概念は友愛や競合を原理とするギリシャ的人物によって作り出されること、あるいはギリシャ的人物にとってかわる別の「概念的人物」とともに概念は創造されなければならないこと――これが「哲学とは何か」という問いに対するドゥルーズの一貫した答えである。

『千のプラトー』で、さまざまな学や芸術や歴史、東洋やアメリカ先住民や放浪民族に言及し、「リゾーム」や「プラトー」や「器官なき身体」や「戦争機械」といった「概念」を縦横無尽に展開したドゥルーズ＝ガタリ。ここではそれと違って、かなり限定された、狭い一貫性が論議されているという印象を読者はもつかもしれない。

ドゥルーズはガタリとともに、開放（脱領土化）しすぎたものを、閉鎖（再領土化）しようとしていたのか。それとも開放の運動を、最終的にもっと強化し、基礎づけようとしたのか。けれども、ここで問題になっている「概念」とは何か、そのことにもう少し立ち入ってみなければならない。

なぜ、哲学を生んだ歴史と地理の中を遡行しながら、ギリシャ以降も限りなく拡大し、増殖し、さまざまな流れや運動と混交した哲学における概念の生成そのものに目を向ける必要があったのか。哲学の終焉など決して信じたことがなくても、哲学の生が見えなくなっていることに、ドゥルーズは確かに深い危惧を抱いていたに違いない。「ますます傲慢になり、厄介になった」対抗者たち、哲学を詐称し横領する知識人に対して、「恥辱はそのどん底まで達した」と激しく憤ってもいたのである（QPh, p. 15／二二頁）。

ドゥルーズが概念をいかに定義していたか、つぶさにたどってみよう。これはドゥルーズ自身の思考法の綿密な定義にもなっているのだ。

概念の第一の特徴は、概念がそれ自体、他の複数の概念にかかわるということ、概念の複数性、多様体という点である。「どの概念も、その歴史においてだけでなく、その生成においても、あるいは現前しているその諸連結においても、他のいくつかの概念を示している。どの概念も、いくつかの合成要素をもっており、それらの合成要素は、それはそれでまた概念とみなすことができるものである」（QPh, p. 24／三六—三七頁）。

第二に、これらの合成要素は不可分であるということ、共立的な要素（アレンジメント）であるという点である。それゆえ、合成要素のあいだには、部分的に重なり合う部分、近傍ゾーン、識別不可能な境界があり、一要素から他の要素への移行（生成）や、決定不可能な中間がある。あえていえば、概念そのものにリゾーム的な分岐が含まれているということである。

第三に、概念は、このように多様であり、かつ不可分な合成要素の「合致点、凝縮点、あるいは集積点」である（QPh, p. 25／三八頁）。概念は、これらの合成要素のあいだを「走りぬける」。あるいは、これらの要素を一気に俯瞰する。各々の合成要素は、強度的（内包的）特性であって、決して概念の外延的な部分ではない。合成要素は、それぞれ特異であって、決して等質な単位に還元することができない。

ある鳥の概念は、動物を分類する種や類に還元されるのではなく、その姿勢や、色や、囀《さえず》りといった合成要素のあいだを走りぬけ、それらを俯瞰するのである。概念は、距離なしに、無媒介に、これらの要素に現前する。概念をこんなふうに定義するとき、ドゥルーズは、「ある対象の一般的かつ抽象的な心的表象」（『プチ・ロベール辞典』）というような「概念」の一般的定義とは、まったくかけ離れた観点に立っている。概念は、われわれがそれに定常的な機能を与えるときにだけ一般的でありうるのであって、決して一般性そのものではないというのだから。

第四に、概念は非物体的、非身体的であって、決して物や身体と、あるいは物や身体の状態と一致しない。また、それは強度（内包）をもつとしても、物の外延的な秩序に展開されはしないという意味で、「エネルギー」にかかわるものではない。それは純粋な事件、出来事であって、無限の速度で、有限な、分割不可能な合成要素のあいだを横切り、あるいは俯瞰する。

概念は、それぞれの合成要素に対して相対的でありながら、それらを無限の速度で走りぬけるという点では、絶対的である。一般性であるから絶対なのではなく、むしろそれぞれの要素（特異性）に関して相対的な断片であり、しかもそれらの強度的特性を貫通する出来事であるから、絶対であり、無限なのである。

第五に、これは概念が何であるかよりも、概念が何でないかを述べているのだが、概念は「命題」ではなく、これに対応するものではない。命題は、それが「指示」する内容によって示され、指示（参照）は、物や身体の状態にかかわる。命題はすべて外延的な秩序にかかわるのだ。それゆえ外延的ではなく強度的な秩序における出来事にほかならない概念とは、まったく異なる本性をもっている。命題は、指示対象をもち、それゆえに真理という価値を構成しうるが、概念は特異性を俯瞰し、特異性の共振の中心として成立するのであって、そのかぎりでは何かを指示（参照）するのではなく、自己指示（参照）的である。

断片的全体としての諸概念は、それらの不規則な輪郭はたがいに対応しないのだから、ジグソーパズルの部分でさえない。諸概念はやはりひとつの壁を構成するにしても、それはセメントで固めていない石積みの壁であり、分岐するさまざまな道をたどって、やっと全体として把握されるのである。ひとつの概念から別の概念に架けられた橋でさえも、やはり交差点であり、いかなる論証的総体も画定することのない迂回路である。それは動く橋なのである。この点で、哲学がたえまない脱線あるいは脱線性の状態にあると考えても、決して誤りではないのだ。(QPh, p. 28／四三―四四頁)

ルートヴィヒ・ヴィトゲンシュタイン(一八八九―一九五一年)の論理哲学や、クルト・ゲーデル(一九〇六―七八年)の数学公理についての探究が、新しい哲学的問いとして、あるいは哲学自体への問いとして、さかんに引用され、日本でもそのような動きが目立って現れたことがあった。しかし、命題と概念を峻別し、論理学(そして科学)と哲学は異なるという見方を、根本的な立場として貫いたドゥルーズは、インタビュー(『アベセデール』)の中で、ヴィトゲンシュタインを「哲学の暗殺者」とまで形容したことがある。「哲学はたえまない脱線状態にある」(QPh, p. 28／四四頁)とさえ書くドゥルーズは、論理哲学の厳密さとはまったく異なるタイプの厳密な「脱線」として哲学を捉え、またその原理として、概念にほとんど異様に見える定義を与えているのだ。哲学の概念を、厳密な論理的命題とは、厳密に区別しているのだ。

概念を一般性や、一般的表象の外で捉えようとする思考は、「概念的差異」ではなく、あくまで「差異そのものの概念」を実現することを目指した『差異と反復』の思考の延長線上にある。また、さまざまなヴァリエーションを経てきた「強度的秩序」に属するドゥルーズ独自の思考が、ここにも注ぎ込まれている。

「意味」について考えながら、物や身体の状態と厳密に区別される非物体(非身体)的な次元、つまり「出来事」の次元として、言語独自の次元を定義した『意味の論理学』の思考が、ここでは哲学における概念の定義に反響してもいる。差異、強度、出来事をめぐって実践されてきたドゥルーズの哲学が、こうして差異、強度、出来事として「概念」の本質を定義するというかたちで、哲学の本体そのものに還流し、大きな循環を完成しているのである。

「現働的ではなく実在的であり、抽象的ではなく理念的である……」。プルーストが『失われた時を求めて』の第七篇『見出された時』で到達するこの定式は、そのままドゥルーズの概念の定義として用いられている。概念は、外延でも指示でも命題でもないのだから、決して「現働的」（実際的）とはいえない。しかし合成要素のあいだの出来事であり、無限の速度で要素のあいだを貫通する運動であるかぎり、まったく「実在的」だといえる。また一般性でも普遍性でもないのだから、「抽象的」ではない。しかし物や身体の状態とはまったく異なる「理念的」な次元を構成するのである。

たとえばデカルトの自我（コギト）という概念は、三つの「合成要素」をもっている。疑うこと、考えること、存在すること、という三つの要素である。コギトという概念は、これら三つの要素が一致し、共振する点に成立する。「疑う」と「考える」、「考える」と「存在する」のあいだには、それぞれ識別不可能な中間領域が存在する。それでも「疑う」と「考える」のあいだには、「私は疑うが、私が考えているということを疑うことはできない」という関連が、また「考える」と「存在する」のあいだには、「考えるためには存在しなければならない」という関連が見出される。

三つの合成要素は、それぞれにヴァリエーションをもつだろう。「疑う」ことには、感覚的、学問的、偏執的といったヴァリエーションがあるだろうし、「考える」といっても、感じる、想像する、観念を抱くといった多様性があるだろう。「存在する」にも、無限な存在、考える有限な存在、外延的な存在といったタイプに応じて変化があるだろう。デカルトは、これらの存在のタイプのうち、「考える有限な存在」だけを選びとり、コギトという概念を「ある断片的な全体」として確立したのだ。

コギトは、決してひとつの真理を言表する命題ではなく、このような合成要素のさまざまなヴァリエーションが選択され、結合されるところに生起するひとつの「出来事」である。もしコギトに、つまり自我と存在のあいだに、別の要素が導入されるなら、たとえば時間という要素が注入されるなら、それはもはやデカルトとはまったく異なるタイプの概念となり、別の思考の出来事がそこに発生することになるだろう。

「私は考える」と「私は存在する」のあいだに、『純粋理性批判』のカントは「時間」を導き入れて、コギトをひび割れさせ、主体の主体性・能動性を引き裂いてしまう（『差異と反復』で、ドゥルーズはカントの「引き裂かれた自我」について語っていた）。決してカントがデカルトより正しいのではなく、カントの思考は、ただ新しい合成要素のあいだに新しい出来事を生み出したのである。

概念が生息する「内在平面」

しかし、哲学は概念を創造する、というだけでは、まだ十分に「哲学とは何か」という問いに答えたことにはならないだろう。概念は、前‐哲学的なレベルにあるひとつの「平面」の上に構築されなければならない。あるいは、ひとつの「平面」とともに創造されなくてはならない、とドゥルーズは書いている。たとえば、デカルトの場合、コギトの概念は、「思考する」、「存在する」、「私」という三つが何を意味するか、すべての人が知っている、という「暗黙の主観的な前提」のうえに構築されるのである（QPh, p. 31／五〇頁）。

この「前提」は、デカルト以前にはなかったようなひとつの前‐哲学的な平面を示している。この平面こそは、概念が生息すべき大地あるいは砂漠のようなものだとドゥルーズはいう。この平面を彼は「内在平面」と呼んでいる。「内在」という言葉は、すでに見たように、ギリシャ的な友愛、対抗関係、平等と根本的な関係をもっている。宗教的権威、偶像、超越と対立し、東洋的な「賢者の知恵」とも対立する哲学は、ギリシャ社会が打ち立てた内在性と深い関係をもっているからである。

内在平面は「思考のイメージ」（QPh, p. 39／六八頁）ともいいかえられる（『差異と反復』には、「思考のイメージ」という一章が含まれていたが、そこでのイメージはむしろ「同一性」や「表象」に重なる否定的意味を帯びていた）。内在平面はまたカオスの断面であって、しばしば「夢、病的なプロセス、秘教的な経験、酩酊あるいは過剰」といった手段によって発見される。内在平面は、一方では、ギリシャ的社会の内在性と深い関係をもつとともに、思考されないもの、思考不可能なカオス、無限の運動に接しているのだ。それが「思考のイメージ」と呼ばれるのは、それは想像などとは無関係で、「存在の質料」にじかに触れているからだ。イメージとは存在の断面なのだ。

このような「内在平面」を構築することにおいて最も徹底していた哲学者として、ドゥルーズはスピノザを挙げている。デカルトであれ、カントであれ、ヘーゲルであれ、新たな内在平面を構築するとともに、主観性や理性や絶対者として、新しいかたちの近代的な超越性をそこに注入したのだ。哲学に忍び込む超越性の批判において最も徹底していたのは、汎神論的な見かけをとったスピノザの『エティカ』だというのである。

内在は超越を拒むが、内在と超越は、たえず対抗的な関係をもち、かたちを変えて対抗し合い、また相互に浸透し合い、反転し合う。新しく構築された内在性のうちに、かたちを変えた超越性が忍び込むことがありうる。現象学でさえも、志向性や相互主観のような概念によって、「内在的なものの内部での超越」(QPh, p. 48/八四頁)を導入しようとしている、とドゥルーズは書いている。ドゥルーズは、フーコーとともに、現象学にはたえず批判的に対応した。彼らにとって現象学は、「主観性」というかたちで、超越性をあくまで保存する哲学だったのだ。

そして哲学が内在平面の構築に失敗するもうひとつの理由は、「オピニオン」の支配である。平等、対抗、友愛を原理とするギリシャの都市国家は、政治と哲学を横断する内在性を打ち立てると同時に、意見、世論としてのオピニオンを生み出し、オピニオンを評価し、判断し、調停する知としての弁証法を生み出した。

けれども概念とは、強度の秩序において合成要素の共立性を確立し、出来事として合成要素を俯瞰するような運動であって、命題のあいだの闘争や調停というかたちをとるオピニオンは、これとは似て非なるものでしかない。ヘーゲルもまた独自の概念と内在平面を構築したにしても、それをオピニオンの操作としての弁証法に収拾し、世界のあらゆる事象を覆うものとして哲学的な知を絶対化することになる。ドゥルーズは、ここでもヘーゲルに対して辛辣な評価を下している。

哲学が概念を構築し損なう理由、内在平面を作り出すことを阻害する原因は、こうして哲学の内部にも外部にもみちているのだ。たえず復活する宗教的な超越性、厳密性を楯にして哲学と科学を同質の論理（命題）に還元しようとする混同、オピニオンの跋扈、オピニオンの変形にほかならないコミュニケーション、弁証法、そしてもっと目立たないかたちで実践される超越性の野望、再建などである。

概念人物の創造

『哲学とは何か』によれば、概念と内在平面に加えて、哲学にはもうひとつ重要な条件がある。コギトは、「考える」、「存在する」、「私」という三つの合成要素を共立させ、そのあいだを共振させる出来事であり、万人が、思考、存在、私について知っている、という前提にほかならない内在平面をもっている。そしてコギトは、さらにその概念と内在平面のあいだに、ひとりの「人物」を潜在させている。

この人物は、ただ自然の光によって考えるのであり、誰もと同じように無知である。公的知識人とも聖職者とも違って、あらかじめどんな特権的知識ももたない。だから、すべてを疑い、かろうじて「私は考える、ゆえに私は存在する」ということだけを理解する程度の知性しかもたない。ここには「白痴《イディオ》」と呼んでいいような、ひとりの人物がいる。

デカルト哲学は、固有の概念と内在平面を創造すると同時に、このような「白痴」という新しい「概念人物（personnage conceptuel）」を創造した、とドゥルーズはいうのである。ニーチェはもっとあからさまにツァラトゥストラを、キルケゴールはドン・ファンを「概念人物」として生み出し、まさに概念人物を通じて思考したし、たとえば『アンチ・オイディプス』のドゥルーズ＝ガタリは、「分裂症者」という概念人物を作り出したといってもいいだろう。そして哲学の最初の創造者が、ギリシャ都市国家に固有の公共性を構成した「友人」たちだったとすれば、哲学の「概念人物」とは、いつも「友人」のヴァリエーションであるに違いないのだ――愚者であり、超人であり、誘惑者であり、狂人であり、異邦人である友人たち。

「概念人物」という設定は、ドゥルーズがはじめから、哲学をひとつの演劇、ドラマ、悲劇と見る観点をもっていたことと、もちろん関係があるだろう。しかし、そのような観点がいったい何を意味するのか、さらに考えてみる必要がある。

歴史におけるさまざまな「社会心理学的類型」と「概念人物」とは無関係ではないが、それに「概念人物」を還元することはできない、とドゥルーズは断っている（QPh, p. 65／一一八頁）。むしろ「概念人物」は、ギリシャの哲学者が、友人であり、かつ外国人であったことに深くかかわっている。

概念人物は、本質的に、テリトリーを離れ、思考を脱領土化する人物である。デカルトの「白痴」でさえ、やはり無知を演じながらスコラ的思考の体制をラディカルに転倒する人物を示しているではないか。哲学の「概念人物」とは、しばしば病者、狂人、偏執狂、分裂症者、失語症者なのである。概念が逸脱の運動と不可分であるように、概念人物は放浪民や亡命者や流謫者のイメージと切り離せない。

「概念人物」は、しばしば文学作品に思考の源泉を発見してきたドゥルーズの「趣味」とも、もちろん関係をもっている。ドゥルーズは、哲学と科学を混同し、非物体的次元の「出来事」と、物体的次元について確立される「関数」という二つの異なる認識対象を混同することに対して強い批判を向ける。しかし、芸術・文学における美的形像（フィギュール）と概念人物が、「それらを二つとも運んでいく生成において」（QPh, p. 64／一一六頁）たがいに他方に移行することがあることは、むしろ積極的に認めている。

それにしても、芸術が生み出す「被知覚態（ペルセプト）」や「情動（アフェクト）」は、やはり哲学の創造する「概念」とは異なる次元にあるという。同じように、芸術の「美的形像」と哲学の「概念人物」はあくまで区別されなければならない。科学の創造する関数（そして論理学にとっての命題）が哲学的概念と厳密に区別され、科学における「観察者」と哲学における「概念人物」が厳しく区別されなければならないように。

フーコーという友人

『哲学とは何か』を書く以前にも、ドゥルーズは、二人の哲学者にモノグラフィーを捧げている。ガタリとの壮大な共著と、映画論を書き上げたあとは、あたかも哲学そのものに回帰するような思索を深めていった。それにしても、二つの書物『フーコー』（一九八六年）と『襞――ライプニッツとバロック』（一九八八年）は、一九七〇年以前の哲学者のモノグラフィーよりも、はるかに現代に照らした思考を示し、問題の地平も哲学史の枠組みを脱して拡張されている。また、老年の作品として、ある闊達で軽やかな表情を示すこともある。しかし哲学に対する深い信頼は揺るぎないと同時に、哲学に固有の生命と運動を脅かすさまざまな徴候に対する怒りや絶望もあからさまに見えるのだ。

ミシェル・フーコーの死（一九八四年）は、ドゥルーズを震撼させた。『フーコー』という書物は、「私にとって必要なものだった」（「芸術作品としての生」PP, p. 129／一九〇頁）というドゥルーズが、フーコーの探究の軌跡を綿密にたどり、要約しながら、かなり大胆な読解を試みたものである。彼自身の思想とフーコーのそれとのちょうど中間に、ひとつの地図を描くようにして、この本を書いている。

フーコーの思想は、何度か根本的な断絶を通過した。そもそもフーコーは、はじめに同時代の現象学、実存主義、あるいはマルクス主義とさえ明確に断絶する立場を示しながら、

『狂気の歴史』（一九六一年）、『臨床医学の誕生』（一九六三年）を書いたのである。やがて『言葉と物』（一九六六年）で西欧の人文科学、自然科学を貫通する知の体制（エピステーメー）を解明したあとは、それからも断絶するようにして、『監獄の誕生』（一九七五年）を書き、権力の生成変化の暗い場に光をあてようとした。

その後、権力の哲学、歴史学として展開されたフーコー独自の探究（『性の歴史』）は、途中で大きくプログラムを変更し、長い中断を経て、ギリシャ・ローマにおける性道徳と「自己との関係」を解明することに向かっていった。

「言説」と「権力」という二つの大きな主題を、既成の思想的文脈の外で、まったく新たに問題化し、意識や主体の枠組みをいまだに保存している哲学や思想に、フーコーは決定的な批判を加えたといえる。

けれどもフーコーが「言説」と「権力」という対象に目を向けることによって提出した問いの射程は、必ずしもよく理解されてきたとはいえない。フーコーの書物は、狂気や病、監獄、そして性の歴史に対する新たな視点を作り出すことによって、歴史学をはじめとする人文科学の枠組みや主題を大きく変革するほどの広い影響力をもった。

しかし『知の考古学』（一九六九年）のような本を書いて、「言説」や「言表」を精密に、新たな文脈で定義しようとしたフーコーは、単に哲学を歴史学のほうに移動させたのではなく、歴史の言説そのものを、ひいては言語そのものを、新たな観点から見つめていた。フーコーは、言語という対象を再定義しながら、歴史を構成する主体と客体の関係と配置そのものを抉《えぐ》り出すような探究を続けていたのである。それはやがて、権力（力）というニーチェ的な問いを、新たなかたちで展開する探究に移っていった。そこでも問われていたのは、西欧的な主体を決定する権力の装置であり、そのテクノロジーであった。

そして晩年には、古代ギリシャにおいて、とりわけ性（同性愛）をめぐって、いったいどんな道徳が、どんな主体（自己）とともに形成されたかを仔細に考察しながら、西欧的な権力の外部にある「主体化」の過程をそこに見ていたのである。フーコーの研究対象が変化し、ある種の断絶が起きるたびに、そこにはめざましい哲学的な出来事が発生していた。確かにフーコーは、あまり前例のないかたちで、歴史認識を批判的に考察しながら、歴史哲学を解体し、思想の課題を根底から問い直すような問題提起を続けた。ドゥルーズは、そのようなフーコーの足跡を、もう一度、哲学的問いとして読み解きながら、『千のプラトー』で開かれた大きく深い歴史的地平に位置づけているのだ。

フーコーの最後の著作『快楽の活用』と『自己への配慮』（ともに一九八四年）は、多くの読者に、ある種の停滞や転向としてさえ受けとられた。しかしドゥルーズは、この二冊を、「言説」と「権力」に対する探究のあとで、さらに新しい問いを投げかけるものとして読みとっている。新しい問いとは「主体化」である。

「言説」も、「権力」も、無形の力のカオスに直面しながら、それぞれ強固な地層のような形式を獲得して歴史を形成し、歴史として、歴史において、さまざまな社会秩序とそれに対応する人間の意識、世界観、そして主体のイメージを作り出してきた。言説も権力も、それぞれにある等質的な空間を作り上げ、またたがいに調整し合い、呼応し合って、ある種の内部性や領土性を作り上げる。その周縁と外部には、たえず無形の力の広がりがあり、領土と内部を脅かしている。

フーコーの晩年の思索は、そのような外部の力に直面して、とりわけ人間がどのような自己（主体）を作り上げてきたか、という問いに向かった。それぞれの歴史が、それぞれに独特の主体化の様式をもっている。ギリシャ人の主体化は、キリスト教的な主体化とも、西欧近代の主体化とも、アジア的な主体化とも異なっている。もちろん、それぞれの主体化は、そのような類型に還元しがたい次元をもっている。

主体化とは、それぞれの人間が、それぞれの社会の力関係のカオスに直面しながら、ある種の「襞」を構成すること、無形の力を折り畳み、ある内部性を作り出すことである。「彼らは、現実的な実践において外を折り畳む。ギリシャ人とは最初の裏地なのである。外に属するものとは力である。なぜなら、力は本質的に他の力との関係であるからだ」、「彼らは力を、力として保存しながら、折り畳んだのだ」（F, pp. 107-108／一八六―一八八頁）。『狂気の歴史』から『言葉と物』にいたる主題は、無数の古文書から浮かび上がってくる言説の秩序を通じて、西欧近代の思想を決定している主体と客体の配置を解体して考察することであった。フーコーにとって、西欧の「人間」とは、そのような配置の効果（エピステーメー）にほかならなかった。そのように根本的に西欧的主体、西欧的人間を批判的に捉えたフーコーが、最後の著作では、まるで「ギリシャ的主体」に回帰したかのように見えた。

ドゥルーズは、フーコーの探求におけるこの断絶が、いったいどんな転換を示し、より深い次元でどんな深い連続性を構築しているかを、みずから再構築するようにして、このフーコー論を書いている。そして、この本で異様に強い意味を与えられた「襞」という言葉が、このあとに書かれるもうひとつの書物の主題になるのである。

哲学の襞

ゴットフリート・ヴィルヘルム・ライプニッツ（一六四六―一七一六年）の『モナドロジー』（一七一四年）には、こんなくだりがある。「魂は自分の襞を一挙に開いてみるわけにはいかない、その襞は、際限がないからである」。そしてハイデガーはパルメニデス（前五一五頃―前四五〇年頃）について注釈しながら、「存在と存在者の襞」について語ったことがあり（『モイラ』）、ドゥルーズは『差異と反復』の中でも、これに注目していた。

そもそも「説明する（expliquer）」というような言葉は、「襞（pli）を開く」ことを語源としている。「襞」という言葉が、さまざまな概念語に内在してきたのだ。compliquer（複雑にする）、impliquer（含意する）……。思考とは少なからず「襞」を操作すること、plier（折る）、déplier（折り目を広げる）である。そして、フーコーの晩年のテクストにさえも、ドゥルーズは、外の力を折り畳んで「襞」を作るような過程として「主体化」を発見したのである。

「しなやかな弾性的な物体は、凝集するもろもろの部分をもっており、これらの部分は襞を形成し、したがって部分はたがいに部分の部分として分割されるのではなく、むしろますます小さな襞として無限に分割され、襞はつねにある種の凝集力を保持するのである」（PL, p. 9／一四頁）とドゥルーズは『襞』の冒頭に書いている。はてしなく入れ子状になった曲線の世界、いわばフラクタル状の世界が、ライプニッツのみならず、バロックの思考、建築、美学さえも規定している。そこには固体と直線を原理とするデカルトの哲学とは、まったく異なる哲学が構築されることになる。

「私は考える」を「私は考えるものである」に還元することはできない。思考とは恒常的な属性ではなく、ひとつの思考から別の思考へのたえまない移行としての述語なのであるから。（PL, p. 71／九二頁）

デカルトは、思考は「私」の属性である、と考えた。そうではなく、ライプニッツにとって、思考は「私」以前の述語、出来事、移行、変化、関係である。『哲学とは何か』では、思考のこのような定義は、そのまま概念の定義と重なり、概念とはさまざまな合成要素（襞）を俯瞰する襞であり、出来事であるといわれるだろう。

ドゥルーズは、フーコーがギリシャに見出した「主体化」を、外の力を折り畳み、内として襞を作る過程として定義し、主体とはあくまで外の力の無形の広がりとトポロジックな連続性をもつものと考えていた。主体は、あるねじれを通じて、メビウスの環のように、外にじかに接しているというのである。ライプニッツを読み直しながら、襞と曲線に、ドゥルーズはそのようなニュアンスを注入している。

ライプニッツは確かに「予定調和」について語っており、限りなく増殖する襞のカオスを、やや詭弁めいた推論で統制しようとしたかのように見える。『差異と反復』のドゥルーズは、そのことを批判していたのだ。ライプニッツは画期的な差異の思想を作り出したが、それを徹底せずに神学的調和に回収しようとした。しかし、微分法の発明にもうかがえるような、ライプニッツの差異、変化、曲線、多数多様性に対するほとんど過剰なほどの知覚と思考を、この本でドゥルーズはひたすら称讃している。「世界の悲惨に原理の過剰によって答えること」(PL, p. 92／一一九頁）がライプニッツの課題であった。

バロックの教会に対応する二階建ての「モナド」の構造は、世界のカオスに直面した人間に独自の「主体化」の結果だったといってもいいのだ。上の階には魂（統一性）があり、下の階には、モナドの暗い底として身体があり、世界の無数のひしめく襞がそこから広がっている。いわば、実に奇妙な「主体」の建築がそこに構成されている。それは神学と近代的な思考のキマイラにも見える。最も簡潔な合理性と、はてしない差異のカオスとが、いっしょに折り畳まれている。

こうして「襞」は、フーコーとライプニッツの思考を貫通する根本的な概念となった。襞とは内に畳まれた外である。トポロジックな概念としての襞は、いつでも両義性にかかわり、無限の分割可能性と同時に、はてしない連続性を示す。襞は、内と外の、魂と身体の、生と死の、秩序とカオスの、形相と質料の、自己と他者の絶対的な連続性と、相対的な分離を示す。どこまでも可塑的な環境において、さまざまな思考の事件と主体が、さまざまな折り畳みの結果、私（人称）という襞を生起させる。

普遍的、絶対的な理性の存在と覇権を証明することに、西欧の哲学者たちはしばしば度しがたい精力を傾けてきた。そうではなく、襞の哲学にとっては、「領域や時代や集団や個人によって非常に異なり、非等質的である理性化のプロセス」(1)（PV, p. 15／九六頁）があるだけだろう。

哲学者の使命とはまた、多くの場合、理性と自由を不可分のものとして論証し、道徳を基礎づけることであった。しかし道徳ではなく「エティカ（倫理）」の側に立つドゥルーズは、善と悪のあいだにさえ、ある種のトポロジー、連続性を見ている。そしてライプニッツが、神を裏切り地獄に落ちるユダにさえも、最小限の自由を見ていることに注意を向ける。魂は、多くの述語、出来事、振幅、「未来をはらみ、過去にみたされた現在」からなっているが、ユダの魂には「神を憎む」という、たったひとつの述語しか含まれていない。

しかし、そこにも、ほんの少しの明るみ、あるいは理性の執着があった、とライプニッツはいうのだ。スピノザにとっての理性と自由が、喜びと悲しみの度合いに大胆に還元されたように、ドゥルーズは、ここでライプニッツとともに、魂における述語の量に、あるいはその振幅に、さまざまな度合いで、多形的な理性と自由を、まったく肯定的に発見しているといってよいだろう。差異と曲線の迷宮が、最小限の光明、そして自由と共存する。

それほどまでにドゥルーズは、絶対や理性や真理によって、この世界を決定し、支配しようとした哲学者たちの超越的思考には、徹底して抵抗したのである。その結果、あらゆるところで、二元論や二項対立を退け、むしろ二つの項が浸透し合い、反転し合い、連続するようなトポロジックな場面や運動に注目した。けれども、決してそれはひとつの相対主義や犬儒主義を提起するためではなかった。彼は相対的なもの、多様なもの、断片的なものに、ある〈絶対〉を発見し、それに対応する理性も自由も発見している。この〈絶対〉は、変化、多様体、振動、出来事、差異、逸脱（脱線）の運動と、どこまでも共存し、それらに〈内在〉したのである。

注

（1）このテクストは、ドゥルーズがパリ第八大学の同僚でもあった哲学者フランソワ・シャトレ（一九二五―八五年）を追悼したものである。

エピローグ——喜びの哲学

一九九二年一月、講演会のため東京にやってきたガタリから、「ジルが入院していて、とても容態が悪い」と聞かされた。同じ年の四月から私は大学の研究休暇をとることができてパリに一年滞在した。ドゥルーズは、一時は自分で呼吸器をむしりとってしまうほど苦しんでいたが、何とか持ち直して退院した、とガタリは教えてくれた。そのガタリが、九月に急死してしまう。誰も予想しない突然の死だった。ドゥルーズは葬儀に出ることもままならなかった。

一九九三年春、パリのアパルトマンに彼を訪ねたのが、最後の出会いになった。一九九四年九月に、私への手紙にドゥルーズは、こう書いている。「この秋から健康上の問題というのではなく、メカニックな問題に悩まされている。私の人工呼吸器が私に歯向かってならないのだ」。すでに二年近く、彼は人工肺で生きのびていた。

最晩年のドゥルーズの著作は、ベケット論『消尽したもの』（一九九二年）、いくつかの書き下ろしを含むエッセー集『批評と臨床』（一九九三年）であった。二つの本の中心に、病と死という主題が色濃く影を落としている。

一九九五年一一月四日、彼の生は自宅のアパルトマンからの投身自殺によって完結する。

ドゥルーズの死後もう二〇年以上経過しているが、いまだ私はドゥルーズの死について語りうる距離をもちえない。私はここに、彼が死と自殺に言及した四つのテクストを引用して、ごく短い喪の章とする。

ヒュームは、あるエッセー〔『自殺論』〕の中で、例外に関するその理論の一例を、次のように分析している。自殺は、《神》への私たちの義務に対する違反ではなく、社会への私たちの義務に対する違反でもない。自殺は人間の一能力であり、それは「家を建てる能力と同様に不敬虔ではなく」、例外的な状況において利用すべき能力である。例外は《自然》の一目的となる。「自殺する者は自然に背《そむ》くわけではない、あるいは、いい方を変えれば、みずからの創造者に背くわけではない。彼は、苦しみから脱するために自然が彼に残しておいてくれる唯一の道を選ぶことによって、この自然の衝動にしたがうのである。……死ぬことによって、われわれは自然の命令のひとつを果たすのである」。(ES, pp. 75-76／一〇八頁)

クライストと心中、ヘルダーリンと狂気、フィッツジェラルドと自壊、ヴァージニア・ウルフと消滅。これらの死のうちのいくつかは、静かで幸福でさえあったと想像できる。それは、もはやひとりの人間の死ではなく、ひとつの死の〈それ自体性〉であり、その時間、その平面上での、ある純粋な出来事の現れである。だが、内在性の平面、共立性の平面は、比較的毅然とした、痛ましくない死をもたらすことしかできないのだろうか。この平面は、そのためのものではなかった。あらゆる創造が、はじめからそれに働きかけている廃絶のうちに終わるにせよ、あらゆる音楽が沈黙の追求であるにせよ、それらは終局や仮定された目標によって審判されるべきではない。というのも、それらは終局も目標も、全面的に凌駕しているからである。創造と音楽が死にたどりつくのは、それらに固有の危険ゆえであり、それらの目的地としてではない。(D, p. 169／二三四―二三五頁)

外の力としての生に到達しなければならないなら、この外が恐るべき空虚ではないという保証、抵抗するように見えるこの生が、単に「部分的、漸進的で、緩慢な」死を空虚の中に配置することでないという保証があるだろうか。私たちは「分割できない、決定的な」出来事において、死は生を運命に変える、ということさえできない。むしろ、死は多様化し、差異化して、生にさまざまな特異性をもたらし、それゆえ真理をもたらす、ということができるだけだ。生は抵抗からこのような真理を受けとることを信じているのだ。それでは、死そのものという大いなる限界に先んじ、この死のあとも続行されるこれらのありとあらゆる死を通過すること以外に、いったい何ができるだろう。(F, p. 102／一七四―一七五頁)

あるやくざ者、みんなから軽蔑されている極道者が、いま死のうとしている。この人物を介抱する者たちは、まめまめしく、うやうやしく、愛情を込めて彼に接する。みんなが彼を救おうと一生懸命になるので、昏睡状態で彼は何か甘美なものが心に染みてくるのを感じる。しかし彼が息を吹き返すにつれて、救い主たちは冷めてくる。彼は自分の粗暴なこと、自分の根性の悪さを再発見するのである。彼の生と死のはざまに、ある人生が死と戯れているにすぎない瞬間が訪れる。個人の人生は、非人称の人生に席を譲ったのだ。それは非人称だが、他にない特異な人生であり、内面的、外面的人生のいろいろな偶発事から解放された純粋な出来事をあらわにするのである。[1]（「内在――ひとつの生……」DRF, p. 361／(下)二九七―二九八頁）

ドゥルーズを追悼した新聞記事のひとつで、ジョルジョ・アガンベンは「苦悩からはじまった暗い今世紀の偉大な哲学が喜びで終わるのである」（アガンベン 一九九六、五九頁）としめくくっている。「ハイデッガーの根本的な音色は、緊迫してほとんど金属でできているとでもいうような苦悶のそれであり」というアガンベンは、明らかに暗い「苦悩の哲学」としてハイデガーを二〇世紀のはじめに位置づけ、その世紀の終わりを、ドゥルーズの「喜び」の哲学で代表させている。そして二つの哲学のあいだに、ある持続、連続を見ていたのだ。

西欧が構築してきた主体の哲学を根本から批判し、主体の外の（しかし世界内にある）

「存在」について考えるという課題を提示したという点で、ハイデガーの思想的転換は長く記憶されるだろう。その転換がこの世紀の最大の災厄のひとつ、ナチズムと交点をもったという事実とともに。しかし、まったく相反する表情をもつとはいえ、ドゥルーズもまた主体の外部に思考の焦点を合わせていたという点で、この世紀の「偉大な哲学」を共有したのだ。それが「喜び」で終わったとすれば、まことに「喜ばしい」知らせに違いない。

苦悩の哲学と喜びの哲学という簡潔きわまる大胆な対比には、いささか留保をつけたくなる。しかもアガンベンがこう書いたのは、ドゥルーズが長期にわたる病苦の末に投身自殺をとげた直後である。

二〇世紀末を、「喜び」によって定義するどころか、「悲惨」や「混乱」によって形容する人々は多いだろう。「喜びの哲学」は当然ながらニーチェの書物のタイトルでもある「悦ばしき知識」を思わせる。そしてニーチェは中世プロヴァンスにおける「あの歌人と騎士と自由精神の統一」から、これを思いついたという（『この人を見よ』（一八八八年））。

「喜びの哲学だって？」——苦々しくこの言葉を冷笑する顔が浮かんでくる。二〇世紀は、戦争と収容所の、大量虐殺の世紀であった。二〇世紀が過ぎても、それにはまだ終止符が打たれず、憎悪や差別や暴力が、いたるところで噴出し、爆発しようと待ち構えているのではないか。「喜びの哲学」だって？　あの時代の経済成長や消費社会を背景にして浮かれていた思想にすぎないのではないか。むしろヒッピー、ビートニクス、そしてアナーキズムと一体の、主体や同一性を批判し、家族や国家を解体すればいいと思っている無責任で、ニヒルな思想である……。この喜びの思想には、しばしば「ポストモダン」という、みずからの思考停止を示すだけの粗雑なレッテルが貼られ、さまざまな批判や冷笑が浴びせられてきた。ドゥルーズは一度として自分の哲学をポストモダンなどと呼んだことはないし、近代と近代後を、単純な歴史的表象に分割したこともなかった。

「ドゥルーズ以降」のひとりといってもいいあのイタリアの哲学者は、もちろんいささかの挑発を込めて、「今世紀の偉大な哲学が喜びで終わる」といっているのだろう。確かに「喜び」は、ドゥルーズにとって単なる趣味や気分の問題ではなかった。またニーチェ主義の持続というような枠に収まるものではなく、オプティミズムを原則とする思考でもない。それは思考の生命にかかわり、私たちの現在と未来に、そして永遠に回帰するものにかかわるのだ。

はじめから、決してドゥルーズの哲学は楽天的なものではなかった。晩年には、同時代に対して、哲学の生命を損なうだけでなく、あらゆる創造や生気を脅かす徴候や破廉恥に対して、彼は少なからぬ憂慮を抱いていた。新たな「管理社会」が形成されつつあって、決して自由や開放の方向に世界が進んでいるとは見ていなかった。自分の世代は、たくさんよいものに恵まれ、やがて砂漠にさしかかったわけで、まだよかった。最初から砂漠の中に生まれる世代は大変だ……、死後にテレビで公になるはずだった長大なインタビュー（『アベセデール』）でそんなふうに語ったこともあった。

にもかかわらず、確かにそれは「喜び」の哲学であった。それは苦悩を担保にしたり、苦悩によって武装し、自己を高め、あるいは深め、知や理性や、力や支配にいたろうとするような哲学ではなかった。「喜び」の哲学は、いくつかの観念や体制に徹底的な批判を向けた。あらかじめある、とみなされ、生成や流動を閉め出し固定しようとする傾向をもつ、主体や理性や知や表象にいつも抵抗し、それらと一体の道徳、政治、権力の〈神聖同盟〉に対抗しようとした。

もちろん、それは「悲しみ」を蔓延させる支配の体制を批判する「エティカ」（スピノザ）とも、受動的、反動的なタイプの力にあくまで抵抗する生成の哲学（ニーチェ）とも、深い関係をもっていることはすでに見たとおりだ。人生の教師や導師であろうとする僧侶的な心性は、いつでも悲しみや反動的な情念（ルサンティマン）に媚び、それにすり寄るようにして、支配や管理の網を広げ、喜びに基づく行動や思考を封じ込めてきた。弁証法の哲学、そしてハイデガーとその影響を受けた実存主義でさえ、そのような悲しみや反動性と無縁であるどころか、あいかわらずそのような傾向によって養われていた。

たとえば、映画の中で、救いようのないほど不幸な、無一物の虐《しいた》げられた女が、歌い始め、踊り始めるとき、それは夢想と音楽の中に、不幸の代償を求めたわけではない。あらゆる悲しみや悲惨が、音楽の中で歌い上げられて昇華されるというのでもない。悲しみが歌の素材であるように見えても、歌うこと、その運動、振動、飛躍がじかに「喜び」を原理としていなければ、そもそも歌うことなどできない。

それは実に奇怪な飛躍だけれども、世界のざわめき、騒音、人々や機械や列車の些細な動き、光と闇の交替が突然あらゆる障壁を越えて共振し合い、自然と人間の閾《しきい》が震え出し、すべてが渦を巻いて、ひとりの女の心身を駆けぬけ、その周囲の時空を巻き込んでいく。悲しみが喜びに変化したわけでも、悲しみが喜びのバネになったわけでもなく、世界、風景、音、光、物質と精神、感情と思考、内部と外部が、あらゆる否定性や固着や閾を越えて、通じ合い、交感し合い、共振し合っている。

そのとき、そこには喜びしかないのだ。喜びは、悲しみよりも、非人間的に見える振動にみちている。喜びは悲しみよりも、非主体的である。そして、ある種の音楽的状態は、主体も身体も退けて「器官なき身体」のようなものにならなければ成立しえない（これは、ラース・フォン・トリアー監督の映画『ダンサー・イン・ザ・ダーク』（二〇〇〇年）を見たときに思ったことだ）。

アガンベンの「今世紀の偉大な哲学が喜びで終わる」という言葉は、考えようによっては、実に奇妙であり、また真実でもある。二〇世紀末から現在にいたる、あまり喜ばしく、幸福には見えない時代に、なぜか徹底して「喜び」を原理にするひとつの哲学が残された。それは確かに二〇世紀の産物でもあって、二〇世紀のさまざまな現実的変化や潜在的変化と切り離せず、二〇世紀に固有の不幸や災厄に何とか抵抗しようとしてもいた。

それ以前にもまた、固定した理性よりも「情動」や「触発」に注目し、国家、道徳、主体と一体の権力の編み目の間隙にだけひしめく野生の思考をモチーフにする思想や創造が、さまざまな時代と場所に存在したし、そのような思想や創造から「喜び」を受けとってきた流れもある。

そういう意味で、喜びは、生命、自由、運動という目標に深くかかわり、これらとほとんど同義語だといってよい。これらの言葉が、いかに垢《あか》にまみれていても、その垢を洗い直す、言葉を上まわる力が「喜び」だといってよい。「喜び」の思想には、多くの批判、抵抗、策略や倒錯さえ含まれているだろう。それらはドゥルーズの哲学に、決定的な表情と音調と傾向を与えた。

この本を書き始めたときから、「民衆が欠けている」、「民衆はこれからやってくる」というドゥルーズが繰り返した言葉が、ずっと私の脳裏を去らないのだった。

「大衆」にもわかる哲学、一般大衆のための文学、芸術という言葉があって、それを口にするとき、人は「大衆」がまるで自明な存在、集団であるかのように語っている。「大衆」を支配するエリートたちは、ある意味では、最も隷従を内面化し、それを使命とし、それを他者たちにも強いる人たちである。「大衆」は、彼らの精神の反動性（ルサンティマン）に深く結びついている。そして「大衆」という言葉は、いつのまにか使われなくなった。

むしろ「大衆」であることを認めたくない人々が群がり、つながり合って自発的隷従の体制へ広げていく。実はつながりたくない、孤立したナルシスたちの群れが、大きな塊になって画一主義の砂漠を形成している。

ドゥルーズの本は、そしてドゥルーズをめぐるこの本は、いったい誰に向けられているることになるのか。決して彼の哲学は、悲しみ、恨み、隷従によって連帯する集団としての「群れ」、「塊り」に捧げられているのではない。ドゥルーズが問題にしているのは、喜びを原理とし、決して支配を内面化しない「民衆」なのだ。それは「欠けている」としても、実はいたるところに実在し、生成し続けている。たとえ「欠けている」にしても、「民衆」は幻想ではなく、実在なのだ。この集団は、ドゥルーズが終始問題にした「内在性」に深くかかわっている。ところが、いまも「超越」（神、国家、道徳、権力、支配……）を求めて、みずからを欺《あざむ》く人々の群れはたえない。そのような「超越」は、人々の生命のことなど実は眼中になく、そのような「超越」に導かれる体制が崩壊するときには、ただ人々を死に追いやり、ついにはみずからも死んで、なお超越を称えることしかしなかったのだ。

私はドゥルーズ以後の哲学や、その影響、系譜や、その未来像などについてまで、展望し語るべきだろうか。私たちはしばしば、そしてますます、未来について語り、未来を予想しようとするが、そのときいったい何について語っているのか。ハイテク（情報、遺伝子操作、AI……）や「グローバリゼーション」による社会の変化、便利さ、快楽、めまぐるしさ、あらゆるものの加速、関係の変調、人間疎外、やってくるかもしれない恐慌、混乱、戦争、災害、終末、等々。未来は刻々やってきて、実現され、私たちは未来に退屈し、嘔吐している。

「未来」について語るとき、私たちはほとんど既知の事項を頼りにして、最も顕著に見える指標によって語っているにすぎないし、そうするしか予知の能力をもちえない。いつも度しがたいほど過去のイメージに頼って、そのイメージを反復しつつ、実は過去さえも読み違え、私たちは未来を思い浮かべるが、それが反復であること自体をよく考えてみることはまれにしかない。未来は本質的に思考しえないものなのに、私たちはかなり中途半端に過去（現在とは過去の先端である）のイメージを投影して、あらかじめ過去も未来も局限しながら、未来について考えるしかないのだ。そして未来は刻々やってきて、実現され、私たちは未来に退屈し、嘔吐している。

神話的文脈を離れて「永遠回帰」について、異様なほど真剣に考えようとしたニーチェやドゥルーズたちは、おそらく未来を考えるうえでも、かなり別様の思考をもっていたに違いない。私たちの未来に対する思考が、根本的に貧しく、しばしば占いや予言に託されるしかないのは、私たちが、ただ過去のきわめて局限されたイメージを反復しているという事態そのものをよく考えられないまま、心身だけはたえず未来に押しやられていくからだ。そのため死という確実な未来についても、私たちはよく考えることができない。

私がいいたいのは、「喜びの哲学」は、死と未来に対する、できるかぎり正確な計測と知とともにあるだろうし、そのような計測と知は、すでに過去の民衆の思考の中に、綿々と実在してきたのではないか、ということだ。強力な頭脳をもった思想家たちも、決してこの問題を考えぬきはしなかった。

思考の中に風が吹く。思考が波打つ。思考が凍りつく。

これは単に思考をめぐる比喩ではない。思考にとって自然が存在するという事実は、いったい何を意味するだろう。私たちが自然について思考しうるにしても、そのとき思考は決して自然の外にあるわけではない。

「自然主義」という言葉は、さまざまな意味合いで用いられてきた。思考は確かに自然の中にあり、それ自体、自然の一部であり、自然の襞である身体の中で、さまざまな力の編み目のあいだで実践されるしかない。思考は自然の前にあると同時に自然の中にある。

しかし、自然を前にして思考するとき、あたかも私たちは同時に自然の中で思考することはできないかのようだ。確かに私たちは自然の中にあり、身体として、生命として思考しているにもかかわらず。

「動物になること」について、ドゥルーズは何度も書いている。哲学がいつも、動物以外のものであること、動物であることを超越して人間であることを原理的な姿勢にしているとすれば、「動物になること」をいつも本質的な主題として考え続けたドゥルーズの哲学は、いかにも奇妙な反哲学的姿勢を貫いたことになる。しかし彼は、自然に帰れといったわけではなく、自然への愛や、自然との融和を唱えたわけでもない。自然から孤立し、自然をないがしろにしている現代の都市、人工、情報の中の思考をことさら批判していたわけでもない。「自然と人間は、唯一の同じ本質的な実在である」(AO, p. 10／(上)二〇頁)とドゥルーズはガタリとともに書いた。分裂症者は、その「同じ実在」を実現し、啓示し、現に生きている。にもかかわらず、彼のそのような実在は、閉鎖され、分離され、「臨床実体」として固定される。その「実在」にとって否定的なものはありえなかった。否定的なものは、欲望に拘束衣のように着せられたイメージにすぎなかった。欲望そのものを、『アンチ・オイディプス』は、自然と人間を貫通するまったく肯定的な流れ、あるいは運動として見ていた。これは、ひとつの自然主義、あるいはユートピア主義だろうか。そんなふうにドゥルーズ＝ガタリの思想を読んだ人は多いが、はたしてそうだろうか。

哲学するために動物になること。決してドゥルーズは逆説や寓話を述べたのではなかった。人間という領域と、人間の外（動物、植物、物質……）の領域の関係そのものをたえず再考することは、彼の哲学の大きなモチーフであった。人間と人間、人間と生命、人間と物、そのあいだの連続と不連続を、微細な振動（差異）から巨大な構成にいたるまで動的に、横断的に捉えて、思考の静止や死に抗うことは、いつも基本的な姿勢であった。そのような視野に、時空を貫通する何らかの法則を打ち立てるよりも、たえず反復しては変化する「出来事」を感知しようとした。「出来事」は何か計り知れないものだ。しかも彼方にではなく、すぐ近くで、私たちの心身において、いつしか、いつでも起きうることだ。

自然はノスタルジアでも、ユートピアでもなく、たえず動きを止めないリアリティであり、人間の領域にどこまでも浸透しながら、しかも外部性を保っている。自然をめぐる情動が、あるいはパトスが、ドゥルーズの哲学を、いつも深みから生気づけていた。それが、ひとつの「喜びの哲学」として表出された。

ドゥルーズの哲学は、そういう意味で、彼固有の自然主義的モチーフに深く根ざし、それゆえその固有名からはるか遠い場所に、波動を広げていくに違いない。けれども、その潜在性の線が、いま、あるいはこれからどこに、どのように引かれるか、確かめるのは、ひとりひとりであり、私自身であり、あなた自身であるしかない。たとえそれが、数多くの微小な自我の集合がつける仮面であるにしても。

注

(1) ドゥルーズが公にした最後の文章といわれる。

文献一覧

外国語文献

Althusser, Louis 1992 (1994), *L'avenir dure longtemps*, suivi de *Les faits* (Stock / IMEC, 1992), nouvelle édition augmentée, présentée par Olivier Corpet et Yann Moulier Boutang, Stock / IMEC (Le livre de poche), 1994.（ルイ・アルチュセール『未来は長く続く——アルチュセール自伝』宮林寛訳、河出書房新社、二〇〇二年）

Beaubatie, Yannick (éd.) 2000, *Tombeau de Gilles Deleuze*, Mille sources.

Bergson, Henri 1903 (1959), « Introduction à la métaphysique » (*Revue de métaphysique et de morale*, janvier 1903), in *Œuvres*, textes annotés par André Robinet, PUF, 1959.（ベルクソン「形而上学入門」坂田徳男訳、『哲学的直観ほか』坂田徳男・三輪正・池辺義教・飯田照明・池長澄訳、中央公論新社（中公クラシックス）、二〇〇二年）

Foucault, Michel 1970 (1994), « Theatrum philosophicum » (*Critique*, n° 282, novembre 1970), in *Dits et écrits, 1954-1988*, édition établie sous la direction de Daniel Defert et François Ewald avec la collaboration de Jacques Lagrange, tome 2, Gallimard, 1994.（ミシェル・フーコー「劇場としての哲学」蓮實重彦訳、『フーコー・コレクション3　言説・表象』筑摩書房

（ちくま学芸文庫）、二〇〇六年）
Tournier, Michel 1977, *Le vent Paraclet*, Gallimard.（ミシェル・トゥルニエ『聖霊の風』諸田和治訳、国文社（ポリロゴス叢書）、一九八六年）
——1999, *Célébrations*, Mercure de France.

邦訳文献

アガンベン、ジョルジョ 一九九六「人間と犬は除いて」石田靖夫訳、『現代思想』一九九六年一月号。

ウリ、ジャン 二〇〇〇「ラボルドで考えてきたこと」、フェリックス・ガタリ＋ジャン・ウリ＋フランソワ・トスケル＋高江洲義英＋菅原道哉＋ダニエル・ルロ『精神の管理社会をどう超えるか？——制度論的精神療法の現場から』杉村昌昭・三脇康生・村澤真保呂編訳、松籟社。

ガタリ、フェリックス 二〇〇〇「「制度論」革命に向けて」、フェリックス・ガタリ＋ジャン・ウリ＋フランソワ・トスケル＋高江洲義英＋菅原道哉＋ダニエル・ルロ『精神の管理社会をどう超えるか？——制度論的精神療法の現場から』杉村昌昭・三脇康生・村澤真保呂編訳、松籟社。

カフカ、フランツ 一九八一『ミレナへの手紙』辻瑆訳、『カフカ全集』第八巻、新潮社。

カルプ、アンドリュー 二〇一六『ダーク・ドゥルーズ』大山載吉訳、河出書房新社。

キューピット、ドン 二〇〇〇『最後の哲学』山口菜生子訳、青土社。

キルケゴール、セーレン 一九八三『反復』（改訳）、桝田啓三郎訳、岩波書店（岩波文庫）。

クロソウスキー、ピエール 二〇〇〇『生きた貨幣』兼子正勝訳、青土社。

クンデラ、ミラン 一九九八『存在の耐えられない軽さ』千野栄一訳、集英社（集英社文庫）。

スピノザ、バールーフ・デ 二〇〇七『エティカ』工藤喜作・斎藤博訳、中央公論新社（中公クラシックス）。

トスケル、フランソワ 二〇〇〇「制度の概念に戻ろう」、フェリックス・ガタリ＋ジャン・ウリ＋フランソワ・トスケル＋高江洲義英＋菅原道哉＋ダニエル・ルロ『精神の管理社会をどう超えるか？——制度論的精神療法の現場から』杉村昌昭・三脇康生・村澤真保呂編訳、松籟社。

ニーチェ、フリードリッヒ 一九九三a『反時代的考察』小倉志祥訳、『ニーチェ全集』第四巻、筑摩書房（ちくま学芸文庫）。

—— 一九九三b『権力への意志』上、原佑訳、『ニーチェ全集』第一二巻、筑摩書房（ちくま学芸文庫）。

ハイデガー、マルティン 二〇〇三『存在と時間』（全三冊）、原佑・渡邊二郎訳、中央公論新社（中公クラシックス）。

ハート、マイケル 一九九六『ドゥルーズの哲学』田代真・井上摂・浅野俊哉・暮沢剛巳訳、法政大学出版局（叢書・ウニベルシタス）。

ベケット、サミュエル 二〇一九『マロウン死す』宇野邦一訳、河出書房新社。

ムージル、ロベルト 一九九五『愛の完成』古井由吉訳、『ムージル著作集』第七巻「小説集」、松籟社。

メイヤスー、カンタン 二〇一六『有限性の後で——偶然性の必然性についての試論』千葉雅也・大橋完太郎・星野太訳、人文書院。

『科学の事典』（第三版）、岩波書店、一九八五年。

あとがき

この本の大半は、二〇〇〇年の春から夏にかけて書いた。ドゥルーズについて一冊のまとまった本を書くことは、長いあいだずっと考えてきたことではあったけれど、そのためにはいくつも越えなければならない山があると思ってきた。ドゥルーズを読み、訳し、触発されるたびに、あとはドゥルーズの理路そのものにはこだわらないで、むしろ発想を別の方向に思いのまま伸ばしていくことが、私の性には合っていた。ドゥルーズ自身も、彼の書物の翻訳や読解に時間を費やすよりも、他のことをするようにと、しばしば私に勧めてくれてもいた。講談社の渡部佳延さんの提案と助力なしには、私は越えなければならない山を、いつまでも越えないままでいたかもしれない。

越えるべき山とは、およそ次のことだった。

第一に、ドゥルーズが初期に傾倒した何人かの哲学者に、いったい何を読みとり、どんなふうにそれを読み変えたかをつかみとること、それを単に哲学史の文脈に位置づけるのではなく、ドゥルーズの思想の根源のモチーフに結びつけること。

第二に、『差異と反復』という怪物的な本を、決して単純化することなく、しかもその複雑さに巻き込まれずに、ドゥルーズの思想の原理を提示するものとして簡明に読み解くこと。

第三に、『アンチ・オイディプス』を、単に一九七〇年前後の時代の雰囲気を圧縮的に表現する本としてではなく、今世紀の資本主義をも照らし出す、「欲望の資本論」として読みうる視角を適切に提示すること。

最後に、ドゥルーズが晩年にライプニッツ論を書き、「哲学とは何か」と問い、とりわけ哲学をギリシャとの関係において問うたことは、いったいどんな意味をもつのかを考えること。

これらの山をうまく越えることができただろうか。私としては、大学の研究休暇を得て期限を課し、かなりがむしゃらに、一気に山を越えようとした。越えなければ、この本を完成することはできないはずだった。もちろん、それだけではすまなかった。誰よりも生気にあふれた思考を伝えてくれたドゥルーズという思想家の足跡をたどりながら、私の言葉は、厳密さを要求するその作業に拘束されて、生気を失ってしまうことがあった。ほんとうはそのことが、いちばん難しい障害だった。

この本を書きながら、ドゥルーズについて新たに発見したことは多い。けれども、私がしたことは、ひとつの忘れがたい哲学的生涯の、肖像画を描くことだったような気がする。そして、そのためにドゥルーズから私に注いできた流れのすべてを、どんなふうに造形するか、という難題に直面することになった。しかし、いまはまだ書き上げたばかりで、何を達成できたのか、よくわからないでいる。そういう迂闊な書き手に快く付き合ってくださった渡部さんに感謝する。

二〇〇一年二月二〇日

宇野邦一

学術文庫版あとがき

講談社選書メチエの一冊として刊行された『ドゥルーズ 流動の哲学』は、当時私が勤めていた大学の学生たちの顔を思い浮かべながら、語りかけるように書いたところが多い。決して入門書を目指したわけではないが、自分に課した問いに答えようとして、どこまで答えられるか、そのため闇雲に進んでいくように書くのが習性になっていた書き方を、私は少し変更することになった。編集部の配慮で、読者の指針になるようにと、細かく小見出しがついていたので、本文がその見出しをいちいち解説するかのような展開に見えていたかもしれない。

講談社学術文庫の一冊として復活させるために、こんど方々に手を入れ、全体として一割くらい加筆し、小見出しの多くを削除したのは、ドゥルーズの思考を読み解くこの本の思考の流れの中に読者を誘いたかったからだ。ドゥルーズを読み、紹介し、翻訳し、批評しながら、いったい私はドゥルーズから何を受けとってきたのか。もちろん寸言にそれを要約することはできないので、このような本を書くことになった。別の観点からさらに変奏するようにして書くことはありうるにしても、いま改稿し加筆しながら、私にとってのドゥルーズ思想の要点はここにほとんど書き記したという感触をもっている。

ドゥルーズの思想との関係のもち方は、私の中で変化してきているし、これからさらに変化するかもしれない。はじめはドゥルーズを読みながら、同時並行的にアルトーを読み、アルトーが体験した思考の危機や、映画・演劇の実験、異世界への旅、そして精神病院で書いた厖大なノートにドゥルーズの哲学を突き合わせることになった。しばらくジャン・ジュネや、サミュエル・ベケットの作品の宇宙を彷徨する時間もすごしたが、そこで発見したものもドゥルーズの問題と決して遠かったわけではない。ドゥルーズがしばしば文学者たちに見出した思考の特異性の肖像、これも私にとっては忘れがたいことだ。

長く読み継がれるような思想は、もちろん多面体であり、さまざまな角度から読まれることになる。ドゥルーズ（そしてガタリ）の思想は、時代的であり、反時代的である。彼らは時代の徴候を敏感に読みとり、むしろそれを先鋭に加速するようにして書いたし、また時代の趨勢を激しく批判し、あくまでそれに逆行するように考えることもしたからである。〈新しい〉、〈古い〉という時間の観念を的確に形成することは、思想にとっていつでも試練である。しかも新しくあり、古くあろうとしても、それは決して意識によって決定しうることではない。まさに歴史がそれを決定するのだが、しかし歴史自体がたえず新たになり古びていく。

ひとつの思想の影響が広まるにつれて、その概念の多くが〈用語集〉として消化されるようになり、実は理解されないまま流通していく。ドゥルーズの思考の体質ともいうべき〈特異性〉が、まったくわかりにくいものになっている。マルクスがマルクス主義になっていくのと同じことが繰り返される。嘆かわしいが、新たな読み手にとっては不可避の試練でもある。記憶・情報の量と、運用の速度だけがとりわけ価値になる〈思考〉の体制に対して、ドゥルーズはひたすら抵抗して考え続けた。もちろん〈思考〉は、哲学だけに属するものではない。〈思考〉（pensée）は、概念よりも、理性よりも、あるいは言語よりも敏感で根本的である。この本を見直しながら、そのことを新たに確かめた。

『反歴史論』に続いて、この本を講談社学術文庫に収めることを企画され、編集を担当された互盛央さんには、『破局と渦の考察』（岩波書店）の刊行の際にもお世話になっている。この三つの本の題名も主題もいま改めて反響し合う。互さんには言語思想に関するご自身の著作からも触発されてきた。深く感謝したい。

二〇一九年一二月一二日

宇野邦一

1968年　国家博士号請求論文『差異と反復』、副論文『スピノザと表現の問題』を提出。この年フランス全土に広がった政治運動で学生たちとともに連帯する。
1969年　パリ第8大学（ヴァンセンヌ校）教授となる。フェリックス・ガタリと知り合う。フーコーがリーダーをしていた「監獄情報集団」（GIP）に加わる。この年に肺を手術している。『意味の論理学』を刊行する。
1970年　『スピノザ』を刊行。
1972年　ガタリとの共著『アンチ・オイディプス』を刊行。
1975年　ガタリとの共著『カフカ』を刊行。
1977年　クレール・パルネとの共著『ディアローグ』を刊行。
1980年　ガタリとの共著『千のプラトー』を刊行。
1983年　『シネマ1　運動イメージ』を刊行。
1984年　ミシェル・フーコーの死。弔辞としてフーコーの『快楽の活用』の一部を読み上げる。
1985年　『シネマ2　時間イメージ』を刊行。
1986年　『フーコー』を刊行。
1987年　パリ第8大学を退官。
1988年　『襞――ライプニッツとバロック』を刊行。
1990年　『記号と事件』を刊行。
1991年　ガタリとの最後の共著『哲学とは何か』を刊行。
1992年　肺の病が悪化し、手術後は人工肺ですごす。ガタリが急死。
1993年　『批評と臨床』を刊行。
1995年　11月4日、パリの自宅から投身自殺をとげる。

ジル・ドゥルーズの生涯と主要著作

1925年　1月18日、パリ17区に生まれる。父親はエンジニアであり、二人兄弟の弟であった。兄はレジスタンス活動でナチに逮捕され、強制収容所に向かう列車の中で死去。
1944年　リセ・カルノーを卒業し、ソルボンヌ大学で哲学を学ぶ。教授にはフェルディナン・アルキエ、ジャン・イポリット、ジョルジュ・カンギレム、また友人にはフランソワ・シャトレ、ミシェル・ビュトール、クロード・ランズマン、ミシェル・トゥルニエなどがいた。
1947年　教授資格試験のためにデイヴィッド・ヒュームについての論文を執筆。
1948年　哲学の教授資格試験に合格。アミアンのリセの教員となる。
1953年　オルレアンのリセの教員となる。1947年に書いたヒューム論が『経験論と主体性』として出版される。
1955年　パリのリセ・ルイ＝ル＝グランの教員となる。
1956年　ファニー・グランジュアンと結婚。
1957年　ソルボンヌ大学の助手となる。
1960年　国立科学研究センターの研究員となる。
1962年　ミシェル・フーコーと知り合う。『ニーチェと哲学』を刊行する。
1963年　『カントの批判哲学』を刊行。
1964年　リヨン大学の講師となる。『プルーストとシーニュ』を刊行する。
1965年　『ニーチェ』を刊行。
1966年　『ベルクソニスム』を刊行。
1967年　『ザッヘル＝マゾッホ紹介』を刊行。

KODANSHA

本書は、二〇〇一年に講談社選書メチエの一冊として刊行されたものに加筆を施し、書誌情報などを最新版に改訂したものです。

宇野邦一（うの　くにいち）
1948年，島根県生まれ。パリ第8大学哲学博士。立教大学名誉教授。専門は，フランス文学・思想。主な著書に，『反歴史論』（講談社学術文庫）のほか，『アルトー』，『ジャン・ジュネ』，『破局と渦の考察』，『吉本隆明』，『土方巽』など。ジル・ドゥルーズの主な訳書に，『フーコー』，『アンチ・オイディプス』，『襞』，『フランシス・ベーコン』など。

講談社学術文庫

定価はカバーに表示してあります。

ドゥルーズ　流動《りゅうどう》の哲学《てつがく》
[増補《ぞうほ》改訂《かいてい》]

宇《う》野《の》邦一《くにいち》

2020年２月10日　第１刷発行
2023年８月21日　第３刷発行

発行者　鈴木章一
発行所　株式会社講談社
東京都文京区音羽 2-12-21 〒112-8001
電話　編集（03）5395-3512
販売（03）5395-4415
業務（03）5395-3615

装　幀　蟹江征治
印　刷　株式会社ＫＰＳプロダクツ
製　本　株式会社国宝社
本文データ制作　講談社デジタル製作

ISBN978-4-06-518747-0

「講談社学術文庫」の刊行に当たって

これは、学術をポケットに入れることをモットーとして生まれた文庫である。学術は少年の心を養い、成年の心を満たす。その学術がポケットにはいる形で、万人のものになることは、生涯教育をうたう現代の理想である。

こうした考え方は、学術を巨大な城のように見る世間の常識に反するかもしれない。また、一部の人たちからは、学術の権威をおとすものと非難されるかもしれない。しかし、それはいずれも学術の新しい在り方を解しないものといわざるをえない。

学術は、まず魔術への挑戦から始まった。やがて、いわゆる常識をつぎつぎに改めていった。学術の権威は、幾百年、幾千年にわたる、苦しい戦いの成果である。こうしてきずきあげられた城が、一見して近づきがたいものにうつるのは、そのためである。しかし、学術の権威を、その形の上だけで判断してはならない。その生成のあとをかえりみれば、その根は常に人々の生活の中にあった。学術が大きな力たりうるのはそのためであって、生活をはなれた学術は、どこにもない。

開かれた社会といわれる現代にとって、これはまったく自明である。生活と学術との間に、もし距離があるとすれば、何をおいてもこれを埋めねばならない。もしこの距離が形の上の迷信からきているとすれば、その迷信をうち破らねばならぬ。

学術文庫は、内外の迷信を打破し、学術のために新しい天地をひらく意図をもって生まれた。文庫という小さい形と、学術という壮大な城とが、完全に両立するためには、なおいくらかの時を必要とするであろう。しかし、学術をポケットにした社会が、人間の生活にとってより豊かな社会であることは、たしかである。そうした社会の実現のために、文庫の世界に新しいジャンルを加えることができれば幸いである。

一九七六年六月

野間省一

2369
論理学　考える技術の初歩
E・B・ド・コンディヤック著／山口裕之訳

ロックやニュートンなどの経験論をフランスに輸入・発展させた十八世紀の哲学者が最晩年に記した、若者たちのための最良の教科書。これを読めば、難解な書物も的確に、すばやく読むことができる。本邦初訳。

電P

2385
エスの系譜　沈黙の西洋思想史
互《たがい》盛央《もりお》著（解説・國分功一郎）

ニーチェやフロイトは沈黙する「エス＝それ」の淵源を見出したのか。「人」「言語」あるいは「普遍的なもの」とも呼ばれるものをめぐり、「私」を疑い「人間」を探って格闘した者たちを描く近代思想史の冒険。

電P

2394
パスカル『パンセ』を楽しむ　名句案内40章
山上浩嗣著

四十日で『パンセ』を制覇！　この作品は一見近づきやすそうだが、実際に手にすると意外に読みにくい。そこで第一級のパスカル研究者が、その魅力を味わい尽くすために書き下ろした。最高の読書体験を約束！

電P

2402
テレヴィジオン
ジャック・ラカン著／藤田博史・片山文保訳

精神分析中興の祖ラカンが一九七三年に出演したテレヴィ番組の貴重な記録。高弟J＝A・ミレールが問いかけ、一般視聴者に語られる師の答えは、比類なき明晰さをそなえている。唯一にして最良のラカン入門！

2406
愉しい学問
フリードリヒ・ニーチェ著／森　一郎訳

『ツァラトゥストラはこう言った』と並ぶニーチェの主著。随所で笑いを誘うアフォリズムの連なりから「永遠回帰」の思想が立ち上がり、「神は死んだ」という鮮烈な宣言がなされる。第一人者による待望の新訳。

電P

2408
アルキビアデス　クレイトポン
プラトン著／三嶋輝夫訳

ソクラテス哲学の根幹に関わる二篇。野心家アルキビアデスにソクラテスは自己認識と徳の不可欠性を説く（アルキビアデス）。他方、クレイトポンは徳の内実と修得法を教えるようソクラテスに迫る（クレイトポン）。

電P

《講談社学術文庫　既刊より》

哲学・思想・心理

2645

伊藤亜紗著

ヴァレリー　芸術と身体の哲学

なぜヴァレリーは引用されるのか。作品という装置について、時間と行為について、身体について語られた旺盛な言葉から、その哲学を丹念に読み込む。著者の美学・身体論の出発点となった、記念碑的力作。

電P

2650

高橋和夫著（解説・大賀睦夫）

スウェーデンボルグ　科学から神秘世界へ

一八世紀ヨーロッパに名を馳せた科学者が、五〇代にして突如、神秘主義思想家に変貌する。その思考の軌跡は何を語るのか。カント、バルザック、鈴木大拙……数多の著名人が心酔した巨人の全貌に迫る！

電P

2677

マルティン・ブーバー著／野口啓祐訳（解説・佐藤貴史）

我と汝

経験と利用に覆われた世界の軛から解放されるには、全身全霊をかけて相対する〈なんじ〉と出会わねばならない。その時、わたしは初めて真の〈われ〉となるのだ——。「対話の思想家」が遺した普遍的名著！

電P

2683

本田　済著

易学　成立と展開

中国の思想、世界観を古来より貫く「易」という原理の成り立ちとエッセンスを平易にあますところなく解説。占いであり、儒教の核心でもある易を知ることは、中国人のものの考え方を理解することである！

電P

2684

大森荘蔵著（解説・野家啓一）

新視覚新論

視覚風景とは、常に四次元の全宇宙世界の風景である——。心、時間、自由から「世界の在り方としての私」を考える、著者渾身の主著。外なる世界と内なる心があるのではない、世界とは心なのだ。

電P

2685

竹田青嗣著

言語的思考へ　脱構築と現象学

ポストモダン思想の限界を乗り越え、現象学が言語の「謎」を解き明かす！「原理」を提示し、認識の「普遍洞察性」に近づいていくという哲学的思考のエッセンスを再興する、著者年来の思索の集大成。

電

2693
未完のレーニン　〈力〉の思想を読む
白井　聡著（解説・國分功一郎）

資本主義の「外」は断じて存在する！　レーニンという思想史上の事件そのものである人物の思想、その核心を、『国家と革命』『何をなすべきか？』のテクストを読み込むことで摑み、現代人にとっての意義を捉え直す。電P

2694
自然真営道
安藤昌益著／野口武彦抄訳・解説

江戸中期、封建社会の低層たる農民の生活を根拠としながら、独特の時代批判をものした思想家・昌益。人間の作為を暴き、自然世への回帰を説く、「土の思想」の核心とは何か？　管啓次郎氏によるエッセイも収録。電P

2699
デカルト　「われ思う」のは誰か
斎藤慶典著

「われ思う、ゆえにわれあり」という命題は最終到達点ではなかった！　『方法叙説』と『省察』という二つの主著を精緻に読み解くことで、この命題のもつ真の意味を明らかにする。第一人者が挑む哲学者との対話！電P

2700
方法叙説
ルネ・デカルト著／小泉義之訳

われわれは、この新訳を待っていた――デカルトから出発した孤高の研究者が満を持してみずからの原点に再び挑む。『方法序説』という従来の邦題を再検討に付すなど、細部に至るまで行き届いた最良の訳が誕生！電P

2703
個性という幻想
ハリー・スタック・サリヴァン著／阿部大樹編訳

対人関係が精神疾患を生み出すメカニズムを解明し、いま注目の精神医学の古典。人種差別、徴兵と戦争、プロパガンダ、国際政治などを論じ、社会科学の中に精神医学を位置づける。本邦初訳の論考を中心に新編集。電P

2704
人間の条件
ハンナ・アレント著／牧野雅彦訳

「労働」「仕事」「行為」の三分類で知られ、その絡み合いの中で「世界からの疎外」がもたらされるさまを描き出した古典。はてしない科学と技術の進歩の中、人間はいかにして「人間」でありうるのか――待望の新訳！電P

哲学・思想・心理

2706
中国思想史
武内義雄著（解説・浅野裕一）

孔子・老荘・墨子ら諸子百家から、四書五経の研究を深めた経学の伝統、道教・仏教・儒教の相互交渉、朱子学の成立、清代考証学の成果まで。中国哲学の二千年を一人の学識の視野で一望した、唯一無二の中国思想全史。

2716
ベルクソンの哲学　生成する実在の肯定
檜垣立哉著（解説・杉山直樹）

「生の哲学」を提唱したアンリ・ベルクソン。旧来の哲学を根底から批判し、転覆させたその哲学は、ドゥルーズの革新的な解釈によって蘇った。全主要著作を誰よりもクリアかつ精密に解説する、最良のガイド。

2720
『エセー』読解入門　モンテーニュと西洋の精神史
大西克智著

『エセー』を読むことは、モンテーニュを読むことであり、人間が紡いできた精神の歴史そのものを読むことである——文庫版で全六冊に及ぶ分量をもち、錯綜した構成をもつ名著をその背景とともに完全解説する。

2722
荘子の哲学
中島隆博著

古今東西の『荘子』研究を渉猟。自己と世界の変容を説く「物化」思想をその可能性の中心として取り出し、現代の西洋哲学と突き合わせることで、荘子の思索を新たな相貌の下に甦らせる。新時代の標準たる読解の書。

2728
異常の構造
木村　敏著（解説・渡辺哲夫）

「日常性」が解体するとき、人間は、そして社会はどうなるのか？　稀代の精神病理学者の名を世に広く知らしめるとともに、社会精神医学的な雰囲気を濃く帯びていることで、ひときわ異彩を放つ不朽の名著！

2738
九鬼周造
田中久文著

理性と感情、東洋と西洋、男と女、偶然と必然……幾多の対立に引き裂かれた生の只中で、日本哲学の巨星は何を探究したのか。生い立ちから主著『「いき」の構造』『偶然性の問題』まで、思索の全過程を辿る決定版！